Pour la gloire de Dieu

Édition : BoD – Books on Demand, info@bod.fr
Impression : BoD – Books on Demand, In de Tarpen 42, Norderstedt
(Allemagne) Impression à la demande
ISBN : 978-2-3224-8556-7
Dépôt légal : juillet 2023

Ce livre est dédié au pape Benoît XVI décédé pendant l'écriture de ce livre, le 31/12/2022. « *Un amour répond à sa gloire* ».

Que Dieu, à qui j'offre tous les mérites de cet ouvrage, accorde l'indulgence plénière totale à mes deux frères, Yoann et Sébastien, qui se sont suicidés il y a quelques années.

Sommaire

Abuser
de la Miséricorde Divine ?

Face à nos péchés et à nos chutes répétées dans le péché, étant assujettis au péché originel... Nous avons souvent le réflexe de nous dédouaner en invoquant la Miséricorde Divine : « *Oui, Dieu est miséricordieux...* » disons-nous... « *Oui, Dieu dans Sa grande miséricorde, nous pardonnera...* »

Honnêtement, pratiquons-nous ainsi sincèrement la justice envers Dieu ? Et concernant la charité ?

Je rappelle que la justice, c'est la plus importante des 4 vertus cardinales.

Elle nous fait rendre à chacun ce qui lui est dû, et donc à Dieu ce qui lui est également dû.

Elle rejoint le premier commandement de Dieu : « *Tu adoreras le Seigneur ton Dieu et tu n'adoreras que Lui seul.* »

Elle rejoint enfin la plus grande des 3 vertus théologales qui est la charité (la plus grande, car le salut n'est possible qu'avec l'acquisition de cette vertu), par laquelle nous devons aimer Dieu par-dessus tout être et par-dessus toute chose, et aimer son prochain pour l'amour de Dieu (ou à cause de Dieu).

Par rapport à la Miséricorde Divine, curieusement, nous avons tendance à la considérer presque comme un dû.

Mais cela n'est-il pas une inversion de la justice envers Dieu ?

Voici ce que le saint Padre Pio en pense : « *Je crains la Miséricorde Divine plus que la justice. Pensez-vous que je fais une erreur ? Je vais vous montrer que non : avec la justice du Seigneur, par la pénitence, par une souffrance acceptée* (voir la page N°345, intitulée « Pourquoi la souffrance sur terre ? »), *par un acte de douleur, par une contrition sincère, j'ai payé ma dette... alors que je devrai peut-être vivre 70000 ans à rétribuer une infime partie de la Miséricorde que le Seigneur a envers moi* (sous-entendu par stricte justice envers Dieu et par acte de charité). »

La Miséricorde Divine ne doit pas être une échappatoire au pécheur à vivre dans le péché.

Si vous mourriez maintenant, pensez-vous être prêt(e) à vous présenter devant Dieu ?

Adresse à connaître : www.pourlamisericordedivine.org

En effet, sur ce site Internet, vous pouvez commander gratuitement des flyers expliquant la Miséricorde Divine, comment prier le chapelet de la Miséricorde Divine, etc.

Ils sont de très grande qualité, et ils sont **gratuits**, vous avez uniquement les frais de port à payer (qui sont très modiques).

Ainsi, il vous est offert de pouvoir contribuer à faire connaitre la Miséricorde Divine au plus grand nombre, en les distribuant dans les églises par exemple...

Apparition du Christ à sainte Catherine de Sienne...

Prier n'est pas rabâcher mais aimer.

Jésus parle de la prière à sainte Catherine de Sienne et s'adresse à elle, comme ceci :

« Tu vois donc bien que ce n'est pas par la multitude des paroles que l'on arrive à l'oraison parfaite, mais par le sentiment du désir, en s'élevant vers Moi par la connaissance de soi-même, en conservant ces deux connaissances intimement liées l'une à l'autre. Ainsi l'âme possédera, tout à la fois, la prière vocale et la prière mentale : car on peut les unir ensemble, comme la vie active et la vie contemplative, encore qu'il y ait bien des manières différentes d'entendre la prière vocale et la prière mentale. Chacun en effet, selon son état, doit coopérer au salut des âmes, conformément au principe de cette volonté sainte, et tout ce qu'il fait extérieurement, par la parole ou par les œuvres, pour le salut du prochain est virtuellement une prière. C'est bien évident, s'il s'agit de la prière vocale, faite en temps et lieu voulus. Mais en dehors même de cette prière régulière, tout ce que produit la charité pour le prochain, ou pour soi-même, toutes ces œuvres extérieures quelles qu'elles soient, si elles sont accomplies avec une volonté sainte, sont une prière. Comme la dit saint Paul, Mon glorieux Apôtre : On ne cesse jamais de prier, quand on ne cesse pas de bien faire. C'est pourquoi je t'ai dit, qu'il y avait plusieurs manières de prier, en unissant la prière extérieure à la prière mentale ; car la prière extérieure ainsi entendue est faite dans le sentiment de charité, et le sentiment de la charité, c'est la prière continuelle. »

Apparition du Christ à sainte Faustine

La Miséricorde Divine.

Années 1930

Dans les années 1930, le Christ est apparu à sainte Faustine, à qui Il a donné pour mission de parler au monde entier de Son inépuisable miséricorde.

Jésus Christ à sainte Faustine : « *L'humanité n'aura pas la paix tant qu'elle ne s'adressera pas avec confiance à la Divine Miséricorde. Qu'aucune âme n'ait peur de s'approcher de Moi, même si ses péchés sont comme l'écarlate, même si elle compte plus de péchés qu'il y a de grains de sable sur terre, tout sombrera dans l'océan de Ma miséricorde.* »

Le Christ désire que tous les Hommes connaissent les promesses qui sont attachées à Sa Miséricorde Divine.

Les moyens et les prières sont les suivants :

- Vénérer le tableau de Jésus Miséricordieux*.
- Célébrer le Dimanche de la Miséricorde Divine, précédé de la neuvaine de la Miséricorde Divine qui commence le Vendredi Saint.
- Réciter le chapelet de la Miséricorde Divine (voir la page N°88 intitulée « Le chapelet de la miséricorde divine »).
- Honorer l'heure de la Miséricorde Divine (15h00) en pensant à la Passion du Seigneur et au Cœur de Jésus transpercé par la lance.

- Propager le message de la Miséricorde Divine**.

*Jésus Christ à sainte Faustine : « *Je donne aux Hommes un moyen avec lequel ils doivent venir puiser les grâces à la source de la miséricorde. Ce moyen, c'est ce tableau. Peins un tableau selon le modèle que tu vois, avec l'inscription : Jésus, j'ai confiance en Toi. Je désire que l'on honore ce tableau, d'abord dans votre chapelle, puis dans le monde entier. Je promets que l'âme qui honorera ce tableau ne sera pas perdue. Je lui promets aussi la victoire sur ses ennemis d'ici-bas, spécialement à l'heure de la mort. Moi-même, Je la défendrai, comme Ma propre gloire. Je désire qu'il y ait une Fête de la Miséricorde. Je désire que les prêtres proclament ma grande Miséricorde envers les âmes pécheresses. Mon regard sur ce tableau est le même que Mon regard sur la croix.* »

**Vous pouvez, à ce titre, vous rendre sur le site : www.pourlamisericordedivine.org et y commander des flyers de la Miséricorde Divine gratuitement, et ainsi, les distribuer, notamment au sein de nos églises...

Jésus Christ dit à sainte Faustine, à propos du dimanche de la Fête de la Miséricorde Divine : « *En ce jour les entrailles de Ma Miséricorde sont ouvertes, Je déverse tout un océan de grâces sur les âmes qui s'approcheront de la source de Ma Miséricorde.* ***Toute âme qui se confessera et communiera recevra le pardon complet de ses fautes et la remise de leur punition*** (elles recevront l'indulgence plénière totale, voir la page N°125 intitulée « Les indulgences plénières ») *; en ce jour sont ouvertes toutes les sources divines par lesquelles s'écoulent les grâces ; qu'aucune âme n'ait peur de s'approcher de Moi, même si ses péchés sont comme l'écarlate (...) cette fête est issue de Mes entrailles. Les âmes périssent malgré Mon amère Passion. Je leur tends une dernière planche de salut : la Fête de Ma Miséricorde.* »

Jésus Christ dit également à sainte Faustine, à propos de la neuvaine de la Miséricorde Divine (la neuvaine de la Miséricorde Divine vous est proposée à la page N°203) : « *Je désire que durant ces neuf jours, tu amènes les âmes à la Source de Ma miséricorde, afin qu'elles puisent force et fraîcheur, ainsi que toutes les grâces dont elles ont besoin dans les difficultés de la vie et particulièrement à l'heure de la mort. Chaque jour tu amèneras jusqu'à Mon Cœur un groupe d'âmes différent et tu les plongeras dans l'océan de Ma miséricorde. Et Moi, Je ferai entrer toutes ces âmes dans la demeure de Mon Père. Tu feras cela dans cette vie et dans l'autre. Je ne refuserai rien aux âmes que tu amèneras à la source de Ma miséricorde. Et chaque jour, par Ma douloureuse Passion, tu solliciteras de Mon Père des grâces pour ces âmes. »*

Consultez également la page N°11 intitulée : « Abuser de la miséricorde divine ? »

Apparition du Christ à sainte Marguerite-Marie Alacoque

Le Sacré-Cœur de Jésus.

27/12/1673 – 13/06/1675

Le Sacré-Cœur du Christ est représenté comme un cœur rouge rayonnant, surmonté d'une croix, et entouré d'une couronne d'épines.

Dès son âge de 4 ans, la petite Marguerite-Marie Alacoque sera de plus en plus fortement appelée par le Christ à le servir, et celle-ci, dans des élans du cœur, se consacrera au Seigneur.

A 5 ans, en présence de sa tante religieuse, elle se consacre à Dieu par ces mots : « *Ô mon Dieu, je Vous consacre ma pureté. Je Vous fais vœu de perpétuelle chasteté.* »

A 11 ans, elle tombe gravement malade pendant 4 ans, si bien qu'elle resta totalement alitée.

A ses 15 ans, elle promet en prière à la Vierge Marie de consacrer entièrement sa vie au Seigneur si celle-ci la guérissait de sa maladie. Et aussitôt, elle se leva : **elle fut miraculeusement guérie**.

A ses 18 ans, elle est belle et elle a des prétendants. Sa mère et son frère pensent donc la marier.

Marguerite-Marie adhère volontiers à cette pensée, elle est jeune et se laisse écouter... et elle se rend à un bal masqué...

Mais cela la tourmente, car elle se souvint de son vœu de ses 5 ans, et de ses paroles : « *Ô mon Dieu, je Vous consacre ma pureté. Je Vous fais vœu de perpétuelle chasteté...* »

Si bien qu'un jour, elle a une vision du Christ, qui, pendant Sa flagellation, lui reproche son infidélité, après lui avoir donné tant de preuves d'amour.

Le 20 juin 1671, elle entre alors comme novice à la Visitation, et le 06 novembre 1672, elle prononce ses vœux solennels.

Le 27 décembre 1673, le Christ lui apparaît réellement (et non pas au cours d'une vision) pour la première fois dans la chapelle, et Il lui annonce qu'Il veut passer par elle : « *Il faut qu'ils les répandent. C'est toi que J'ai choisi justement à cause de ta faiblesse et de ton ignorance pour accomplir cela. Ainsi, on verra bien que tout vient de Moi.* »

Et au même moment, elle sent que le Cœur du Christ vient se fondre à son propre cœur.

Elle aura d'ailleurs, après ce jour, une douleur au côté qui ne la quittera jamais.

Puis le Seigneur lui dit ceci : « *Jusqu'à présent, tu n'as voulu t'appeler que Mon esclave. Désormais, Je te donne le nom de disciple bien aimée de Mon Sacré-Cœur.* »

Puis le Seigneur lui demande de faire la Sainte Communion chaque 1er vendredi du mois, et de s'unir avec Lui au Jardin des Oliviers, en faisant chaque jeudi une heure sainte de 23h00 à minuit.

Le lendemain, elle est prise d'une forte fièvre.

Elle demande au Seigneur de la guérir, et elle est aussitôt exaucée.

Cependant, ce fut la Vierge Marie qui l'exauça.

En effet, elle lui apparut et lui dit : « *Vous avez un long chemin qui sera toujours sur la croix, percée de clous et d'épines, et déchirée de fouet. Mais ne craignez pas. Je ne vous abandonnerai pas. Je vous promets ma protection.* »

Au cours d'une de ses nombreuses locutions intérieures provenant du Christ, celui-ci lui demande de dire à la communauté qu'Il se plaint du manque de ferveur et des fautes commises par certaines sœurs.

Dans l'obéissance au Christ, elle le fit très difficilement au cours des coulpes.

Ce qui entraîna de vives protestations au sein de la communauté chez certaines d'entre elles, et même des persécutions diverses et variées.

Le 13 juin 1675, Marguerite-Marie prie devant le Saint-Sacrement, et le Christ lui apparaît une seconde fois.

Il lui découvre Son Cœur et lui dit : « *Voici ce Cœur qui a tant aimé les Hommes. Qui n'a rien épargné pour leur témoigner son amour, et au lieu de reconnaissance, Je ne reçois de la plupart que de l'ingratitude, de l'indifférence et même du mépris dans le sacrement de l'Eucharistie. Mais Je souffre encore plus quand ce sont des âmes consacrées qui agissent ainsi.* »

Puis le Seigneur lui demande ensuite qu'une fête spéciale : la Fête du Sacré-Cœur de Jésus soit instituée pour se souvenir de cet évènement, et que le jour de cette fête, **que chacun communie à la messe dans un esprit de réparation, et en priant spécialement pour que l'amour de Dieu soit mieux connu.**

Et le Seigneur lui promit que : « *A ceux qui feront tout cela, Je leur donnerai les grâces nécessaires à leur état de vie. Je mettrai la paix dans leur famille. Je les consolerai dans toutes leurs peines. Je serai leur refuge assuré pendant la vie et surtout à l'heure de la mort. Je répandrai d'abondantes bénédictions sur toutes leurs entreprises, les pécheurs trouveront dans Mon Cœur la source et l'océan infini de la miséricorde. Les âmes tièdes deviendront ferventes. Les âmes ferventes s'élèveront rapidement à une grande perfection. Je bénirai les maisons où l'image de Mon Sacré-Cœur sera exposée et honorée. Je donnerai aux prêtres le talent de toucher les cœurs les plus endurcis. Les personnes qui propageront cette dévotion auront leur nom dans Mon Cœur, et il n'en sera jamais effacé. Je te promets, dans l'excessive miséricorde de Mon Cœur, que Mon amour tout puissant accordera à tous ceux qui* **communieront neuf premiers vendredis du mois de suite**, *la grâce de la pénitence finale* (la garantie de mourir en état de grâce), *ils ne mourront pas loin de Ma grâce, et ils ne mourront pas sans recevoir les saints Sacrements. Mon Divin Cœur se rendant leur asile assuré au dernier moment.* » (Toutes ces promesses et leurs conditions sont résumées à la page N° 62 intitulée « La dévotion au Sacré-Cœur et les douze promesses du Christ. »)

A quoi Marguerite-Marie répondit : « *Mais mon Seigneur, à qui Vous adressez-Vous pour tout cela ? A la plus misérable, à la plus petite !* »

Et le Seigneur lui répondit que c'était justement pour cela qu'Il avait placé près d'elle son serviteur, à savoir son confesseur actuel.

Elle raconta donc toutes les paroles du Christ à son confesseur, qui lui-même se mit alors à travailler à faire instituer cette Fête du Sacré-Cœur, à la faire connaître en écrivant des livres, en prêchant des retraites, etc.

A compter de ce jour du 13 juin 1675, le Seigneur n'apparaîtra plus à Marguerite-Marie en personne, mais Il continuera de lui parler par le biais de locutions intérieures.

En 1670, une jeune novice entre au couvent, et elle tombe subitement dans le coma.

Tout le monde a peur qu'elle puisse mourir sans les derniers Sacrements.

Marguerite-Marie pria alors le Seigneur pour qu'elle ne meurt pas de la malemort dans la chapelle.

Et le Seigneur lui répondit : « *Je le ferai. Je la ferai sortir de son coma. Mais en échange, Je te demande ceci : Je te demande d'accepter sans hésitation les emplois que l'on te donnera. Je te demande que tu ailles au parloir à chaque fois que quelqu'un te le demandera. Je te demande que tu écrives quand on te l'ordonnera.* »

Ce qu'elle promit de faire, et aussitôt la petite novice sortit de son coma, le prêtre eut le temps de lui conférer les derniers Sacrements, avant de mourir paisiblement...

Consultez également la page N°347 intitulée : « Prière au Sacré-Cœur de Jésus », ainsi que la page N°210 intitulée : « Neuvaine au Sacré-Cœur de Jésus ».

Chemin de Croix
avec le saint curé d'Ars

Offrir un Chemin de Croix aux âmes du Purgatoire, notamment **le jour de Noël**, celui de la **Toussaint**, le **Vendredi Saint**, ainsi que le jour de l'**Assomption** et de l'**Ascension de Jésus**, a une très grande efficacité auprès de celles-ci : beaucoup en sont alors libérées !

Au nom du père, du fils et du Saint-Esprit.
Tous : **Amen.**

La Passion et la mort de notre Seigneur Jésus Christ sont des actes qui manifestent le plus Son amour pour chacun d'entre nous. Jésus nous rachète, nous sauve, afin que nous ayons la vie en surabondance.

Rappelons-nous les souffrances terribles de notre Dieu pour nous. Souvenons-nous de Ses plaies, de Son côté transpercé par la lance. Et n'oublions pas !

Avec Marie, ouvrons notre cœur et offrons-nous sur la croix avec Jésus.

Tous :

Pitié pour moi, Seigneur ;
contre toi et toi seul j'ai péché.
Crée en moi un cœur pur, ô mon Dieu ;
renouvelle en moi un esprit de force et de sainteté.

Prions :

Seigneur Jésus, nous voulons Te suivre sur ce chemin de Croix.
Sois avec nous.
Nous T'offrons tout notre être.
Pardonne nos péchés.

Souviens-Toi des âmes du Purgatoire.
Accepte ce chemin de Croix en vue de leur soulagement,
de leur délivrance, dès à présent, de ce lieu terrible.

Ô Jésus Sauveur,
Gloire à Toi.
Gloire à jamais.
Ta victoire est notre victoire.
Viens, Seigneur.
Viens nous délivrer.
Viens nous sauver.

Première station

Jésus est condamné à mort.

Nous T'adorons, ô Christ et nous Te bénissons.

Tous : Parce que Tu as racheté le monde par la Sainte Croix.

Parole de Dieu

Dès lors Pilate cherchait à le relâcher. Mais les Juifs vociféraient, disant : « Si tu le relâches, tu n'es pas ami de César : quiconque se fait roi, s'oppose à César. » Pilate, entendant ces paroles, amena Jésus dehors et s'assit à son tribunal, en un lieu-dit le Dallage, en hébreu Gabbatha. Or c'était la préparation de la Pâque ; c'était vers la sixième heure. Il dit aux Juifs : « Voici votre roi. » Eux vociférèrent : « A mort ! A mort ! Crucifie-le ! » Pilate leur dit : « Crucifierai-je votre roi ? » Les grands prêtres répondirent : « Nous n'avons de roi que César ! » Alors il le leur livra pour être crucifié. **Saint Jean 19, 12-16.**

Prions

Pitié pour moi, ô Dieu, en ta bonté,
en ta grande miséricorde efface mon péché,
lave-moi tout entier de ma faute,
de mon péché purifie-moi. **Ps 50, 3-4.**

Méditons

Les Hommes trament les plus noirs complots contre Lui, tandis que Lui n'est occupé qu'à leur donner tout ce qu'Il a de plus précieux, qui est Lui-même.

Notre Seigneur a souffert pour nous dans Son âme tout ce qu'il est possible de souffrir.

Oh ! qu'il est consolant de penser que sur cette terre c'est encore pour le Bon Dieu qu'il y a le plus de fidélité et le plus d'amour.

Ô Jésus, Te connaître, c'est T'aimer ! Si nous savions comme Notre Seigneur nous aime, nous en mourrions de bonheur ! Je ne crois pas qu'il y ait des cœurs assez durs pour ne pas aimer en se voyant tant aimés... C'est si beau la charité ! C'est un écoulement du Cœur de Jésus qui est tout amour.

(Prendre quelques minutes de méditation.)

Prions

Notre père qui es aux Cieux...

Deuxième station

Jésus est chargé de la Croix.

Nous T'adorons, ô Christ et nous Te bénissons.

Tous : Parce que Tu as racheté le monde par la Sainte Croix.

Parole de Dieu

Ils prirent donc Jésus, qui, portant lui-même sa croix, sortit de la ville pour aller au lieu-dit du Crâne, en hébreu Golgotha. **Saint Jean 19,17-18.**

Prions

Car mon péché, moi, je le connais,
ma faute est devant moi sans relâche ;
contre toi, toi seul, j'ai péché,
ce qui est mal à tes yeux, je l'ai fait. **Ps 50, 5-6.**

Méditons

Les épines suent le baume et la Croix transpire la douceur, mais il faut les épines dans ses mains et serrer la Croix sur son cœur pour qu'elles distillent le suc qu'elles contiennent.

Pourquoi M'as-Tu offensé, Moi qui t'aime tant ?

Le Bon Dieu nous a créés et mis au monde parce qu'Il nous aime ; Il veut nous sauver parce qu'Il nous aime.

(Prendre quelques minutes de méditation.)

Prions

Notre père qui es aux Cieux...

Troisième station

Jésus tombe pour la première fois.

Nous T'adorons, ô Christ et nous Te bénissons.

Tous : **Parce que Tu as racheté le monde par la Sainte Croix.**

Parole de Dieu

Le lendemain, Jean voit Jésus venir vers lui et il dit : « Voici l'agneau de Dieu, qui enlève le péché du monde ». **Saint Jean 1,29.**

Prions

Ainsi tu es juste quand tu parles,
sans reproche quand tu juges.
Vois, pécheur je suis né,
dans le péché ma mère m'a conçu. **Ps 50, 6-7.**

Méditons

Les croix transformées dans les flammes de l'amour sont comme un fagot d'épines que l'on jette au feu et que le feu réduit en cendres. Les épines sont dures, mais les cendres sont douces.

L'épreuve produit la patience, et la patience l'espérance.

Les combats nous mettent au pied de la Croix, et la Croix à la porte du Ciel.

Le trésor d'un chrétien n'est pas sur la terre, il est dans le Ciel. Eh bien ! notre pensée doit aller où est notre trésor.

(Prendre quelques minutes de méditation.)

Prions

Mon Dieu,
je crois fermement toutes les vérités que Tu as révélées
et que Tu enseignes par Ta Sainte Église,
parce que Tu ne peux ni Te tromper ni nous tromper.

Quatrième station

Jésus rencontre Sa mère.

Parole de Dieu

Syméon dit à Marie, sa mère : « Vois ! Cet enfant doit amener la chute et le relèvement d'un grand nombre en Israël ; il doit être un signe en butte à la contradiction - et toi-même, une épée te transpercera l'âme ! - afin que se révèlent les pensées intimes de bien des cœurs. » **Saint Jean 2, 34-35.**

Prions

Mais tu aimes la vérité au fond de l'être,
dans le secret tu me fais connaître la sagesse.
Purifie-moi avec l'Hysope, je serai pur ;
lave-moi, je serai blanc plus que la neige. **Ps 50,8-9.**

Méditons

L'âme en état de grâce est comme une blanche colombe.

Quand une âme est pure, tout le Ciel la regarde avec amour.

Qu'il y a peu de chrétiens pour Te suivre, comme la Sainte Vierge, jusqu'au Calvaire !

Ce qui doit nous engager à nous adresser à elle avec grande confiance, c'est qu'elle est toujours attentive... Elle désire tant notre bonheur !

(Prendre quelques minutes de méditation.)

Prions

Je vous salue, Marie...

Cinquième station

Simon de Cyrène
aide Jésus à porter Sa Croix.

Nous T'adorons, ô Christ et nous Te bénissons.

**Tous : Parce que Tu as racheté le monde
par la Sainte Croix.**

Parole de Dieu

*Comme ils l'emmenaient, ils mirent la main sur un certain
Simon de Cyrène qui revenait des champs, et le chargèrent de la
Croix pour la porter derrière Jésus.* **Saint Luc 23,26.**

Prions

Rends-moi le son de la joie et de la fête ;
et qu'ils dansent, les os que tu broyas !
Détourne ta face de mes péchés,
de mon péché, purifie-moi. **Ps 50,10-11.**

Méditons

Notre Seigneur nous montre le chemin dans la personne de
Simon le Cyrénéen ; Il appelle ses amis à porter leur croix après
Lui.

Celui qui aime le Bon Dieu est comme un arbre planté sur le bord d'un ruisseau limpide, c'est-à-dire qu'il est continuellement rafraîchi par les douceurs de la grâce qui tombe dans son âme comme une rosée céleste.

C'est quelque chose de beau d'avoir un cœur, et, tout petit qu'il est, de pouvoir s'en servir pour aimer Dieu !

(Prendre quelques minutes de méditation.)

Prions

Notre père qui es aux Cieux...

Sixième station

Le Saint visage de Jésus.

Nous T'adorons, ô Christ et nous Te bénissons.

**Tous : Parce que Tu as racheté le monde
par la Sainte Croix.**

Parole de Dieu

Il était méprisé, abandonné de tous, homme de douleur, familier de la souffrance, semblable au lépreux dont on se détourne ; et nous l'avons méprisé, compté pour rien.

Pourtant, c'étaient nos souffrances qu'il portait, nos douleurs dont il était chargé. Et nous, nous pensions qu'il était châtié, frappé par Dieu, humilié. Or c'est à cause de nos fautes qu'il a été transpercé, c'est par nos péchés qu'il a été broyé. **Isaïe 53,3-5.**

Prions

Ô Dieu, crée en moi un cœur pur,
restaure en moi un esprit ferme ;
ne me repousse pas loin de ta face,
ne retire pas de moi ton Esprit Saint. **Ps 50,12-13.**

Méditons

Un seul regard du Bon Dieu suffit pour nous mettre en grâce avec lui, mais ce regard, il faut le mériter par une volonté de tout bien faire !

Si nous comprenions tout le bonheur d'une âme enflammée d'amour du Bon Dieu, si nous pouvions goûter combien il est doux de marcher toujours en sa présence, de nous sentir sous son regard, de nous laisser conduire par la main, nous penserions toujours à lui, nous ne pourrions pas faire autrement, ce serait notre plus grand bonheur de chaque jour.

Notre âme est comme un miroir. Dieu s'y voit avec complaisance quand elle est pure.

(Prendre quelques minutes de méditation.)

Prions

Gloire au père, et au fils et au Saint-Esprit,
au Dieu qui est, qui était et qui vient,
pour les siècles des siècles. Amen.

Septième station

Jésus tombe pour la deuxième fois.

Nous T'adorons, ô Christ et nous Te bénissons.

Tous : Parce que Tu as racheté le monde par la Sainte Croix.

Parole de Dieu

Jésus dit à ses disciples : « Si quelqu'un veut venir à ma suite, qu'il se renie lui-même, qu'il se charge de sa croix, et qu'il me suive. Qui veut en effet sauver sa vie la perdra, mais celui qui perd sa vie à cause de moi la trouvera. Que servira-t-il donc à l'homme de gagner le monde entier, s'il ruine sa propre vie ? Ou que pourra donner l'homme en échange de sa propre vie ? » **Saint Matthieu 16,24-26.**

Prions

Rends-moi la joie de ton salut,
assure en moi un esprit magnanime ;
aux pécheurs j'enseignerai tes voies,
à toi se rendront les égarés. **Ps 50,14-15.**

Méditons

Un chrétien créé à l'image de Dieu.
Un chrétien racheté par le Sang d'un Dieu.

Un chrétien, l'enfant de Dieu, le frère d'un Dieu, l'héritier d'un Dieu.

Trois choses sont absolument nécessaires contre la tentation : la prière pour éclairer, les sacrements pour nous fortifier et la vigilance pour nous préserver. Lorsque nous sommes accablés par les tentations, il ne faut pas nous laisser aller au découragement.

Nous coupons quelques fois la tige, mais nous n'allons pas jusqu'à la racine du mal.

(Prendre quelques minutes de méditation.)

Prions

Mon Dieu,
j'espère avec une ferme confiance que Tu me donneras,
par les mérites de notre Seigneur Jésus-Christ,
Ta grâce en ce monde et le bonheur éternel dans l'autre,
parce que Tu l'as promis
et que Tu es toujours fidèles dans Tes promesses.

Huitième station

Jésus rencontre les femmes de Jérusalem.

Nous T'adorons, ô Christ et nous Te bénissons.

Tous : Parce que Tu as racheté le monde par la Sainte Croix.

Parole de Dieu

Le peuple, en grande foule, le suivait, ainsi que des femmes qui se frappaient la poitrine et se lamentaient sur lui. Mais, se retournant vers elles, Jésus dit : « Filles de Jérusalem, ne pleurez pas sur moi ! Pleurez plutôt sur vous-même et sur vos enfants ! » **Saint Luc 23,27-28.**

Prions

Affranchis-moi du sang, Dieu de mon salut,
et ma langue acclamera ta justice ;
Seigneur, ouvre mes lèvres,
et ma bouche publiera ta louange. **Ps 50,16-17.**

Méditons

Ah ! Si nous comprenions Son amour, si nous pouvions voir Son Cœur tout embrasé de compassion, de miséricorde, nous détesterions nuit et jour nos péchés !

Ô Jésus, donne-nous une sainte horreur de nos péchés, fais passer dans nos cœurs une goutte de cette amertume dont le tien fut inondé. Si nous ne pouvons effacer nos péchés par l'effusion de notre sang, fais du moins que nous puissions les pleurer.

« Demandez et vous recevrez. » Il n'y a que Dieu qui puisse faire de semblables promesses et les tenir.

(Prendre quelques minutes de méditation.)

Prions

Notre père qui es aux Cieux...

Neuvième station

Jésus tombe pour la troisième fois.

Nous T'adorons, ô Christ et nous Te bénissons.

Tous : Parce que Tu as racheté le monde par la Sainte Croix.

Parole de Dieu

« Le joug de mes péchés pèse sur moi, sa main les a tressés.
Leur joug est sur mon cou, il fait fléchir ma force.
Le Seigneur m'a mise à leur merci, je ne puis plus tenir.
Entends-moi qui gémis : pas un qui me console !
Tous mes ennemis se réjouissent de mon mal : voilà ton œuvre !
Fais venir le jour que tu avais proclamé,
pour qu'ils soient comme moi !
Que toute leur méchanceté te soit présente
et traite-les comme tu m'as traitée pour tous mes péchés !
Car nombreux sont mes gémissements
et mon cœur est malade. » **Lamentation 1,14-21-22.**

Prions

Tu ne prendrais aucun plaisir au sacrifice ;
si j'offre un holocauste, tu n'en veux pas.
Mon sacrifice, c'est un esprit brisé ;
d'un cœur brisé, broyé, tu n'as point de mépris. **Ps 50,18-19.**

Méditons

Méditons souvent au pied de la Croix l'énormité du péché qui a fait mourir Notre Seigneur.

Aimer le Bon Dieu, ce n'est pas être fidèle à accomplir une partie de nos devoirs et négliger l'autre, le Bon Dieu ne veut point de partage.

L'humilité est comme une balance : plus on s'abaisse d'un côté et plus on est élevé de l'autre.

(Prendre quelques minutes de méditation.)

Prions

Mon Dieu, je T'aime par-dessus toutes choses,
de tout mon cœur, de toute mon âme et de toutes mes forces,
parce que Tu es infiniment parfait et souverainement aimable.
J'aime aussi mon prochain comme moi-même
pour l'amour de Toi.

Dixième station

Jésus est dépouillé de ses vêtements.

Nous T'adorons, ô Christ et nous Te bénissons.

Tous : Parce que Tu as racheté le monde par la Sainte Croix.

Parole de Dieu

Quand les soldats eurent crucifié Jésus, ils prirent ses vêtements dont ils firent quatre parts, une pour chaque soldat, et la tunique. Cette tunique était sans couture, tissée tout d'une pièce de haut en bas ; ils se dirent entre eux : « Ne la déchirons pas, mais tirons au sort qui l'aura. » Ainsi s'accomplissait l'Écriture : Ils se sont partagé mes habits, ils ont tiré au sort mes vêtements. *Voilà ce que firent les soldats.* **Saint Jean 19,23-24.**

Prions

On m'ignore comme un mort oublié,
comme une chose qu'on jette.
J'entends les calomnies de la foule ;
ils s'accordent pour m'ôter la vie. **Ps 30,13-14.**

Méditons

Les croix sont la route du Ciel, comme un beau pont de pierres sur une rivière pour la traverser.

Chacun a sa croix. Si on connaissait tous les mérites et qu'on pût les prendre, on se les volerait les uns aux autres... Qu'on le veuille ou non, il faut souffrir. Souffrir. Qu'importe... ce n'est qu'un moment.

Celui qui aura souffert et combattu pour son Dieu luira comme un beau soleil.

(Prendre quelques minutes de méditation.)

Prions

Mon Dieu,
j'ai un extrême regret de T'avoir offensé
parce que Tu es infiniment bon,
infiniment aimable et que le péché Te déplaît ;
je prends la ferme résolution avec le secours de Ta Sainte grâce,
de ne plus T'offenser et de faire pénitence.

Onzième station

Jésus est cloué sur la croix.

Nous T'adorons, ô Christ et nous Te bénissons.

**Tous : Parce que Tu as racheté le monde
par la Sainte Croix.**

Parole de Dieu

*Lorsqu'ils furent arrivés au lieu appelé Crâne, ils l'y crucifièrent
ainsi que les malfaiteurs, l'un à droite et l'autre à gauche. Et
Jésus disait : « Père, pardonne-leur : ils ne savent pas ce qu'ils
font. »* **Saint Luc 23,33-34.**

Prions

Mon Dieu, mon Dieu, pourquoi m'as-tu abandonné ?
Loin de me sauver, les paroles que je rugis !
Mon Dieu, le jour j'appelle, point de réponse,
la nuit, pour moi point de silence.
Et moi, ver et non pas homme,
honte du genre humain, rebut du peuple,
tous ceux qui me voient me bafouent,
leur bouche ricane, ils hochent la tête :
« Il s'est remis au Seigneur qu'il le libère !
Qu'il le délivre, puisqu'il est son ami ! » **Ps 22,2-3, 7-9.**

Méditons

Jeter les yeux sur Notre Seigneur attaché à la Croix.

La Passion de Notre Seigneur est comme un grand fleuve qui descend d'une montagne et ne s'épuise jamais.

Si nous pouvions aller passer huit jours dans le Ciel, nous comprendrions le prix de ce moment de souffrance.

(Prendre quelques minutes de méditation.)

Prions

Notre père qui es aux Cieux...

Douzième station

Jésus meurt sur la croix.

Nous T'adorons, ô Christ et nous Te bénissons.

Tous : Parce que Tu as racheté le monde par la Sainte Croix.

Parole de Dieu

Or, près de la Croix de Jésus se tenaient sa mère et la sœur de sa mère, Marie, femme de Clopas, et Marie de Magdala. Jésus donc, voyant sa mère et, se tenant près d'elle, le disciple qu'il aimait, dit à sa mère : « Femme, voici ton fils ». Puis il dit au disciple : « Voici ta mère ». Dès cette heure-là, le disciple l'accueillit chez lui.

Après quoi, sachant que désormais tout était achevé, pour que l'Ecriture fût parfaitement accomplie, Jésus dit : « J'ai soif ». Un vase était là, rempli de vinaigre. On mit autour d'une branche d'hysope une éponge imbibée de vinaigre et on l'approcha de sa bouche. Quand il eut pris le vinaigre, Jésus dit : « Tour est achevé » et, inclinant la tête, il remit l'esprit. **Saint Jean 19,25-30.**

Prions

Je suis comme l'eau qui s'écoule
et tous mes os se disloquent ;
mon cœur est pareil à la cire,
il fond au milieu de mes entrailles ;

mon palais est sec comme un tesson,
et ma langue, collée à la mâchoire. **Ps 22,15-16.**

Méditons

Il est mort pour tous. Il nous attend tous au Ciel.

La Croix embrasse le monde. Elle est plantée aux quatre coins de l'univers. Il y en a un morceau pour tous. Les bons chrétiens ne meurent point, ils avancent chaque jour d'un pas vers le paradis. La mort, c'est l'union de l'âme avec Dieu.

Aimer Dieu ! Oh ! Que c'est beau ! Il faut le Ciel pour le comprendre. La prière aide un peu, parce que la prière c'est l'élévation de l'âme jusqu'au Ciel. Plus on connaît les Hommes, moins on les aime. C'est le contraire pour Dieu : plus on Le connaît, plus on L'aime. Quand une fois une âme a commencé à goûter l'amour de Dieu, elle ne peut plus aimer ni désirer autre chose.

Prions

Adoration et contemplation dans le plus grand silence.

Treizième station

Jésus est détaché de la croix et remis à Marie, Sa mère.

Nous T'adorons, ô Christ et nous Te bénissons.

Tous : Parce que Tu as racheté le monde par la Sainte Croix.

Parole de Dieu

Arrivés à Jésus, ils le trouvèrent mort ; ils ne lui brisèrent pas les jambes, mais l'un des soldats, de sa lance, lui perça le côté et aussitôt, il sortit du sang et de l'eau. Celui qui a vu en rend témoignage – un authentique témoignage, et celui-ci sait qu'il dit vrai – pour que vous aussi vous croyez. Car cela est arrivé pour que s'accomplît l'Ecriture : « On ne lui brisera pas un os. » ailleurs, l'Ecriture dit encore : « Ils regarderont celui qu'ils ont transpercé. » Après cela, Joseph d'Arimathie, qui était disciple de Jésus, mais en secret par crainte des Juifs, demanda à Pilate l'autorisation d'enlever le corps de Jésus. Pilate le permit. Ils vinrent donc l'enlever. **Saint Jean 19,33-38.**

Prions

La terre entière se souviendra et reviendra vers le Seigneur ;
toutes les familles des nations se prosterneront devant lui.
Au Seigneur la royauté, au maître de nations !
Devant lui se prosterneront tous les puissants de la terre,
devant lui se courberont ceux qui descendent à la poussière.
Ps 22,28-30.

Méditons

Ô mon Bon Père qui est au Cieux, je T'offre, en ce moment, Ton Fils, tel qu'on L'a descendu de la Croix, qu'on L'a déposé entre les bras de la Sainte Vierge, et qu'elle L'a offert en sacrifice pour nous.

Un vase prend de l'eau à la fontaine selon sa capacité.

Jésus-Christ, après nous avoir donné tout ce qu'Il pouvait nous donner, veut encore nous faire héritiers de qu'Il a de plus précieux, c'est-à-dire Sa Sainte Mère.

(Prendre quelques minutes de méditation.)

Prions

Notre père qui es aux Cieux...

Quatorzième station

Jésus est déposé au sépulcre.

Nous T'adorons, ô Christ et nous Te bénissons.

**Tous : Parce que Tu as racheté le monde
par la Sainte Croix.**

Parole de Dieu

Nicodème – celui qui précédemment était venu de nuit trouver Jésus – vint aussi, apportant un mélange de myrrhe et d'aloès, d'environ cent livres. Ils prirent donc le corps de Jésus et le lièrent de linges, avec des aromates, selon le mode de sépulture en usage chez les Juifs. Or il y avait un jardin, au lieu où il avait été crucifié et, dans ce jardin, un tombeau neuf, dans lequel personne n'avait encore été mis. A cause de la Préparation des Juifs, comme le tombeau était proche, c'est là qu'ils déposèrent Jésus. **Saint Jean 19,39-42.**

Prions

Et mon âme vivra pour lui, ma descendance le servira ;
on annoncera le Seigneur aux générations à venir,
sa justice aux peuples à naître. Telle est son œuvre.

Méditons

La Croix est l'échelle du Ciel.
La Croix est la clef qui ouvre la Porte.

La Croix est la lampe qui éclaire Ciel et terre.
Le cimetière : la maison commune.
Le Purgatoire : l'infirmerie du Bon Dieu.
La terre : un entrepôt.

Dans le monde on cache le Ciel et l'enfer : le Ciel, parce que si on en connaissait la beauté, on voudrait y aller à tout prix ; l'enfer, parce que si on en connaissait les tourments qu'on y endure, on ferait tout pour ne pas y aller.

Le seul bonheur que nous avons sur la terre, c'est d'aimer Dieu et de savoir que Dieu nous aime.

(Prendre quelques minutes de méditation.)

Prions

Gloire au père, et au fils et au Saint-Esprit,
au Dieu qui est, qui était et qui vient,
pour les siècles des siècles. Amen.

Quinzième station

La Résurrection de Jésus le matin du premier jour de la semaine.

Nous T'adorons, ô Christ et nous Te bénissons.

Tous : Parce que Tu as racheté le monde par la Sainte Croix.

Parole de Dieu

Pierre partit avec l'autre disciple et ils se rendirent au tombeau. Ils couraient tous les deux ensemble. L'autre disciple, plus rapide que Pierre, le distança et arriva le premier au tombeau. Se penchant alors, il voit les bandelettes à terre ; cependant il n'entra pas.

Simon-Pierre, qui le suivait, arrive à son tour. Il entre dans le tombeau et il voit les bandelettes à terre, ainsi que le suaire qui recouvrait sa tête ; ce dernier n'était pas avec les bandelettes, mais roulé dans un endroit à part. Alors entra à son tour l'autre disciple, arrivé le premier au tombeau. Il vit et il crut. **Saint Jean 20,1-8.**

Méditons

Voyez, c'est la foi qui manque... Quand on n'a pas la foi, on est aveugle. Celui qui ne voit pas ne connaît pas, celui qui ne connaît pas n'aime pas ; celui qui n'aime pas Dieu s'aime lui-même, et en même temps il aime ses plaisirs. Il attache son cœur à des choses qui passent comme la fumée... La foi est le vent qui dissipe le brouillard et qui fait luire sur notre âme un beau soleil.

Je pense souvent que lorsque nous venons adorer Notre Seigneur, nous obtiendrions tout ce que nous voudrions, si nous Le lui demandions avec une foi bien vive et un cœur bien pur. Mais voilà ! Nous sommes sans foi, sans désir et sans amour.

La foi peut tout.

(Prendre quelques minutes de méditation.)

Prions

Gloire au père, et au fils et au Saint-Esprit,
au Dieu qui est, qui était et qui vient,
pour les siècles des siècles. Amen.

Prions le Seigneur

Seigneur notre Dieu,
nous venons de revivre le chemin de la Croix,
le chemin de notre Salut.
Nous T'en prions :
accorde à tous ceux que Tu aimes,
accorde à tous les hommes de bonne volonté,
accorde à ceux qui Te cherchent la grâce de la foi,
de l'espérance et de la charité.
Que Ta Croix ne soit pas vaine dans notre vie.
Mais qu'elle rayonne et inonde sur son passage,
comme Tu as réchauffé le cœur des disciples en chemin.
Reste avec nous Seigneur.
Libère les âmes du Purgatoire, soulage-les de leurs souffrances.
Elles ont tant besoin de Ton infinie Miséricorde.
Nous avons tant besoin de Toi.
De Ta Croix !
Du Salut !

Au nom du père, et du fils, et du Saint-Esprit.

Tous : **Ainsi soit-il.**

Comment éviter la malemort ?

La malemort, pour un catholique, c'est mourir sans avoir obtenu les 3 derniers sacrements que sont :

- La confession.
- Le viatique (la dernière communion).
- L'onction des malades.

Il s'agit donc d'une mort inattendue ou d'une mort subite, qui est tragique pour tous les chrétiens qui souhaitent quitter ce monde avec une âme purifiée, et donc, avec une âme en bonne et due forme, pour paraître devant notre Seigneur.

Pour cela, il faut également aller à la messe dominicale, et dans le meilleur des cas, y aller tous les jours.

En effet, pendant la messe, lors de la consécration du pain et du vin, il faut se mettre à genoux et adorer l'Hostie Consacrée en La regardant et en L'adorant dès lors que le prêtre La lève après L'avoir consacrée. D'après la tradition de l'Église, cela protège de la malemort pour toute la journée.

A propos de cet agenouillement devant la consécration de l'hostie, la Vierge Marie dit qu'un Homme n'est jamais plus Homme, que lorsqu'il se met à genoux à ce moment précis pendant la messe.

Celles et ceux qui **ne veulent pas** se mettre à genoux (et non pas qui **ne peuvent pas** le faire) ont du souci à se faire, car cela est une grande marque d'orgueil, auquel il est urgent de se confesser et de remédier au plus vite.

Comment pardonner ?

Jésus a dit : « *Si donc tu présentes ton offrande à l'autel, et que là tu te souviennes que ton frère a quelque chose contre toi, laisse là ton offrande devant l'autel,* **et va d'abord te réconcilier avec ton frère** ; *puis, viens présenter ton offrande. Accorde-toi promptement avec ton adversaire, pendant que tu es en chemin avec lui, de peur qu'il ne te livre au juge, que le juge ne te livre à l'officier de justice, et* **que tu ne sois mis en prison.** *Je te le dis en vérité,* **tu ne sortiras pas de là que tu n'aies payé le dernier quadrant.** » Mathieu 5,23-27.

Maria Simma parle également **de la rancune et du refus de pardonner sur terre** entraînant un très long et très dur Purgatoire (voir la page N°156, intitulée « Maria Simma et la réalité du Purgatoire»), ce qui est très clairement signifié dans la parole de Jésus ci-dessus.

Pardonner, cela ne signifie pas dire seulement : « Je te pardonne », pardonner ne se fait pas uniquement par de belles paroles, **mais cela se fait en actes**.

Au fond, qu'est-ce que pardonner ?

Ce n'est ni oublier, ni accepter, ni dénier.

Pardonner est le fruit d'un travail, d'une demande où le temps joue un rôle essentiel ; on ne pardonne pas parce que l'on veut pardonner, on pardonne quand on le peut.

Il est vrai qu'il est plus aisé de pardonner dès lors que celui ou ceux qui ont causé le tort viennent vous demander le pardon.

Si vous n'arrivez pas à pardonner, c'est que vous éprouvez de la colère.

Et la colère nourrit en vous les souvenirs qui vous ont blessé et qui sont sans cesse ressassés, ces souvenirs eux-mêmes nourrissent à leur tour votre colère, il s'agit donc d'un cercle vicieux qu'il faut rompre absolument, sans quoi, il vous sera impossible de pardonner.

Il est donc indispensable, en premier lieu, de découvrir ce qui occasionne votre colère.

Parfois cette colère est vivante, mais les souvenirs qui la nourrissent sont enfouis en vous, et vous n'y avez plus accès.

Dans ce cas, une psychothérapie (chez un psychologue ou psychanalyste) vous sera absolument nécessaire car cela vous aidera, entre autres, à comprendre également l'agissement de l'autre.

Une fois que vous connaissez l'origine de votre colère, notez sur une feuille libre tous les souvenirs qui occasionnent cette colère, lisez ensuite cette lettre à voix haute puis brûlez tout, jetez les cendres dans les WC et tirez la chasse.

Ensuite, sur une autre feuille, notez cette-fois, les choses positives que cette ou ces personne(s) vous a/ont apporté dans votre vie (il y en a forcément quelques-unes).

Puis chaque soir, avant de vous coucher, lisez cette liste de choses positives en vous concentrant dessus, et petit à petit votre mode de pensée va tendre vers moins de colère, car celle-ci ne sera plus nourrie par le ressassement de souvenirs négatifs...

Et c'est alors que vous parviendrez à pardonner en actes, car votre colère n'étant plus, vous pourrez passer à autre chose.

Il ne peut y avoir de pardon si l'on refuse absolument d'être pardonné, pas plus qu'être aimé si l'on refuse délibérément l'amour de Dieu (cas des démons et des damnés).

Le pardon peut être un chemin long et douloureux.

Notez aussi que celui qui refuse de pardonner ouvre en lui une porte au diable.

Cela se produit si la personne qui vous a fait du mal vous demande le pardon, mais que vous le lui refusez par principe, par rancune ou par amertume.

Jésus le rappelle avec force et gravité : « *Tout ce que vous lierez sur la terre sera lié dans le Ciel, et tout ce que vous délierez sur la terre sera délié dans le Ciel.* » (Mt 18,18).

En effet, on est lié à l'autre par la colère, le ressentiment que l'on a envers lui, et on est prisonnier de ce conflit.

Combien de personnes sont incapables de reconstruire leur vie après une rupture sentimentale, car elles restent attachées à leur ancien(ne) compagnon(gne) par la colère...

Le pardon rompt ce lien souffrant et malade et apporte l'apaisement de l'esprit et de l'âme.

N'oublions pas que nous restons, après la mort, dans les mêmes dispositions d'esprit que celles que nous avions au moment de mourir. En effet, il ne nous est plus possible de « changer » lorsque notre âme se sépare de notre corps.

Comment se comporter pendant la messe ?

Le Père Alessandro da Ripabottoni, conservateur des lettres du Padre Pio, a décrit les 7 règles que le Padre Pio suggérait à ses fils et filles spirituels sur leur conduite souhaitable à l'église :

1. Entrez dans l'église en silence, vous jugeant indigne de paraître devant la Majesté de notre Seigneur ; ayons honte d'avoir donné bien des fois accès au diable et à ses supercheries en n'ayant pas gardé nos cœurs purs et nos corps chastes ; ayons honte d'avoir permis à nos ennemis de s'insinuer dans nos cœurs, profanant ainsi le temple de Dieu que nous sommes devenus par le saint baptême.

2. Prenez l'eau bénite au bénitier et faites le signe de notre rédemption, bien et lentement.

3. Après vous être fixé à votre place, agenouillez-vous et rendez hommage à Jésus au Saint Sacrement, **par votre prière** et votre adoration. Dès que vous vous tenez devant Dieu au Saint Sacrement, confiez-Lui tous vos besoins ainsi que les âmes qui vous ont été confiées. Parlez-Lui avec un abandon filial, donnez toute latitude à votre cœur et laissez à Dieu toute liberté d'agir en vous comme II l'entend.

4. Lorsque vous assistez à la Sainte Messe ou à l'un de nos rites (bénédiction du Saint Sacrement, processions, funérailles, baptêmes, mariages, etc.), accomplissez chaque acte avec la plus grande dévotion ; soignez votre posture en vous levant, vous agenouillant et vous tenant debout ; soyez modeste dans vos regards, ne tournez pas la tête pour voir qui entre et qui sort ; ne riez pas, c'est un manque de respect pour ce lieu saint et aussi pour ceux qui vous entourent ; essayez de ne parler à personne, sauf si la charité ou une stricte nécessité vous y oblige. En bref, comportez-vous de telle sorte que toutes les personnes présentes

soient, à travers vous, incitées à glorifier et à aimer le Père céleste. »

5. Pour prier en commun, dites les mots des prières de manière distincte et ne vous pressez pas.

6. Lorsque vous quittez l'église, faites-le dans le calme et la sérénité ; saluez d'abord Jésus au Saint-Sacrement, demandez pardon pour les fautes commises en Sa présence, et ne partez pas sans avoir d'abord demandé et obtenu la bénédiction paternelle de Dieu.

7. Observez une grande modestie en toute chose car la modestie est la vertu qui, mieux que toute autre, révèle les sentiments du cœur ; rien ne représente plus clairement un objet qu'un miroir ; de même, rien ne représente plus largement les bonnes ou mauvaises qualités d'une âme qu'un arrangement plus ou moins bien soigné de son extérieur, comme lorsque quelqu'un semble avoir été plus ou moins modeste."

Dogmes concernant la Vierge Marie

Un dogme c'est une vérité théologique.

Un dogme est infaillible, et il est proclamé par le pape en fonction, et seulement par le pape, qui est alors revêtu de l'infaillibilité pontificale.

En d'autres termes, lorsque le pape émet un dogme, c'est l'Esprit-Saint qui nous transmet directement un message de vérité sur la foi catholique, par la bouche du pape, en général au cours d'un concile.

Les dogmes sont assez rares, tous les papes n'émettent pas de dogme.

Les 4 dogmes concernant la Vierge Marie sont :

- « Marie est la mère de Dieu. » Concile d'Ephèse. Pape Célestin 1er en 431.

- « Marie est restée vierge (spirituellement et physiquement), avant, pendant, et après. » Concile de Lattrand. Pape Martin 1er en 649.

- « Marie est Immaculée Conception. » Pape Pie IX en 1854.

- « Marie est montée au Ciel par Assomption. » Pie XII en 1950.

Le peuple catholique attend ce cinquième dogme marial de la part du pape : « Marie corédemptrice de toutes les grâces. » Mais l'Esprit-Saint sait se faire désirer...

La dévotion au Sacré-Cœur et les douze promesses du Christ

La dévotion au Sacré-Cœur de Jésus, enseignée par le Christ Lui-même à sainte Marguerite-Marie Alacoque, consiste à recevoir la Sainte Eucharistie **le premier vendredi du mois pendant neuf mois consécutifs, sans interruption.**

Cette dévotion doit être faite en esprit de réparation des outrages faits à Jésus-Christ par les Hommes qui le rejettent.

La promesse principale de Jésus, faite à ceux qui offriront cette dévotion, **est la pénitence finale et l'assurance de mourir en état de grâce.**

Voici les douze promesses de Jésus pour la dévotion au Sacré-Cœur :

1. Je leur donnerai toutes les grâces nécessaires à leur état.
2. Je mettrai la paix dans leur famille.
3. Je les consolerai dans toutes leurs peines.
4. Je serai leur refuge assuré pendant la vie et surtout à la mort.
5. Je répandrai d'abondantes bénédictions sur toutes leurs entreprises.
6. Les pécheurs trouveront dans Mon Cœur la source et l'océan infini de la Miséricorde.
7. Les âmes tièdes deviendront ferventes.
8. Les âmes ferventes s'élèveront à une grande perfection.
9. Je bénirai Moi-même les maisons où l'image de Mon Sacré-Cœur sera exposée et honorée.
10. Je donnerai aux prêtres le talent de toucher les cœurs les plus endurcis.
11. Les personnes qui propageront cette dévotion auront leur nom écrit dans Mon Cœur, où il ne sera jamais effacé.
12. Je te promets, dans l'excès de la miséricorde de Mon Cœur, que Mon amour tout-puissant accordera à tous ceux qui

communieront les premiers vendredis du mois, neuf fois de suite, la grâce de la pénitence finale, qu'ils ne mourront point dans Ma disgrâce, ni sans recevoir leurs Sacrements, et que Mon Divin Cœur se rendra leur asile assuré à cette dernière heure.

Les conditions :

- Recevoir la communion neuf premiers vendredis du mois consécutifs sans interruption.

- Avoir l'intention d'honorer, avant et pendant la communion, le Sacré-Cœur de Jésus et d'obtenir la grâce de la pénitence finale.

- Offrir chaque communion en réparation pour les offenses commises contre le Saint-Sacrement dans le monde.

La dévotion réparatrice des 5 premiers samedis

" Si l'on fait ce que je vais vous dire, beaucoup d'âmes se sauveront... Je viendrai demander... la communion réparatrice des premiers samedis du mois", a déclaré la Sainte Vierge Marie aux trois enfants de Fatima : Lucie, Jacinthe et François, le 13 juillet 1917 (voir la page intitulée « Notre-Dame de Fatima » à la page N°234).

De quoi s'agit-il ?

Le 10 décembre 1925, la Sainte Vierge réalise son annonce de juillet 1917 et vient demander à sœur Lucie, postulante au couvent des sœurs Dorothée de Pontevedra, de réparer les blasphèmes et les ingratitudes, et d'en consoler le Cœur Immaculé de Marie, par l'accomplissement des actes suivants en esprit de réparation, pendant cinq mois consécutifs, chaque premier samedi du mois : « *Se confesseront et recevront la Sainte Communion, réciteront un chapelet et me tiendront compagnie pendant 15 minutes en méditant sur les mystères du Rosaire, et qu'**ils le feront en esprit de réparation**, **je promets de les assister à l'heure de la mort avec toutes les grâces nécessaires pour le salut de leur âme**.* »

Précisions

- Si tout ou partie de ces actes ne peuvent pas être accomplis le samedi, on peut encore les faire le lendemain, c'est à dire le dimanche après avoir obtenu la permission d'un prêtre qui jugera que le motif est juste. (Notre Seigneur Jésus Christ à sœur Lucie le 29 mai 1930).

- **La confession** peut être faite dans les 8 jours avant ou après, et même au-delà, et la confession doit être faite **avec l'intention de réparation**, et que l'on soit en état de grâce au moment de la communion réparatrice. Et si, en se confessant, on a oublié de formuler l'intention réparatrice*, on la formulera à la première occasion que l'on aura de se confesser. (Notre Seigneur Jésus Christ à sœur Lucie le 15 février 1926).

- **Le chapelet**, c'est à dire 5 dizaines parmi les 20 du Rosaire (mystères joyeux, douloureux, lumineux ou glorieux).

- **La méditation** : prendre 15 minutes de recueillement à passer spirituellement en compagnie de la très Sainte Vierge Marie, s'associant à l'un ou l'autre ou à quelques-uns des mystères de sa vie évoqués dans le Rosaire (mystères joyeux, douloureux, lumineux ou glorieux).

- **L'intention réparatrice** s'applique particulièrement à cinq espèces d'offenses et de blasphèmes proférés contre le Cœur Immaculé de Marie (voir ci-dessous).

Le plus important, c'est l'esprit de réparation dans lequel la Sainte Vierge demande cette pratique. Le 29 mai 1930, notre Seigneur Jésus Christ expliqua à sœur Lucie le sens de cette réparation durant ces cinq premiers samedis, qui est de consoler le Cœur Immaculé de Marie, et de réparer cinq espèces d'offenses et de blasphèmes, et *la formulation de l'intention réparatrice sera dite comme telle au prêtre, juste avant la confession :

1er samedi : je me confesse et je demande ensuite la sainte communion, avec l'intention de réparer les blasphèmes commis contre l'Immaculée-Conception de la Vierge Marie.

2ème samedi : je me confesse et je demande ensuite la sainte communion, avec l'intention de réparer les blasphèmes commis contre la virginité de Marie.

3ᵉᵐᵉ samedi : je me confesse et je demande ensuite la sainte communion, avec l'intention de réparer les blasphèmes commis contre la maternité divine et la maternité spirituelle de la Vierge Marie sur les Hommes.

4ᵉᵐᵉ samedi : je me confesse et je demande ensuite la sainte communion, avec l'intention de réparer les blasphèmes commis par ceux qui cherchent publiquement à mettre dans le cœur des enfants l'indifférence ou le mépris, ou même la haine, à l'égard de notre Mère Immaculée.

5ᵉᵐᵉ samedi : je me confesse et je demande ensuite la sainte communion, avec l'intention de réparer les offenses de ceux qui outragent directement la Vierge Marie dans ses saintes images.

La liturgie des heures
AELF

La liturgie des heures est une prière quotidienne chrétienne, répartie en plusieurs moments de la journée, appelés offices et heures canoniales.

Il y a de 3 à 8 offices par jour selon les ordres monastiques (3 à 7 pour les laïcs).

Voici la liturgie séculière actuelle :

Lectures : entre minuit et le lever du jour ou à toute autre heure de la journée.
Laudes : à l'aube.
Tierce (troisième heure après le levant) : à 9 heures.
Sexte (sixième heure après le levant) : à midi environ.
None (neuvième heure après le levant) : à 15 heures environ.
Vêpres : au début de la soirée (vers 17 heures).
Complies : le soir, après le coucher du soleil.

Il est possible pour effectuer la liturgie des heures d'utiliser un bréviaire (souvent difficile à utiliser), mais il y a un moyen beaucoup plus simple et instantané : **www.aelf.org**

Sur AELF vous avez directement chaque office religieux officiel quotidiennement mis à jour.

Et vous pouvez également télécharger l'application AELF sur votre téléphone, et ensuite, d'un clic sur l'icône AELF sur votre écran, vous arrivez directement sur les offices du jour, et en prime vous avez les lectures de la messe du jour, et tout cela, **c'est entièrement gratuit** !

Vision de Catalina Rivas

La Sainte Messe.

« Si les gens connaissaient réellement l'importance de la messe, il y aurait une telle population qui se déplacerait pour chacune d'entre elles de célébrées, que l'on aurait à chaque fois besoin des gendarmes pour fluidifier la circulation. » Saint Padre Pio.

"Dans cet écrit de Catalina Rivas au sujet de la Sainte Messe, je ne trouve rien qui aille contre la Foi et la doctrine de l'Église." Père Daniel Gagnon, responsable de la Doctrine de la Foi, archevêché de Mexico, Avril 2000.

C'était la veille du jour de l'Annonciation et les membres de notre groupe étaient allés se confesser.

Quelques dames du groupe de prière ne réussirent pas à le faire et renvoyèrent la confession au jour suivant, avant la Sainte Messe.

Le jour suivant, j'arrivai à l'église avec un peu de retard, et Monseigneur l'Archevêque et les prêtres étaient en train de pénétrer dans le chœur.

A ce moment, la Sainte Vierge me dit d'une voix douce et suave qui radoucit l'âme : « Aujourd'hui, pour toi, c'est un jour d'enseignement et je veux que tu fasses très attention, parce que, de ce dont tu vas être aujourd'hui le témoin, tout ce que tu vivras en ce jour, tu devras le donner en partage à l'humanité. »

La première chose dont je fus témoin c'était celle d'un chœur de très belles voix qui chantaient comme si elles venaient de loin. A certains moments, la musique s'approchait, puis s'éloignait comme s'il s'agissait d'un son porté par le vent.

Monseigneur l'Archevêque commença la Sainte Messe et, arrivé à l'Acte Pénitentiel, la Très Sainte Vierge me dit : "*Du fond de ton cœur, demande pardon au Seigneur pour toutes tes fautes, pour l'avoir offensé, ainsi tu pourras participer dignement au privilège d'assister à la Sainte Messe.*"

Il est certain qu'en une fraction de seconde je pensais en moi-même : "*Je suis certainement en grâce avec Dieu, je me suis à peine confessée, hier soir*".

Elle me répondit : "*Tu crois peut-être que, depuis hier soir, tu n'as pas offensé le Seigneur ? Permets que je te rappelle quelques détails. Quand tu étais en train de venir ici, la jeune fille qui t'aide s'est approchée de toi pour te dire quelques mots, et parce que tu étais en retard, brusquement tu lui as répondu sans trop de courtoisie. Ce fut un manque de charité de ta part, et tu prétends ne pas avoir offensé Dieu ? Sur la route que tu as parcourue pour venir ici, un autobus t'a gêné et t'a presque bousculé et tu as proféré une quantité de paroles contre ce pauvre homme, au lieu de venir à l'église en priant pour te préparer à la Sainte Messe. Tu as manqué de charité et tu as perdu patience et paix. Et tu dis que tu n'as pas offensé le Seigneur ? Et tu es arrivée à la dernière minute, au moment où la file des célébrants entraient pour célébrer la messe... et tu allais participer à la messe sans une préparation préalable...*"

"*C'est bien, ma mère, ne m'en dis pas davantage, ne me rappelle pas autre chose, sinon je vais aussitôt mourir de honte et de douleur*", lui ai-je répondu.

« *Pourquoi arriver au dernier moment ? Vous devriez être ici, d'abord, pour pouvoir faire une prière et demander au Seigneur Son Esprit-Saint, afin qu'Il vous accorde un esprit de paix qui chasse l'esprit du monde, les préoccupations, les problèmes et les distractions, et pouvoir ainsi être capable de vivre ce moment si sacré. Tandis que vous arrivez presque au commencement de la célébration, et que vous y participez comme si vous alliez assister à un évènement quelconque, sans aucune préparation spirituelle. Pourquoi ? C'est le miracle le plus grand, et vous avez la possibilité de vivre le moment du plus grand cadeau de la part du Très Haut, mais vous ne savez pas l'apprécier.* »

C'était un jour festif et il fallait donc réciter le Gloria.

La Sainte Vierge me dit : *"Glorifie et bénis de tout ton cœur la Très Sainte Trinité, en reconnaissant que tu es Sa créature".*

Comme ce Gloria fut différent, je me suis vue, soudain, dans un autre lieu, empli de lumière en la présence majestueuse du Trône de Dieu, tout rempli de lumière ; avec quel amour, quelle action de grâce j'ai répété : *"Pour Ton immense Gloire, nous Te louons, nous Te bénissons, nous T'adorons, nous Te glorifions, nous Te rendons grâce Seigneur Dieu, Roi du Ciel, Dieu le Père tout puissant, Seigneur, Fils unique Jésus-Christ, Seigneur Dieu, Agneau de Dieu, le Fils du Père. Toi qui enlèves les péchés du monde..."* et Jésus se tenait devant moi, avec Son visage plein de tendresse et de miséricorde...*"Car toi seul es Dieu, Toi seul es le Très Haut, Jésus Christ, avec le Saint-Esprit..."* Le Dieu de l'amour parfait, celui qui, en ce moment, fait tressaillir tout mon être...

J'ai alors demandé : *"Seigneur, libère-moi de tout esprit mauvais. Mon cœur est à Toi. Mon Seigneur, envoie-moi Ta paix pour obtenir le meilleur profit de cette Eucharistie et pour que ma vie produise les fruits les meilleurs. Esprit-Saint de Dieu, transforme-moi, agis en moi, guide-moi. O Dieu, offre-moi les dons dont j'ai besoin pour mieux Te servir !"*

Arrivée au moment de la liturgie de la Parole, la Sainte Vierge me fit répéter : *"Seigneur, je veux aujourd'hui écouter Ta Parole, et porter du fruit en abondance ; que Ton Esprit-Saint sarcle le terrain de mon cœur, afin que Ta parole croisse et se développe, pour mon cœur pour qu'il soit bien disposé."*

Je veux que tu sois attentive à la lecture et à l'homélie du prêtre. Souviens-toi que la bible dit que la Parole de Dieu ne retourne pas sans avoir donné du fruit. Si tu es attentive, il restera quelque chose en toi de tout ce que tu auras entendu. Tu dois chercher à te rappeler toute la journée ces paroles qui laisseront en toi une empreinte. Parfois ce seront deux phrases, d'autres fois la lecture entière de l'Évangile, ou encore une seule parole, à savourer le reste de la journée. Ceci prendra chair en toi car c'est la manière de transformer la vie et faire en sorte que la Parole de Dieu te transforme. Et maintenant, dis au Seigneur que tu es ici pour écouter ce que Lui veut dire aujourd'hui à ton cœur."

Peu de temps après nous sommes à l'Offertoire et la Très Sainte Vierge me dit : *"Prie ainsi : Seigneur, je t'offre tout ce que je suis, ce que j'ai, ce que je puis, je le dépose tout entier dans Tes mains. Seigneur élève, Toi, le peu que je suis. Par les mérites de Ton Fils, transforme-moi, Dieu Très-Haut. Intercède pour ma famille, pour mes bienfaiteurs, pour chaque membre de notre apostolat, pour toutes les personnes qui y luttent, pour ceux qui se recommandent à mes pauvres prières... Apprends-moi à humilier mon cœur afin que leur chemin soit moins dur !* **C'est ainsi que priaient les saints et c'est ainsi que je veux que vous fassiez"**.

Soudain je vis se lever des personnes que je n'avais pas vues auparavant.

C'était comme si du côté de chaque personne qui se trouvait dans la cathédrale, sortait une autre personne.

Ainsi la cathédrale se remplit de diverses personnes, jeunes et belles, vêtues de tuniques blanches.

Elles se dirigèrent vers l'allée centrale pour avancer vers l'autel.

La Vierge Marie me dit : *"Regarde, ce sont les anges gardiens de chacune des personnes qui sont ici. C'est le moment où votre ange gardien porte vos offrandes et vos prières à l'Autel du Seigneur."*

À ce moment j'étais absolument saisie par un grand étonnement, parce que ces êtres avaient un visage si beau et si rayonnant qu'il est impossible de se l'imaginer.

Les visages resplendissaient d'une très grande beauté, presque féminine, bien que, sans aucun doute, l'aspect général des corps, les mains et la stature fussent d'un homme.

Les pieds nus ne foulaient pas le sol mais allaient plutôt en glissant.

C'était une très belle procession.

Quelques-uns portaient comme un vase en or avec quelque chose qui resplendissait d'une forte lumière blanche dorée.

La Vierge Marie me dit : "*Ce sont les anges gardiens des personnes qui sont en train d'offrir cette Sainte Messe pour beaucoup d'intentions diverses, des personnes qui sont conscientes de la signification de cette célébration, de celles qui ont quelque chose à offrir au Seigneur... En ce moment, offrez vos peines, vos douleurs, vos espérances, vos joies et vos tristesses, vos demandes. Souvenez-vous que la messe a une valeur infinie, par conséquent soyez généreux dans vos offrandes et vos demandes.* »

Derrière les premiers anges, marchaient d'autres anges qui n'avaient rien dans les mains, elles étaient vides.

La Vierge Marie me dit : "*Ce sont les anges des personnes qui tout en étant ici, n'offrent jamais rien, elles ne s'intéressent pas à vivre chaque moment de la liturgie de la messe et elles n'ont pas d'offrande à apporter à l'Autel du Seigneur.*"

En dernier il y avait des anges qui étaient plutôt tristes, les mains jointes pour la prière, mais les yeux baissés.

La Vierge Marie me dit alors : "*Ce sont les anges gardiens de personnes qui tout en étant ici sont comme si elles étaient dehors, sans aucun désir de participer à la Sainte Messe, c'est pourquoi les anges avancent tristement car ils n'ont rien à porter à l'autel, sauf leurs prières propres. N'attristez pas votre ange gardien...* **Priez beaucoup, priez pour la conversion des pécheurs,** *pour la paix dans le monde, pour votre famille,* *pour votre prochain et pour ceux qui se recommandent à vos prières. **Priez, priez beaucoup**, non seulement pour vous mais pour les autres. Rappelez-vous que l'offrande la plus agréable au Seigneur est celle où vous vous offrez vous-même comme holocauste, afin que Jésus, en descendant, vous transforme par ses propres mérites. Qu'avez-vous à offrir au Père qui soit seulement à vous ? Votre néant et votre péché, mais si vous vous offrez en union aux mérites de Jésus, vous faites une offrande agréable au Père."*

Ce spectacle, cette procession était si belle, qu'il serait difficile de la comparer à une autre.

Toutes ces créatures célestes devant l'autel faisaient la révérence, certaines en déposant leurs offrandes sur le sol, d'autres en se prosternant à genoux le front touchant presque la terre, et après être arrivées jusque-là, elles disparaissaient à ma vue.

Arrive le moment où la préface se termine, lorsque l'assemblée commence à dire : *"Saint, Saint, Saint."*

Instantanément, tout ce qui était derrière les célébrants disparut.

Sur le côté gauche de mon Seigneur l'Archevêque, en forme diagonale en arrière, apparurent des milliers d'anges, des petits et des grands, des anges avec des ailes immenses, des anges avec de petites ailes, des anges sans ailes comme les premiers ; tous étaient revêtus de tuniques qui ressemblaient aux aubes blanches des prêtres et des moines.

Tous s'agenouillaient les mains jointes en prière et en signe de révérence, ils inclinaient la tête.

On entendait une très belle musique, comme s'il y avait un très grand nombre de chœurs avec des voix diverses, et tous, à l'unisson avec le peuple, disaient : « *Saint, Saint, Saint.* »

Nous voici au moment de la Consécration, le moment du plus merveilleux du miracle...

Sur le côté droit de l'Archevêque, en ligne diagonale vers l'arrière, partait une multitude de personnes, vêtues de la même tunique, mais avec des couleurs pastel rose, vert, bleu ciel, lys, jaune ; en peu de mots, des couleurs variées et délicieuses.

Leurs visages aussi resplendissaient de joie, on avait l'impression qu'ils avaient le même âge.

Je pouvais remarquer que ces personnes étaient d'âge différent, mais dans leurs visages elles étaient toutes égales, sans ride, heureuses.

Toutes s'agenouillaient avant le chant du *"Saint, Saint, Saint est le Seigneur..."*

Notre-Dame me dit : *"Ce sont tous les saints et les bienheureux du Ciel, et parmi eux, il y a aussi des membres de votre parenté qui jouissent déjà de la présence de Dieu."*

Et puis, je l'ai vue, exactement à la droite de Monseigneur l'Archevêque, un pas en arrière, elle était élevée un peu au-dessus du sol, agenouillée sur des voiles très fins, à la fois transparents et lumineux, comme de l'eau cristalline, la Très Sainte Vierge, les mains jointes, qui regardait avec attention et respect le célébrant.

De là, elle me parlait, mais en silence, directement au cœur, sans me regarder : *"Tu es surprise de me voir un peu en retrait derrière Monseigneur, n'est-il pas vrai ? Mais ce doit être ainsi... Malgré tout Son amour, mon Fils ne m'a pas donné la dignité qu'Il donne à un prêtre, de pouvoir Le porter chaque jour dans mes mains comme le font les mains sacerdotales. Voilà pourquoi je ressens un très profond respect pour le prêtre et pour le miracle que Dieu réalise par son intermédiaire, ce qui m'oblige ici à m'agenouiller. Mon Dieu, quelle dignité, que de grâces le Seigneur répand sur les âmes des prêtres, et nous n'en sommes pas conscients, et parfois, pas même beaucoup d'entre eux !"*

Face à l'autel, commencèrent à se présenter des personnes de couleur grise, qui élevaient les mains vers le haut.

La Très Sainte Vierge me dit : "*Ce sont les âmes bénies du Purgatoire **qui attendent vos prières** pour trouver du rafraîchissement. **Ne cessez pas de prier pour elles**. Elles prient pour vous, mais elles ne peuvent pas prier pour elles-mêmes, **c'est votre devoir de prier pour elles**, pour les aider à sortir à la rencontre de Dieu et jouir de Lui éternellement. Comme tu vois, je suis toujours ici... Les gens font des pèlerinages aux lieux de mes apparitions, et c'est bien pour toutes les grâces qu'ils reçoivent en ces lieux, mais en aucune apparition, en aucun lieu, je ne suis aussi longtemps présente comme durant la Sainte Messe. Vous pourrez toujours me trouver au pied de l'autel où se célèbre l'Eucharistie. Moi je demeure aux pieds du tabernacle avec les anges, parce que je demeure toujours avec Lui. **Dis aux humains que jamais un Homme n'est plus réellement un Homme que quand il plie les genoux devant Dieu.**"*

Le célébrant prononça les paroles de la consécration.

C'était une personne de stature normale, mais soudain elle se mit à grandir, à se remplir de lumière, d'une lumière surnaturelle, blanche, dorée, qui l'enveloppait et qui devenait très forte sur le visage, à tel point qu'on n'en pouvait plus discerner les traits.

Quand il a élevé l'Hostie Consacrée, j'ai vu sur le dos de ses mains des signes, d'où jaillissait beaucoup de lumière.

C'était Jésus ! C'était Lui, qui, de Son Corps, enveloppait celui du célébrant comme s'Il entourait amoureusement les mains de Monseigneur l'Archevêque.

A ce moment, l'Hostie Consacrée se mit à grandir et à croître d'une manière importante et en elle, le visage merveilleux de Jésus qui regardait Son peuple.

Instinctivement je baissai les yeux et Notre-Dame me dit : "*Ne détourne pas ton regard, lève les yeux, contemple-Le, croise ton*

regard avec Le Sien et répète trois fois la prière de Fatima :
Mon Jésus, je crois, j'adore, j'espère et je T'aime, et je Te
demande pardon pour tous ceux qui ne croient pas, qui
n'adorent pas, qui n'espèrent pas et qui ne T'aiment pas.
Maintenant dis-Lui combien tu L'aimes, rends hommage au Roi
des rois."

Il me semblait que l'Hostie Consacrée, devenue énorme, ne regardait que moi, mais j'ai su qu'elle contemplait de la même manière chaque personne d'un regard plein d'amour...

Aussi je baissai le front jusqu'à toucher terre ainsi que le faisaient tous les anges et les bien heureux du Ciel.

À peine Monseigneur commença-t-il à prononcer les paroles de consécration du vin, en même temps que ses paroles, se mirent à apparaître des lueurs comme des éclairs dans le ciel et sur le fond.

L'église n'avait plus de toit, ni de mur, tout était sombre, il n'y avait que cette lumière qui brillait sur l'autel.

Soudain, suspendu dans l'air, j'ai vu Jésus crucifié, depuis la tête jusqu'à la partie basse du thorax.

Le tronc transversal de la croix était soutenu par des mains grandes et fortes.

Du centre de cette splendeur se détacha une petite lumière comme une colombe très petite et très brillante, qui fit rapidement le tour complet de l'église et se posa sur l'épaule gauche de Monseigneur l'Archevêque qui continuait à être Jésus, car je pouvais distinguer Sa chevelure souple, Ses plaies lumineuses, Son corps grandiose, mais je ne voyais pas Son visage.

En haut, Jésus crucifié demeurait le visage incliné vers l'épaule droite.

On voyait sur Son visage et sur Ses bras les marques des coups et des blessures.

Sur le côté droit, à hauteur de la poitrine, il y avait une blessure dont sortait à flot du sang, vers la gauche, et comme de l'eau vers la droite, très brillante ; mais c'était plutôt des faisceaux de lumière, ceux qui se dirigeaient vers les fidèles, en mouvement vers la droite et la gauche.

J'étais étonnée de la quantité de sang qui débordait du calice et je pensais qu'il aurait imprégné et taché tout l'autel, mais pas une goutte ne tomba !

A ce moment, la Vierge Marie me dit : "*Je te le répète, ceci est le miracle des miracles. Pour le Seigneur, le temps n'existe pas, ni la distance, et au moment de la consécration, toute l'assemblée est transportée aux pieds du Calvaire, au moment de la Crucifixion de Jésus.*"

Quelqu'un peut-il l'imaginer ?

Nos yeux ne peuvent pas voir, mais tous nous sommes là, au même moment où on Le crucifie et où Il demande pardon à Son Père, non seulement pour ceux qui Le tuent, mais pour chacun de nos péchés : "*Père, pardonne-leur, car ils ne savent pas ce qu'ils font !*"

A partir de ce jour, peu importe s'ils me prennent pour une folle, **je demande à tous de s'agenouiller**.

Quand nous allions commencer la prière du Notre Père, le Seigneur me parla pour la première fois durant la célébration et me dit : "*Voici, Je veux que tu pries du plus profond de toi-même, autant que tu le peux, et qu'en ce moment tu te souviennes de la personne ou des personnes qui t'ont le plus offensé dans ta vie, afin que tu les embrasses et les serres dans tes bras, et que tu leur dises avec tout ton cœur : Au Nom de Jésus, je te pardonne et je te souhaite la paix. Si cette personne mérite la paix, elle la recevra et en retirera un grand bien ; si cette personne n'est pas capable de s'ouvrir à la paix, cette paix reviendra dans ton cœur. Mais Je ne veux pas que tu reçoives ou donnes la paix à d'autres personnes tant que tu n'es pas capable de pardonner et de ressentir cette paix d'abord dans ton cœur. Faites attention à ce que vous faites, vous répétez dans le Notre Père : Pardonne-nous comme nous pardonnons à ceux qui nous offensent. Si vous êtes capables de pardonner, et non d'oublier, comme certains disent, vous êtes en train de mettre des conditions au pardon de Dieu. Vous êtes en train de dire : Pardonne-moi seulement comme je suis capable de pardonner, rien de plus."*

Je ne sais comment exprimer ma douleur quand je comprends combien nous pouvons blesser Le Seigneur et combien nous pouvons nous-mêmes L'offenser par tant de rancœurs, de mauvais sentiments et de méchancetés qui naissent de nos complexes et de notre susceptibilité.

Le célébrant dit : "*Donnez-vous la paix et l'unité* " et ensuite : "*La paix du Seigneur soit avec vous...*"

J'ai vu tout à coup, entre des personnes qui s'embrassaient (pas toutes), se poser sur elles une lumière intense.

J'ai su que c'était Jésus et alors je m'élançais pour embrasser la personne que j'avais à mon côté.

Je pouvais en vérité sentir dans cette lumière l'étreinte du Seigneur, c'était Lui qui m'embrassait pour me donner Sa paix, parce que, à ce moment-là, j'avais été capable de pardonner et de retirer de mon cœur toute offense contre une autre personne.

Voilà ce que Jésus veut, partager ce moment de joie dans une étreinte pour retrouver Sa Paix.

J'arrivais au moment de la communion des célébrants, et alors je remarquais la présence de tous les prêtres avec Monseigneur.

Pendant qu'ils communiaient, la Vierge Marie me dit : « *Voici le moment de prier pour le célébrant et pour tous les prêtres qui l'accompagnent, répète avec moi : "Seigneur, bénis-les, sanctifie-les, aide-les, purifie-les, aime-les, prends-en soin, soutiens-les de Ton amour. Souvenez-vous de tous les prêtres du monde, priez pour toutes les âmes consacrées...*"

Le Seigneur veut que l'ensemble du troupeau que Dieu lui a confié, prie et aide son propre pasteur à se sanctifier.

Un jour ou l'autre, lorsque nous serons de l'autre côté, nous comprendrons la merveille accomplie par le Seigneur de nous avoir donné des prêtres qui nous aident à sauver nos âmes.

L'assemblée commença à sortir des bancs pour aller communier.

Était arrivé le grand moment de la rencontre, celle de la Communion.

Le Seigneur me dit : "*Attends un peu, Je veux que tu remarques quelque chose...*"

Poussée par un mouvement intérieur, je dirigeai mon regard vers la personne qui allait recevoir la communion sur la langue des mains du prêtre.

Je dois préciser que cette personne, qui fait partie de notre groupe, n'avait pas réussi à se confesser la veille, mais elle s'était confessée le matin, avant la Sainte Messe.

Lorsque le prêtre eut posé la Sainte Hostie sur sa langue, il y eut comme un éclair lumineux : cette lumière intense, blanche, dorée, traversa cette personne d'abord par les épaules, puis en faisant le tour des épaules, l'humérus et la tête.

Le Seigneur dit : "*C'est ainsi que Je me complais à embrasser une âme qui vient Me recevoir avec un cœur pur !*"

Le ton de la voix de Jésus est celui d'une personne heureuse.

Moi j'étais saisie d'admiration de voir cette amie qui revenait à sa place enveloppée de lumière, embrassée par le Seigneur.

Quand je me suis mise en route pour recevoir la communion, Jésus répétait : "*La dernière Cène fut le moment de la plus grande intimité avec les Miens. En cette heure de l'amour, J'ai institué ce qui, aux yeux des Hommes, peut sembler la plus grande folie, Me faire prisonnier d'amour. J'ai institué l'Eucharistie. J'ai voulu demeurer avec vous jusqu'à la fin des siècles, parce que Mon amour ne pouvait supporter de laisser orphelins ceux que J'aimais plus que Ma vie...*"

Quand je revins à ma place, au moment de m'agenouiller, le Seigneur me dit : "*Écoute...*" et à cet instant, je commençais à entendre à l'intérieur de moi la prière d'une dame qui était assise devant moi, et qui venait juste de recevoir la communion.

Ce qu'elle disait sans ouvrir la bouche était plus ou moins ceci : "*Seigneur, rappelle-Toi que nous sommes à la fin du mois et que je n'ai pas d'argent pour payer le loyer, la redevance pour la machine, le collège pour les enfants, Tu dois faire quelque chose pour m'aider... Je T'en prie, fais que mon mari s'arrête de boire autant, je ne puis plus supporter ses ivrogneries... Mon fils va de nouveau perdre l'année si Tu ne l'aides pas, il passe les examens cette semaine... et n'oublie pas ma voisine qui doit changer de maison, qu'elle le fasse une bonne fois parce que je ne peux plus la supporter... etc. etc.*"

A ce moment, Monseigneur l'Archevêque dit : "*Prions*" et évidemment toute l'assemblée se leva pour la prière finale.

Jésus me dit d'un ton triste : "*T'es-tu rendue compte ? Elle ne m'a pas dit une seule fois qu'elle M'aimait, pas une seule fois elle ne M'a remercié pour le don que Je lui ai fait : faire descendre Ma divinité jusqu'à sa pauvre humanité, pour l'élever jusqu'à Moi. Elle ne M'a pas dit une seule fois : merci Seigneur. Ce fut une litanie de demandes... et ils sont presque tous ainsi ceux qui viennent Me recevoir. Moi Je suis mort par amour et Je suis ressuscité. Par amour J'attends chacun de vous et par amour Je demeure avec vous... mais vous, vous ne réalisez pas que **J'ai besoin de votre amour**. Fais savoir que Je suis le Mendiant d'amour en cette heure sublime pour l'âme.*"

Vous rendez-vous compte, vous, que Lui, l'amour, vient réclamer notre amour et que nous ne Lui donnons pas ?

Lorsque le célébrant se préparait à donner la bénédiction, la Très Sainte Vierge parla de nouveau et me dit : "*Fais attention, regarde bien... Au lieu de faire le signe de croix, vous faites un gribouillis. Rappelle-toi que cette bénédiction peut être la dernière que tu reçois dans ta vie de la main d'un prêtre. Tu ne sais pas si en sortant d'ici, tu mourras ou non, et tu ne sais pas si tu auras l'occasion de recevoir d'un autre prêtre une bénédiction. Ces mains consacrées te donnent la bénédiction au nom de la Très Sainte Trinité, par conséquent, fais le signe de croix avec respect et comme s'il était le dernier de ta vie*".

Que de grâces nous perdons parce que nous ne les comprenons pas, et quand nous ne participons pas tous les jours à la Sainte Messe !

Pourquoi ne pas faire un effort et commencer la journée une demi-heure plus tôt, pour courir à la Sainte Messe et recevoir toutes les bénédictions que le Seigneur veut répandre sur nous ?

Nous avons du temps pour étudier, pour travailler, pour nous détendre, pour nous reposer, mais nous n'avons pas le temps d'aller à la Sainte Messe au moins le dimanche.

Jésus me demanda de rester avec Lui quelques minutes de plus, une fois la messe terminée.

Il me dit : "*Ne partez pas au pas de course après la fin de la messe, restez un moment en Ma compagnie, tirez-en profit et laissez-Moi aussi tirer profit de votre compagnie...*"

A ce moment, je lui demandais : "*Seigneur, combien de temps restes-Tu avec nous après la communion ?* »

J'imagine que le Seigneur a dû rire de ma stupidité, car Il me fit cette réponse : "*Tout le temps que tu voudras Me garder en toi. Si tu Me parles durant toute la journée, en M'adressant quelques mots au cours de tes actions, Moi Je serai à ton écoute.*

*Moi Je suis toujours avec vous, c'est vous qui vous éloignez de Moi. Vous sortez de la messe et pour ce jour cela suffit pour vous ; vous avez observé le jour du Seigneur, et tout finit là, vous ne pensez pas qu'Il me plairait de partager votre vie familiale avec vous, au moins un jour. Vous, dans vos maisons, vous avez un lieu pour tout, une pièce pour chaque activité : une chambre pour dormir, une autre pour cuisiner, une autre pour manger, etc. Où est le lieu que vous M'avez réservé ? Ce doit être un lieu où vous aurez placé seulement une image continuellement chargée de poussière, mais un lieu où, au moins cinq minutes par jour la famille se réunit pour remercier de la journée, pour le don de la vie, et **prier** pour les nécessités quotidiennes, demander des bénédictions, la protection, la santé... Tout a une place dans vos maisons, sauf Moi. Les Hommes programment leur journée, leur semaine, le semestre, les vacances, etc. Ils savent le jour où ils se reposeront, le jour où ils iront au cinéma ou à une fête, où ils rendront visite à la grand-mère ou aux neveux, aux enfants, aux amis, quand ils iront se divertir. Mais combien de familles disent au moins une fois par mois "C'est le jour où nous devons rendre visite à Jésus dans le Tabernacle", et toute la famille vient dialoguer avec Moi, s'assoir en face de Moi et Me parler, Me raconter ce qui est arrivé ces derniers jours, M'exposer ses problèmes, les difficultés qu'elle rencontre, Me demander ce dont elle a besoin... Me rendre participant de leurs affaires ! Combien de fois ? Moi Je sais tout, Je lis même au plus profond de vos cœurs et de vos esprits, mais J'ai plaisir quand c'est vous qui M'entretenez de vos soucis, qui M'y faites participer comme un membre de la famille, comme l'ami le plus intime. Que de grâces l'homme perd quand il ne M'accorde pas une place dans sa vie... Je veux sauver Ma créature, parce que le moment de lui ouvrir la porte du Ciel a été rempli de trop de douleur... Rappelle qu'aucune mère n'a nourri son propre fils de sa chair. Moi Je suis arrivé à cet excès d'amour pour vous communiquer Mes mérites. La Sainte Messe c'est Moi-même qui prolonge Ma vie et Mon sacrifice sur la croix au milieu de vous. Sans les mérites de Ma vie et de Mon sang, qu'avez-vous pour vous présenter devant le Père ? Le néant, la misère et le péché. Vous devriez surpasser en vertus les anges et les archanges parce qu'ils n'ont pas la chance de Me recevoir comme nourriture, vous, oui. Eux ne boivent qu'une goutte de la* *fontaine, mais vous vous avez la grâce de Me recevoir, vous pouvez boire tout l'océan..."*

Le Seigneur me parla ensuite, encore avec douleur, de ces personnes qui vont à Sa rencontre par habitude, de celles qui ont perdu la merveilleuse surprise de la rencontre avec Lui, de la manière dont la routine rend certaines personnes si tièdes, qu'elles n'ont rien de neuf à dire à Jésus quand elles Le reçoivent. De plus, de nombreuses âmes consacrées perdent l'enthousiasme de s'éprendre du Seigneur et font de leur vocation un métier, une profession, auquel elles ne se consacrent plus autant qu'il est nécessaire, sans sentiment...

Ensuite le Seigneur me parla des fruits que doit porter en nous chaque communion.

De fait, il arrive que des personnes communient chaque jour, mais qui ne changent pas de vie. Elles consacrent beaucoup d'heures à la prière, elles accomplissent de nombreuses œuvres, etc. mais leur vie ne se transforme pas, et une vie qui ne se transforme pas ne peut pas porter des fruits authentiques pour le Seigneur.

Les mérites que nous recevons dans l'Eucharistie doivent porter en nous des fruits de conversion et des fruits d'amour pour nos frères.

Nous les laïcs, nous avons une tâche importante dans notre Église, nous n'avons aucun droit de nous taire devant l'invitation que nous fait le Seigneur, comme la reçoit chaque baptisé, d'aller annoncer la bonne nouvelle.

Nous n'avons aucun droit de recevoir toutes ces connaissances et de ne pas les transmettre aux autres, et ainsi laisser nos frères mourir de faim, tandis que nous avons du pain en abondance dans nos mains.

Nous ne pouvons pas assister à la lente ruine de notre Église, parce que nous sommes à l'aise dans nos paroisses, dans nos maisons, alors que nous recevons et continuons à recevoir tant du Seigneur : Sa parole, les homélies du prêtre, les pèlerinages, la Miséricorde de Dieu dans le sacrement de la confession, l'union merveilleuse à travers la nourriture Eucharistique, les conférences de tel ou tel prédicateur.

Autrement dit, nous recevons tant et nous n'avons pas le courage de sortir de notre commodité, d'aller dans une prison, dans une maison de correction, de parler avec celui qui en a le plus besoin, de lui dire de ne pas se tenir pour vaincu, qu'il est né catholique et que son Église a besoin de lui, même là où il est, souffrant, **parce que cette souffrance servira à racheter les autres**, car ce sacrifice lui fera gagner la vie éternelle.

Nous ne sommes pas capables d'aller dans les hôpitaux où sont des malades en fin de vie et, tout en récitant le chapelet de la Divine Miséricorde, les aider par notre prière dans ces moments de lutte entre le bien et le mal, pour les délivrer des embûches et des tentations du démon.

Chaque moribond a peur.

On le réconforte en lui tenant seulement la main, en lui parlant de l'amour de Dieu et des merveilles qui l'attendent au Ciel avec Jésus et Marie, et en compagnie de ceux qui lui sont chers et qui sont déjà partis.

L'heure que nous vivons ne permet pas que nous acceptions l'indifférence.

Nous devons être pour nos prêtres une main qui aide, aller là où eux ne peuvent pas aller.

Mais pour faire cela, pour en avoir le courage, nous devons recevoir Jésus, vivre avec Jésus, nous nourrir de Jésus.

Nous avons peur de nous engager un peu plus, mais le Seigneur nous dit : "Cherche d'abord le règne de Dieu et le reste te sera donné par surcroît".

Et recevoir tout, c'est chercher le royaume de Dieu que d'utiliser tous les moyens et... ouvrir les mains pour recevoir tout par surcroît, car Il est le maître qui donne le meilleur salaire, le seul qui soit attentif à nos plus petits besoins !

La vraie prière

Saint Jean-Marie Vianney.

Curé d'Ars.

☦1859

Voyez, mes enfants : le trésor d'un chrétien n'est pas sur la terre, il est dans le Ciel.

Eh bien ! Notre pensée doit aller où est notre trésor.

L'Homme a une belle fonction, celle de prier et d'aimer.

Vous priez, vous aimez : voilà le bonheur de l'Homme sur terre !

La prière n'est autre chose qu'une union avec Dieu.

Quand on a le cœur pur et uni à Dieu, on sent en soi un baume, une douceur qui enivre, une lumière qui éblouit.

Dans cette union intime, Dieu et l'âme sont comme deux morceaux de cire fondus ensemble ; on ne peut plus les séparer.

C'est une chose bien belle que cette union de Dieu avec Sa petite créature.

C'est un bonheur que l'on ne peut comprendre.

Nous avions mérité de ne pas prier ; mais Dieu, dans sa bonté, nous a permis de Lui parler.

Notre prière est un encens qu'Il reçoit avec un extrême plaisir.

Mes enfants, vous avez un petit cœur, mais la prière l'élargit et le rend capable d'aimer Dieu.

La prière est un avant-goût du Ciel, un écoulement du paradis.

Elle ne nous laisse jamais sans douceur.

C'est un miel qui descend dans l'âme et adoucit tout.

Les peines se fondent devant une prière bien faite, comme la neige devant le soleil.

Le chapelet
de la Miséricorde Divine

Transmit par Jésus Christ
à sainte Faustine.

Pologne.

13/09/1935

Jésus Christ dit à sainte Faustine : « *Ma fille, incite les âmes à dire ce chapelet que Je t'ai donné. Il me plaît de leur accorder tout ce qu'elles Me demanderont en disant ce chapelet. Lorsque les pécheurs endurcis le réciteront, J'emplirai leur âme de paix et l'heure de leur mort sera heureuse. Ecris cela pour les âmes affligées : lorsque l'âme verra ses péchés et en mesurera le poids, lorsque se dévoilera à ses yeux tout l'abîme de la misère dans laquelle elle s'est plongée, qu'elle ne désespère pas, mais qu'elle se jette avec confiance dans les bras de Ma Miséricorde, comme l'enfant dans les bras de sa mère bien-aimée. Ces âmes-là ont la priorité dans Mon Cœur rempli de pitié. Elles ont la priorité sur Ma Miséricorde. Dis-leur qu'aucune âme faisant appel à Ma Miséricorde n'a été déçue, ni n'a éprouvé de honte. Je me complais particulièrement dans l'âme qui fait confiance à Ma bonté. Si l'on récite ce chapelet auprès d'un agonisant, Je me tiendrai, entre le Père et l'âme agonisante, non pas en tant que juge juste, mais comme Sauveur Miséricordieux.* »

« *Par ce chapelet tu obtiendras tout, si ce que tu demandes est conforme à Ma volonté.* »

« *Les âmes qui réciteront ce chapelet seront enveloppées par Ma Miséricorde pendant leur vie et surtout à l'heure de la mort.* »

« *Même le pécheur le plus endurci, s'il récite ce chapelet une seule fois, obtiendra la grâce de Mon Infinie Miséricorde.* »

« *Quand on récite ce chapelet auprès de l'agonisant... la Miséricorde insondable s'empare de son âme.* »

Comment se récite ce chapelet ?

Signe de croix.
Sur le crucifix : Je crois en Dieu.
Sur les grains suivants : Notre père ; Ave Maria ; Gloria. (Un de chaque seulement).

Puis sur chaque gros grain, dire : « *Père Eternel, je T'offre le Corps et le Sang, l'Âme et la Divinité de Ton Fils bien-aimé, Notre Seigneur Jésus Christ, en réparation de nos péchés et de ceux du monde entier.* »

Ensuite, sur chaque petit grain : « *Par Sa douloureuse Passion, Sois miséricordieux pour nous et pour le monde entier.* »

Et à la fin de chaque dizaine de petits grains, donc sur le gros grain qui les suit : « *Jésus j'ai confiance en toi.* »

Il est important, pendant chaque dizaine, d'essayer de méditer sur la Passion du Christ, avec :

1. Pour la première dizaine : L'agonie de Jésus au Jardin des Oliviers.

2. Pour la deuxième dizaine : La flagellation de Jésus.

3. Pour la troisième dizaine : Le couronnement d'épines de Jésus.

4. Pour la quatrième dizaine : Le portement de la Croix de Jésus.

5. Pour la cinquième dizaine : La crucifixion et la mort de Jésus sur la Croix.

A la fin du chapelet, on dit trois fois de suite : « *Jésus, j'ai confiance en Toi. Dieu Saint, Dieu fort, Dieu Eternel, prends pitié de nous et du monde entier. Ô Sang et Eau qui avez jailli du Cœur de Jésus comme Source de Miséricorde pour nous, j'ai confiance en Vous.* »

Il est vivement recommandé, si c'est possible, et ce, à la demande de Jésus Christ, de réciter ce chapelet à 15 heures précise (idéalement devant le tabernacle...)

En effet, Jésus dit à sainte Faustine : « *A quinze heures, implore ma Miséricorde, tout particulièrement pour les pécheurs et, ne fût-ce que pour un bref instant, plonge-toi dans Ma Passion, en particulier dans Mon abandon au moment de Mon agonie. C'est là une heure de grande Miséricorde pour le monde entier. En cette heure, Je ne saurais rien refuser à l'âme qui Me prie, par Ma Passion... A cette heure-là, tu peux tout obtenir pour toi et pour les autres ; à cette heure, la grâce fut donnée au monde entier, la Miséricorde l'emportera sur la justice. »*

Le chapelet des 7 douleurs

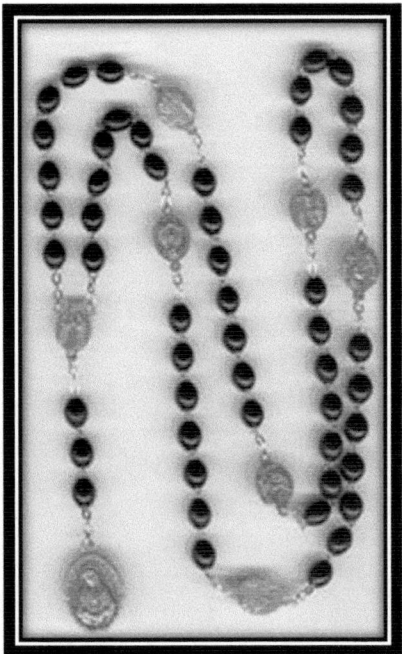

Chapelet des sept douleurs

Pour rappel, Notre-Dame des Douleurs est apparue au Rwanda. Il s'agit d'une apparition officiellement reconnue par l'Eglise datant du début des années 1980. (Voir la page N°295, intitulée « Notre-Dame de Douleurs »).

L'une des trois voyantes s'appelait Marie-Claire, à qui fut confiée la mission de répandre à nouveau ce chapelet de 7 douleurs dans le monde.

La Vierge Marie dit à Marie-Claire que ce chapelet des 7 douleurs de Marie était une ancienne dévotion, datant des années 1930, amenée par des missionnaires venant de France au Rwanda, et qu'elle était tombée peu à peu dans l'oubli.

L'évêque, après avoir appris que la Sainte Vierge souhaitait répandre ce chapelet, fit une enquête à son sujet, et il découvrit que Marie-Claire ne pouvait l'avoir inventé, ni deviné, car aucun religieux n'avait souvenir de ce chapelet, et qu'il n'était pas mentionné dans les livres.

Cependant, il découvrit également qu'il fut un temps où celui-ci fut connu, et cela uniquement au sein d'un cercle de sœurs avant les années 1960.

Mais ce chapelet était très mal accepté par les sœurs de cette congrégation, et il tomba très vite dans l'oubli.

Comment réciter ce chapelet ?

Ce chapelet se récite notamment les mardis et les vendredis, ainsi que les 14 et 15 septembre.

Le 14 septembre étant le jour où l'on fête la Croix Glorieuse et le 15 septembre celui où l'on fête Notre-Dame des Douleurs.

Ce chapelet consiste à méditer les 7 douleurs que la Sainte Vierge a connu durant sa vie, c'est-à-dire :

1ère Douleur : LA PROPHÉTIE DE SIMÉON « Et Siméon les bénit et dit à Marie, sa mère : *Vois; cet enfant est là pour la chute et le relèvement de beaucoup en Israël, et pour être un signe en butte à la contradiction, et toi-même, une épée te transpercera l'âme !* » (LC2, 34-35).

2ème Douleur : LA FUITE EN ÉGYPTE « Quand ils se furent retirés, voici que l'Ange du Seigneur apparaît en songe à Joseph et lui dit : *Lèves-toi, prends avec toi l'enfant et sa mère, et fuis en Égypte, et restez-y jusqu'à ce que je te le dise; car Hérode va rechercher l'enfant pour le faire périr.* Lui, se levant, prit avec lui l'enfant et sa mère, de nuit, et se retira en Égypte. » (Mt2, 13-14).

3ème Douleur : LA PERTE DE L'ENFANT JÉSUS AU TEMPLE
« Et lorsqu'il eut douze ans, ils y montèrent, selon la coutume de la fête, et une fois les jours accomplis, comme ils s'en retournaient, l'enfant Jésus resta à Jérusalem à l'insu de ses parents. Croyant qu'il était dans la caravane, ils firent une journée de chemin, et ils le recherchaient parmi leurs parents et connaissances. Et ne le trouvant pas, ils s'en retournèrent, toujours à sa recherche, à Jérusalem. » (Lc2, 43-45).

4ème Douleur : LA RENCONTRE DE JÉSUS ET DE MARIE SUR LE CHEMIN DE CROIX « Une nombreuse multitude du peuple le suivait, ainsi que des femmes qui se frappaient la poitrine et se lamentaient sur lui. » (Lc23, 27).

5ème Douleur : LA CRUCIFIXION ET LA MORT DE JÉSUS SUR LA CROIX « Près de la Croix de Jésus se tenaient sa mère et la sœur de sa mère, Marie, femme de Clopas, et Marie Madeleine. Jésus donc, voyant sa mère et, près d'elle, le disciple qu'il préférait, dit à sa mère: « *Femme, voilà ton fils.* » Ensuite Il dit au disciple : « *Voilà ta mère.* » (Jn19, 25-27).

6ème Douleur : LE CORPS DE JÉSUS PERCÉ D'UNE LANCE ET DESCENDU DE LA CROIX « L'un des soldats, de sa lance, lui piqua le côté, et il sortit aussitôt du sang et de l'eau. » (Jn19, 34) « Vint Joseph, celui d'Arimathie, membre distingué du Conseil qui, lui aussi, attendait le royaume de Dieu. Il entra hardiment chez Pilate et réclama le corps de Jésus. Pilate s'étonna qu'Il fût déjà mort, et faisant appeler le centurion, il lui demanda s'Il était mort depuis longtemps. Et renseigné par le centurion, il octroya le cadavre à Joseph. Et ayant acheté un linceul, descendu Jésus de la croix... » (MC15, 43-46).

7ème Douleur : JÉSUS EST MIS AU TOMBEAU « A l'endroit où Il avait été crucifié, était un jardin, et dans ce jardin un tombeau tout neuf, où personne encore n'avait été mis. A cause de la préparation des Juifs, comme le tombeau était proche, ce fut donc là qu'ils mirent Jésus. » (Jn19, 41-42).

On commence par faire le signe de la Croix : Au nom du Père, et du Fils et du Saint Esprit. Amen.

Sur la première médaille : un Notre Père.

Les 3 grains qui suivent : un « Je vous salue Marie » sur chaque.

Puis sur chaque petite médaille ou gros grain (7 au total sur le chapelet), on énumère à chaque la douleur qui lui correspond.

Par exemple, sur la première médaille (ou gros grain) correspond la 1ère **douleur**, puis lorsque l'on est arrivé à la deuxième médaille (ou gros grain) on médite au sujet de la 2ème **douleur**, etc. Puis, à chaque douleur, on fait notre demande à la Vierge Marie. Et on récite à chaque fois un Notre Père.

Puis entre chaque petite médaille ou gros grain, il y a 7 petits grains, et sur chacun, on récite la prière du « Je vous salue Marie », mais on doit la modifier sur la fin : « *Je vous salue Marie, pleine de grâce, le Seigneur est avec vous. Vous êtes bénie entre toutes les femmes et Jésus, le fruit de vos entrailles est béni. Sainte Marie, mère de Dieu, priez pour nous, Vierge des Douleurs, que nous soyons dignes des promesses du Christ.* » Et à la fin de la septaine, un Gloire au Père, puis « *Ô saint Joseph, priez pour nous* ».

Et on poursuit la totalité du chapelet en repartant sur une petite médaille (ou un gros grain), jusqu'à la fin de celui-ci en répétant l'exemple ci-dessus.

Il est important de faire de son mieux, pendant l'énumération des « Je vous salue Marie », pour méditer sur la douleur de la Vierge Marie, qui préside la septaine.

Par exemple, la troisième septaine correspond à la méditation sur la douleur de la Vierge Marie lors du recouvrement de Jésus au temple, donc pendant la septaine des « Je vous salue Marie », il faut essayer de se concentrer, et donc de méditer, sur cette histoire de la vie de Marie (comme un film dans sa tête où on imagine Marie affolée qui recherche Jésus partout par exemple...)

A la fin du chapelet, pour le clore, on récite 3 fois de suite : « *Ô Marie, conçue sans péché, priez pour nous qui avons recours à vous.* »

A savoir que la Vierge Marie recommanda à Marie-Claire de prier une septaine pour le monde, une autre pour les familles, une autre pour l'Eglise et enfin une pour la conversion des pécheurs. Les 3 autres se font à votre convenance.

Note de l'auteur à propos du chapelet : lorsque l'on est débutant avec le chapelet, on trouve cela aussitôt (ou presque aussitôt) barbant, énervant, ennuyeux... et on a même parfois l'envie de le balancer et de ne plus y toucher, tellement cela paraît difficile de se concentrer. On a du mal à rester en place en récitant les prières sur les grains sans relâche...

Cela vient du démon !

Il hait par-dessus tout Marie, et plus encore la prière du chapelet, surtout lorsque que ce chapelet est dit dans la méditation des mystères (et donc concernant ce chapelet la méditation des douleurs de Marie), et il fera tout son possible pour vous en dégoûter dans les plus brefs délais, alors comment faire pour cela ?

C'est très simple.

Au début, ne récitez pas votre chapelet d'une traite (sauf si vous en êtes capable bien entendu).

Mais divisez-le dans la journée : par exemple les 2 premières septaines dans la matinée, puis les deux suivantes dans l'après-midi et enfin les 3 dernières dans la soirée...

Ainsi votre chapelet sera dit dans la journée !

Et très vite, vous allez réussir à le dire d'une seule traite, cela deviendra comme une habitude.

C'est exactement la même chose lorsqu'il s'agit de se mettre au sport : au début c'est dur, on a envie de laisser tomber... Mais si on y va doucement, et que l'on persévère, eh bien on gagne de l'endurance, et puis rapidement on ne peut plus s'en passer ! Et cela devient facile !

Pour le chapelet c'est exactement la même chose.

Le plus difficile dans la prière du chapelet, c'est de réussir à le dire entièrement, tout en restant concentré sans se laisser distraire par son imagination.

Ne cherchez surtout pas à atteindre cette concentration absolue à tout prix, sans quoi vous aller rapidement abandonner, et c'est toujours le même qui est à l'œuvre : le démon.

Il vous attaquera pendant vos méditations pour vous faire penser, soudainement, à des choses qui vous tiennent à cœur, des choses que vous avez subitement le désir (impérieux parfois) de faire maintenant (à la place du chapelet...) etc.

Voici ce que sainte Thérèse de l'Enfant-Jésus, docteur de l'Eglise, disait de son expérience du chapelet : « *Toute seule, j'ai honte de l'avouer, la récitation du chapelet me coûte, plus que de mettre un instrument de pénitence, je sens que je le dis si mal, j'ai beau m'efforcer de méditer les mystères du Rosaire, je n'arrive pas à fixer mon esprit. Longtemps je me suis désolée de mon manque de dévotion qui m'étonnait, car j'aime tant la Sainte Vierge, qu'il devrait m'être facile de faire en son honneur des prières qui lui sont agréables, maintenant je me désole moins, je pense que la Reine des Cieux, étant ma mère, qu'elle doit voir ma bonne volonté et qu'elle s'en contente* ».

Le jugement

L'un des péchés les plus graves !

Saint Dorothée de Gaza.

VIe siècle.

Juger, c'est dire : « *Un tel est un menteur, coléreux, fornicateur.* »

Voici qu'on juge la disposition même de son âme, et qu'on se prononce sur sa vie comme telle. Et c'est chose grave.

Car autre chose est de dire : « *Il s'est mis en colère !* », autre chose de dire : « *Il est coléreux !* » et de se prononcer ainsi sur sa vie toute entière.

Juger dépasse en gravité tout péché, à tel point que le Christ lui-même a dit : « *Hypocrite ! Enlève d'abord la poutre de ton œil ; alors tu verras clair pour enlever la paille qui est dans l'œil de ton frère.* »

Il a comparé la faute du prochain à une paille, et le jugement à une poutre, tant il est grave de juger, plus grave peut-être que de commettre n'importe quel autre péché.

Le pharisien qui priait et remerciait Dieu de ses bonnes actions ne mentait pas, mais disait la vérité ; ce n'est pas pour cela qu'il fut condamné.

Nous devons en effet rendre grâce à Dieu du bien qu'il nous est donné d'accomplir, puisque c'est avec son aide et son secours.

Il ne fut donc pas condamné pour avoir dit « *Je ne suis pas comme les autres hommes* » (Luc 18,11) ; non, il fut condamné quand, tourné vers le publicain, il ajouta : « *ni comme ce publicain.* »

C'est alors qu'il fut gravement coupable, car il jugeait la personne même de ce publicain, les dispositions mêmes de son âme, en un mot sa vie tout entière.

Aussi le publicain s'en alla-t-il justifié plutôt que lui !

« ***Laissez le jugement à Dieu. Vous, contentez-vous d'aimer !*** » Saint Padre Pio.

Le miracle
du saint suaire de Turin.

Les 4 Evangiles disent tous que Jésus Christ, après sa mort sur la croix, fut enveloppé dans un linceul, puis mis au tombeau avec précipitation, car à la tombée de la nuit, dû au début de la pâque juive, aucun travail n'était autorisé pour les juifs sous peine de lapidation.

A l'heure actuelle, le linceul de Turin est l'objet le plus étudié au monde.

Des décennies de recherche, d'études... ont totalisé environ 500.000 heures de travail !

Ce linceul nous pose une question : Dieu aurait-il voulu nous laisser une preuve matérielle qui témoigne de la réalité de la Passion et de la Résurrection de Jésus Christ ?

Avant 1988, toutes les conclusions et toutes les études scientifiques réalisées dans tous les domaines, convergeaient vers l'authenticité du Linceul du Christ.

En 1988, un test au carbone 14 (plus ou moins contestable à l'heure actuelle), concluait qu'il s'agissait d'un linge du Moyen Âge.

A l'heure actuelle, il y a donc 2 thèses :

- Soit il s'agit du vrai Linceul du Christ, et on y voit la Passion du Christ, ainsi que le flash de Sa Résurrection qui aurait imprimé l'image. Les chrétiens auraient conservé ce Linceul depuis l'origine.

- Soit il s'agit de l'œuvre d'un faussaire datant du Moyen-âge, et qu'il y aurait eu imitation de la Passion, que l'image aurait été produite par un processus, à l'heure actuelle, inconnu. On dit que ce linge daterait de 1353 et que la science, un jour, arrivera à expliquer ce mystère.

Comment trancher entre ces deux hypothèses ?

1. Le codex de Pray : l'histoire prouve que ce linge existait bien avant 944.

En effet, en 944 le Linceul arrive à Constantinople, et il est, plus tard, très précisément détaillé dans un livre appelé le codex de Pray, qui est le premier texte hongrois traitant de ce linceul, qui est conservé dans la bibliothèque de Budapest, et qui a la particularité d'être **historiquement incontestable**, car on peut très précisément le dater **entre 1192 et 1195**.

En l'an 30, Jésus est crucifié puis mis au tombeau, enveloppé dans un linceul.

De l'an 30 à l'an 544, le linceul (et toutes les autres reliques chrétiennes : le suaire d'Oviedo, la tunique d'Argenteuil, le voile de Manoppello, le coffre de Cahors, etc.) est caché, car il s'agit d'une période de persécution plus ou moins violente de la chrétienté.

De ce fait, il n'y a aucune trace historique du linceul pendant cette période, car dans le cas contraire, cela aurait été beaucoup trop risqué pour espérer sa conservation au long terme.

A noter qu'il a été remarqué sur le linceul plié, des traces d'humidité disposées d'une telle manière, que l'on peut parfaitement imaginer que le linceul fut caché plié dans un vase, ayant un peu d'eau dans le fond (responsable alors de ces traces d'humidité).

En 544, à Edesse, au nord de la Mésopotamie, « *une image miraculeuse non faite de main d'Homme* » repousse les ennemis perses.

Tous les témoignages parlent du visage du Christ.

De plus, il est important de signaler **qu'avant 544**, le Christ était toujours représenté comme un jeune berger imberbe aux cheveux bouclés...

Puis dès 544, le visage du Christ change : Sa figure devient plus allongée, Il porte une barbe... bref, le visage du Christ est représenté tel qu'il apparaît sur le linceul.

En 650, Edesse est conquise par le califat islamique, et dans cette période-là, le « linge d'Edesse », comme toutes les autres reliques, va être à nouveau caché soigneusement.

En 943, une expédition de l'empire byzantin s'effectue contre Edesse, toujours musulmane, pour récupérer la précieuse relique (qui est alors vénérée par les chrétiens), qui sera échangée contre 200 prisonniers et 12000 pièces d'or.

Cette relique est ensuite ramenée à Constantinople dans une procession triomphante **le 14 août 944**, (2 siècles plus tard, cela sera illustré par un dessin dans le manuscrit de Jean Skylitzes, montrant l'empereur de Byzance embrassant le visage du Christ présent sur un linge d'une certaine longueur).

Les témoignages démontrent que le linceul fut alors conservé dans l'église des Blachernes et au Pharos (domicile de l'empereur de Bysance).

Grégoire le référendaire (empereur recevant en 944 le linge) évoque à propos de celui-ci : « *Cette empreinte qui nous donne ici le visage du Christ est embellie par les gouttes de sang jaillies de Son côté.* » Il ne s'agit donc pas uniquement de Son visage qui est imprimé sur le linge en question.

Enfin **en 1190**, dans le codex de Pray, le linceul est précisément évoqué.

Nous pouvons donc être certains qu'il s'agit bien, dans ce codex **datant de 1190**, du Linceul du Turin qui est représenté, car sur ce codex est dessiné avec précision, en prenant pour modèle le linceul : la position du corps du Christ, le croisement des bras pour cacher Sa nudité, Jésus nu, les pouces qui sont cachés (détail extrêmement important car cela est unique dans toutes les autres représentations du linceul, mais on verra aussi pourquoi ci-après).

On voit donc sur le dessin du codex, les mains du Christ représentées avec seulement 4 doigts, sans leur pouce.

D'où vient ces pouces cachés ?

En 1933, le professeur Barbey, chirurgien, après avoir examiné le linceul avec ces pouces de cachés, a constaté que quand on plantait des clous dans l'espace de Destot (et non pas dans la paume des mains comme cela fut toujours représenté, car dans ce cas, la personne crucifiée ne pouvait pas rester en croix, car la paume de la main se déchirait... la personne crucifiée ne pouvait donc être crucifiée que par insertion du clou dans cet espace de Destot, au niveau du poignet, et ainsi le corps restait en croix sans tomber).

Cependant, lorsque l'on plante un clou dans cet espace de Destot, on touche un nerf, et le pouce se rétracte automatiquement, et avec la rigidité cadavérique, **le pouce va rester rétracté dans la main**.

Donc, quand le Christ est allongé sur le linceul, et que l'on met Ses mains en croix sur Son bas-ventre, on ne voit que 4 de Ses doigts, car les pouces sont restés contractés vers la paume de la main, et donc ils ne sont plus visibles.

Ce détail, personne ne pouvait y penser, car on a toujours cru que Jésus fut crucifié dans les paumes des mains, et pourtant ce détail est très clairement dessiné sur ce codex de Pray.

En 1203, un chevalier Français du nom de Robert de Clari témoigne avoir vu « *Le sydoine (*vieux français désignant un linceul) *où Notre Sire fut enveloppé, qui chaque vendredi se dressait tout droit, si bien qu'on pouvoir y voir la figure de Notre Seigneur.* »

En 1204, la 4ème croisade est détournée de son but et elle attaque Constantinople.

Des milliers de français et de vénitiens pillent la ville durant 3 jours.

Robert de Clary témoigne de 3 jours d'horreur et il écrit que le linceul ne fut pas retrouvé, et que personne, à partir de cette date, ne sut ce qu'il en advint.

En 1205, le prince byzantin Comnène proteste auprès du pape Innocent III contre les exactions des croisés, en demandant la restitution du linceul du Christ qui aurait été pris par les français, et attestant dans sa lettre au pape que le linceul serait à Athènes.

Or, cette même année, **en 1205**, le chevalier français Othon de la Roche devient duc d'Athènes, où des bourguignons régneront à sa suite pendant plus d'un siècle.

En 1357, à Lirey, en Champagne, on retrouve la première exposition du linceul en France, qui devient ensuite la propriété de la Maison de Savoie en 1453 et qui le gardera jusqu'en 1983, pour finalement le confier au Vatican, où il est conservé depuis à Turin.

Donc, parmi tous les témoignages, le codex de Pray est incontestable : **il ne s'agit donc pas d'un linge du Moyen Âge comme l'affirmerait l'analyse au carbone 14**.

2. Le linceul est-il un négatif ?

On sait parfaitement que cette notion de négatif est parfaitement inconnue **avant le XIXème siècle**.

Il n'existe aucune image d'aucune sorte qui représente un négatif **avant le XIXème siècle**.

En 1898, un photographe du nom de Secundo Pia, réalise la première photo du linceul, et quand il dépose la plaque dans le révélateur, il découvre que l'image est en fait un « négatif » photographique !

Lors de la mise à la connaissance au public de la photo, celle-ci a l'effet d'une bombe, en révélant pour la première fois le visage paisible et mystérieux du Christ, si bien que l'on commença à le traiter de faussaire, de menteur... Mais la question fut : comment un faussaire aurait-il pu faire cela ?

En 1900, le professeur Yves Delage, **agnostique et anticlérical**, et son assistant Paul Vignon, **veulent démasquer la supercherie**.

Mais après une étude, on peut le deviner, approfondie, ils sont totalement retournés, et ils vont en faire une synthèse qui sera présentée **en 1902** à l'Académie des Sciences : « *Il n'y a aucun doute, ce linge porte l'empreinte extrêmement réaliste d'un homme qui est mort crucifié selon la manière des romains de l'antiquité. A notre connaissance, il n'y a eu aucun autre condamné romain à la crucifixion, qui ai connu en même temps une flagellation, un couronnement d'épines et un coup de lance, toutes ces choses qui sont visibles au sein du linceul.* »

Cette conclusion fit alors scandale. L'Académie des Sciences n'accepte pas cette conclusion et son président, Marcellin Berthelot, anticlérical notoire, refuse d'enregistrer leur déposition.

A quoi, le professeur Delage répondit par lettre : « *Si, au lieu du Christ, il s'était agi d'un Sargon ou d'un pharaon quelconque, personne n'eût trouvé rien à redire.* »

En 1930, une deuxième photo du linceul sera faite, ce qui permettra de montrer, en présence d'experts et d'huissiers, que Secundo Pia n'avait pas menti.

Au final, ce linge ne peut pas être un faux négatif, c'est absolument impossible !

3. Ce linge décrit l'Evangile de la Passion de façon exacte.

En effet, on recense 18 détails inconnus au Moyen Âge qui rendent l'image inconcevable à cette époque.

Beaucoup d'études scientifiques auront lieu par la suite.

La plus importante d'entre elles date **de 1978**, où 24 scientifiques du STURP sont venus étudiés le linceul avec 6 tonnes de matériel.

Ils feront 300.000 heures d'étude sur le linceul !

Résultat : rien n'est trouvé qui puisse prouver qu'il s'agisse d'un faux !

Toutes les études menées pendant un siècle **jusqu'en 1988**, seront concordantes pour affirmer que ce Linceul est bien celui du Christ :
- Le linge en lui-même fait 1,10 mètre par 4,40 mètres, tissé en chevron (moyen de tissage connu au Moyen-Orient au temps de Jésus), constitué de lin pur, avec un peu de coton, mais sans aucune trace de laine, et cela selon les règles des métiers à tisser juifs, livre du Lévitique 19,19 : « *Tu ne porteras pas sur toi un vêtement de tissu mêlé de deux fibres différentes.* » et livre du Deutéronome 22,11 : « *Tu ne t'habillera pas d'un tissu mêlé, fait de laine et de lin ensemble.* »

- La nudité complète du Christ sur un linge est impensable au Moyen Âge. Jusqu'au 16ème siècle, toutes les gravures montrant les ostensions du linceul habillent l'empreinte du Christ afin d'éviter le nu.

- L'homme sur le linceul a été violemment flagellé, avec les traces identifiées de 120 coups dans le dos avec le flagrum (haltères de plomb caractéristiques, utilisé par les romains), en double éventail (deux bourreaux qui l'ont frappé de chaque côté). Cela aurait été très difficile à inventer pour des gens vivants au Moyen Âge.

- Sur la tête, on voit de multiples traces de saignement, causées certainement par des épines qui ont transpercé son cuir chevelu. La couronne d'épines n'est pas en couronne, mais en bonnet d'après le linceul, or, au Moyen Âge, le couronnement d'épines était toujours représenté sous la forme d'une couronne... Donc cela n'a pas pu, non plus, être inventé au Moyen-âge.

- Le coup de lance sur le côté, qu'a reçu cet homme **après** la mort, qui a percé l'oreillette droite du cœur et qui a causé ces écoulements de sang le long du thorax. Il y a eu aussi du sérum. (Tout cela fut prouvé par spectrographie lors des analyses scientifiques poussées du linceul), et L'évangile selon saint Jean 19,34 dit : « *Après le coup de lance, j'ai vu jaillir du sang et de l'eau du côté du Christ.* »

- Au niveau du visage, on voit des coups violents : le cartilage nasal a été dévié, fracturant la cloison nasale avec tuméfaction des joues et du nez.

- Clous dans les poignets très visibles sur l'image du linceul, et non pas dans la paume des mains, avec en plus rétractation des deux pouces. Cela ne s'est jamais vu dans le passé, le Christ a toujours été représenté cloué par la paume des mains, jamais par les poignets. Un faussaire du Moyen-âge n'aurait jamais fait une chose pareille, car dans ce cas, le faux aurait été reconnu immédiatement comme faux ! Et dans ce cas, où est l'intérêt pour le soi-disant faussaire ???

- Toutes les études faites sur les pollens retrouvés sur le linceul, concordent toutes pour dire que ceux-ci sont endémiques de la Palestine au printemps, comme on doit en trouver à la période de la Pâque des juifs.

- On a retrouvé de la poussière d'aragonite, qui est une pierre calcaire de Jérusalem, au niveau du nez, des pieds et d'un genou, comme si celle-ci s'était incrustée au moment d'une chute. Or on sait, d'après les Evangiles, que Jésus a chuté trois fois pendant qu'il portait sa croix jusqu'au mont Golgotha. Un faussaire du Moyen-âge aurait-il pu penser à mettre des petits cristaux d'aragonite à ces endroits précis sur le linceul ???

- Il y a eu un contact réel d'un corps humain avec le linge (sang, sueur, sérum, etc.) mais aucune trace de putréfaction, qui vient en général avant 30 heures : le corps n'est donc pas resté longtemps dans le linceul.

- Il y a absence de déchirement de fibre lors de l'arrachement du corps du linceul (en effet, lorsqu'un corps humain sanglant est déposé sur un linge, le sang coagule très vite, et lorsque l'on retire le corps du linge, il y a systématiquement arrachement d'une petite partie, même microscopique, de fibres collées au corps à cause de la coagulation en question), or dans le cas de ce corps, c'est comme si celui-ci s'était désintégré, car il n'y a absolument aucune trace d'arrachement de fibre, même au plan microscopique !!! De plus, le sang retrouvé sur le linceul est du groupe AB, qui est un groupe sanguin relativement rare, et il s'agit du même groupe sanguin que celui du suaire d'Oviedo (voir la page N°113 intitulée « Le miracle du suaire d'Oviedo »), de la tunique d'Argenteuil, mais également du miracle Eucharistique de Buenos-Aires (voir la page N°190 intitulée « Miracle Eucharistique à Buenos-Aires »), ainsi que celui de Lanciano (voir la page N°195 intitulée « Miracle Eucharistique à Lanciano»)

- Témoignage de Barrie Schwortz, photographe juif, qui participait aux études menées **en 1978** : « *La chose qui m'a empêché de croire en l'authenticité du linceul durant 18 années, c'est que le sang sur le linceul est encore rouge. Le sang ancien doit être noir ou marron. Personne n'a pu m'expliquer, pendant 18 ans, pourquoi le sang était rouge sur le linceul. Et* **en 1995***, au cours d'une conversation téléphonique avec le docteur Adler, un chimiste juif, celui qui avait prouvé que le sang sur le linceul était vraiment du sang, m'a alors dit quelque chose que je n'avais jamais entendu parler auparavant : quand* *quelqu'un est torturé pendant une longue période de temps, 24 ou 36 heures, à peu près la durée pendant laquelle Jésus a été torturé, le corps entre en état de choc. De plus, Jésus n'a pas reçu d'eau à boire, Il a été flagellé, Il est donc entré en choc anaphylactique. Après quelque temps, dans ce genre de choc, les parois des cellules du sang commencent à se décomposer, et le foie libère dans le sang une enzyme que l'on appelle la bilirubine. **Et quand cela arrive, le sang reste rouge pour toujours**. Quand j'ai découvert cela, c'était la dernière pièce du puzzle. Et cela m'a donné la conviction que le linceul est authentique, parce que ça m'a donné une réponse scientifique et crédible à la dernière question que j'avais. »*

4. Les études scientifiques certifient que l'image est une brûlure superficielle non déformée par contact avec un corps, ni par peinture (car absence de piment et de collagène) : l'image imprimée, sur le lin d'une épaisseur de 0,3 mm, correspond à une oxydation hydratante acide de 40 microns. Ce qui signifie que vue de verso, l'image n'apparaît pas, tellement elle s'est finement déposée sur le linceul. Or n'importe quelle teinture, peinture, etc... aurait transpercé le linge, et serait visible des deux cotés, et non pas d'un seul, surtout sur un linge aussi fin ! Cela est impossible à faire avec les moyens techniques du Moyen-âge. De plus, en regardant de beaucoup plus près l'image, celle-ci a des teintes dégradées, sans contour ni esquisse, et on ne peut la voir qu'à distance. De plus, cette dégradation des teintes donne une information de tridimensionnalité !!! Le rayonnement a généré une information 3D que l'on peut utiliser pour produire un rendu 3D, et il n'a pas déformé l'image ! A l'heure actuelle, personne n'est capable de reproduire ce type d'image ayant ce type de tridimensionnalité ! L'image a donc été produite par un rayonnement extrêmement spécial, cette empreinte correspond à la projection d'un corps en apesanteur, qui se serait faite sans déformation, sur une surface plane horizontale comme si le drap flottait en l'air ! Pour que ce type d'image puisse se produire, il faut impérativement qu'à un moment donné, un rayonnement très puissant parte du corps, qu'il soit unidirectionnel, orthogonal au linceul, et le linceul doit être volant !!! être ainsi parfaitement droit, au-dessus du corps !!!

Mais au milieu de toutes ces conclusions scientifiques, toutes concordantes, **en 1988**, la datation au carbone 14 a daté le linceul **entre 1238 et 1430**, donc le datant du Moyen-âge.

Le professeur Rinaudo, docteur en biophysique et maître de conférence à l'université de médecine de Montpellier, a donné l'explication la plus sensée : « *Un rayonnement par l'éclatement de particules de deutérium en protons et neutrons, donne une oxydation acide déshydratante de surface très proche de celle du linceul, et le bombardement de neutrons **apporte du carbone 14** sur la cellulose, **ce qui rajeunit le tissu.*** »

5. En conclusion, ce qui frappe c'est la grande singularité de ce linceul, qui est absolument unique au monde.

Comment expliquer qu'il n'y ait aucun autre objet de ce type ?

Si cette image venait d'une cause naturelle commune, il y aurait d'autres cas semblables... mais ce n'est pas le cas.

Dire que cette image est causée par la Résurrection du Christ est la seule réponse cohérente, parce qu'à un évènement absolument unique comme la Résurrection du Christ, correspond une cause toute aussi unique (c'est le principe de causalité universel, qui est en soi parfaitement et totalement logique).

Donc, si on exclut le fait que cela puisse provenir de la Résurrection du Christ, il n'y a alors aucune raison pour qu'il n'y en ait pas eu d'autres... Mais alors, où sont-ils ???

Donc le linceul du Turin a été, soit fait par quelqu'un, soit personne ne l'a fait.

Si celui-ci fut fait par quelqu'un, c'est forcément au Moyen-âge voire avant.

Or, tout ce qui précède prouve que cela est absolument impossible, car il y a 18 détails sur le linceul qui étaient

parfaitement inconcevables sur le plan technique, et **tout aussi inconnus** à la connaissance des Hommes à cette époque (négatif, tissage, pollens, emplacement des clous, pouces rétractés, formes des plaies, sang resté rouge, présence de calcaire, etc.)

Si celui-ci ne fut fait par personne, alors il y a deux possibilités : soit il fut fait par rayonnement, soit il fut fait par contact avec un corps.

Or, comme il fut prouvé précédemment, le contact avec le corps est impossible, car il n'y a pas eu de déformation de l'image sur le linceul.

Il ne reste donc plus que le rayonnement.

Mais celui-ci est très spécial :

- Il est orthogonal et non diffus.
- Il procède d'une oxydation déshydratante acide.
- Il a un effet très superficiel : sur 40 microns seulement.
- L'image recèle une information tridimensionnelle.
- Tout cela suppose un corps en apesanteur avec le linceul autour.

A l'heure actuelle, la science moderne est absolument incapable de reproduire ce type d'image sur un linceul.

Enfin, on pourrait se demander si ce rayonnement aurait pu être causé par une cause naturelle, ou par une cause surnaturelle.

La cause naturelle est très improbable, car le mécanisme est inexplicable, et en plus, il n'y a aucun autre exemple : ce linceul est absolument unique.

On arrive donc à la seule explication de possible et de cohérente, qui est une cause surnaturelle, et alors on parle de :

- Flash produit par la Résurrection, avec brûlure et effets sur le carbone 14.

- Corps du Christ avec l'intégralité de l'Evangile de la Passion.

- Un effet unique qui s'explique par une cause unique, principe de causalité universel, qui est ultra logique en soi.

Donc, on peut en conclure très clairement que l'athéisme est faux, que l'Islam est bien sûr faux (en effet, dans le Coran, il est écrit que la crucifixion du Christ n'a jamais eu lieu, qu'il s'agissait d'une apparence de crucifixion, mais pas d'une réalité...), que la foi chrétienne est vraie et que **le Christ nous a aimé au-delà de l'imaginable**.

Le miracle du suaire d'Oviedo.

L'existence des deux linges est attestée par l'Evangile de saint Jean, qui parle des linges ayant enveloppé le corps du Christ et du suaire qui Lui recouvrait la tête « posé à part ».

Le suaire de Turin (voir la page N°100 intitulée « Le miracle du saint suaire de Turin »), recouvrait Son corps en totalité (ainsi que Sa tête), et le suaire d'Oviedo recouvrait uniquement Sa tête.

Selon une nouvelle étude menée en Espagne **en 2016**, dans le cadre d'un projet du Centre espagnol de Sindonologie (CES), les concordances entre le suaire d'Oviedo et le linceul de Turin sont suffisamment fortes pour dire avec « une quasi-certitude » que les deux linges ont enveloppé le même cadavre.

Juan Manuel Miñarro, docteur en beaux-arts et professeur de sculpture à l'université de Séville, est arrivé à cette conclusion l'année dernière, et elle a été suffisamment prise au sérieux pour être publiée par l'agence officielle de l'archidiocèse de Valence.

L'étude, réalisée selon les méthodes de la médecine légale anthropologique et de la géométrie, a permis de comparer les deux reliques de manière scientifique, pour aboutir au constat que les coïncidences sont suffisantes et dépassent largement le minimum exigé par la majorité des systèmes judiciaires dans le monde pour identifier les personnes.

En effet, le nombre de points habituellement exigé se situe entre 8 et 12, « *ceux mis en évidence par notre étude dépassent le nombre de vingt* », affirme son auteur.

Plusieurs de ces concordances portent sur le caractère morphologique, comme le type, la taille et la distance entre les marques sur les deux linges, tout comme le nombre et la répartition des tâches de sang, que l'on voit sur le front, mais aussi les contusions qui sont les mêmes sur la pommette droite et le dos du nez.

En ce qui concerne les tâches de sang, Miñarro fait observer que les traces présentes sur les deux linges présentent des différences morphologiques, « *mais ce qui paraît incontestable, c'est que les foyers, les points d'où sourdait le sang, sont en parfaite correspondance* ».

Ces variations pourraient s'expliquer par le fait que le contact a été différent pour les deux linges, que ce soit par la durée, l'emplacement ou l'intensité, à quoi il faut ajouter « *l'élasticité propre aux toiles de lin* ».

L'enquête « *ne prouve pas en elle-même que cette personne était Jésus-Christ, mais elle nous a mis clairement en voie de parvenir à démontrer de manière complète que le linceul et le suaire ont enveloppé la tête du même cadavre* », selon Miñarro.

Une autre étude a travaillé avec des photographies en taille réelle des deux reliques, et par superposition des images à l'aide de rayons laser, avant de les soumettre à un logiciel informatique selon le procédé utilisé pour les enquêtes criminelles.

L'utilisation du laser servait à « *tracer et situer les lignes, les plans anatomiques de référence et les points céphalométriques sur les photographies des fac-similés de chacun des linges.* »

Ces traces ont été incorporées dans de nouvelles photographies que l'on a faites postérieurement des mêmes fac-similés, et ce sont ces dernières que l'on a utilisées pour les dernières superpositions de vérification.

Pour Jorge Manuel Rodriguez, président du CES, cette enquête permet d'arriver à un point « *où il paraît absurde de suggérer que ce soit le hasard qui ait pu faire coïncider sur les deux linges toutes les blessures, les contusions et les gonflements... La logique nous oblige à penser que nous parlons d'une même personne* ».

Pour dire bref, le suaire d'Oviedo et le linceul de Turin étaient au contact du même corps.

Cette étude s'ajoute à un travail un peu plus ancien qui a également constaté des liens étroits entre le linceul de Turin et le suaire d'Oviedo.

Réalisé par l'université catholique de Murcie, en Espagne, celle-ci avait mis en évidence des indices physiques relatives à l'origine commune des deux reliques, grâce à une analyse avec un microscope à balayage électronique qui avait permis d'établir qu'à un moment ou un autre, les deux linges avaient été en contact.

Les experts avaient notamment retrouvé sur le suaire d'Oviedo une graine de pollen également identifié sur le linceul de Turin.

Le miracle
du voile de Manoppello.

Il est écrit dans l'Evangile que sainte Véronique essuya le visage ensanglanté du Christ pendant Sa Passion, lors d'une des trois chutes pendant le portement de la croix.

On dit qu'en 1506, un ange aurait amené un voile représentant le visage de Notre Seigneur, et en aurait fait don à un habitant.

Avant de disparaître, il lui recommande de le garder précieusement.

Ce linge est conservé en Italie, il est nommé le voile de Manoppello, et il fait partie des Saintes Reliques du Christ.

Une sœur spécialiste en iconographie a démontré qu'il existait un rapport étroit entre le visage du linceul de Turin (voir la page N°100 intitulée « Le miracle du saint suaire de Turin ») et celui du voile de Manoppello.

Par un travail minutieux, grâce à des points de concordance, elle a montré que les deux visages sont exactement superposables, ils ont les mêmes proportions et présentent les mêmes marques de blessures : le nez est cassé par un coup de bâton, la joue droite et contusionnée et enflée, et la barbe arrachée pendant les outrages est clairsemée.

La différence est que le visage sur le voile de Manoppello est celui d'un homme vivant qui esquisse un léger sourire, les yeux sont grands ouverts, la blessure sur l'arcade sourcilière n'est pas présente (comme sur le linceul de Turin).

En appliquant la même technique de superposition, elle l'a également comparé avec le suaire d'Oviedo (autre Sainte Relique du Christ) conservé en Espagne (voir la page N°113 intitulée « Le miracle du suaire d'Oviedo »),

Des études ont montré qu'ils étaient superposables et complémentaires à celui du linceul de Turin : **il s'agit du même visage.**

Le linceul de Turin est le négatif d'une photo, alors que le voile de Manoppello en est le positif.

Le voile est composé d'un tissu extrêmement délicat.

Il est tellement fin qu'il est transparent à la lumière.

Il mesure 17,5 cm x 24 cm.

Les études montreront qu'il fut tissé à partir de soie de mer, sécrétée par un certain mollusque. Et ce tissu était le tissu le plus précieux de l'antiquité.

Une de ses caractéristiques, c'est que ce tissu ne peut pas fixer la peinture car le sel l'en empêche, d'ailleurs aucune couleur d'aucun pigment ne se trouve sur le voile de Manoppello, alors qu'il porte l'image d'un visage en couleur visible des deux côtés du tissu !

Un autre point extrêmement surprenant est à souligner, c'est que toutes autres images du Christ, que ce soit en occident ou en orient, ressemblent à ce portrait, et ce jusqu'au début du 17ème siècle.

Le miracle Eucharistique

Que se passe-t-il à la messe lorsque le prêtre consacre le pain ?

Saint Padre Pio : « *Les gens peuvent se passer plus facilement du soleil que le chrétien de la Sainte Messe.* »

Je vais essayer de vous expliquer le plus simplement possible, ce qu'il se passe concrètement, sur le plan métaphysique, lorsque le pain est consacré par le prêtre pendant la Sainte Messe.

Tout d'abord, nous sommes, en tant qu'êtres humains, capables, grâce à notre esprit (qui est propre aux êtres humains), de poser un jugement sur l'existence des choses.

Par exemple, en regardant ce livre, que vous possédez entre vos mains, vous pouvez **affirmer**, et surtout, vous avez la faculté de **comprendre** grâce à votre intelligence spirituelle (qui est l'une des deux facultés de l'esprit humain), que ce livre **existe** : vous avez donc posé un jugement d'existence à propos de ce livre, et cela, donc, uniquement grâce à votre esprit.

L'animal, lui, ayant une forme d'intelligence moins évoluée, car n'ayant pas d'esprit, il ne peut pas comprendre cette notion d'existence (car il s'agit d'une notion abstraite, et seul l'esprit accède aux choses abstraites), l'animal ne peut donc que **constater** la présence du livre, mais il est incapable de **comprendre** que ce livre existe (car cette notion d'existence est abstraite).

Donc l'être humain, grâce à son esprit qui possède, entre autres, la faculté de poser un jugement, **comprend la notion d'existence** de ce que ses sens atteignent dans le monde réel. L'animal, non.

Maintenant, penchons-nous sur une hostie non consacrée : c'est un fin morceau de pain rond. Rien de plus simple au premier abord.

Nous pouvons, sans problème, poser, toujours grâce à notre esprit, un jugement d'existence à propos de ce pain.

Nous pouvons **constater qu'il existe** (grâce à notre esprit, et uniquement grâce à lui), et qu'il est fin, qu'il est rond, qu'il a une couleur plutôt blanchâtre, qu'il a une odeur de pain, qu'on peut le toucher, qu'il a un goût... (grâce à nos cinq sens).

Cette hostie est composée de milliards d'atomes agencés entre eux, et qui lui donne cet aspect que nos sens perçoivent, et pourtant on ne voit pas ces atomes. Cependant on sait **qu'ils existent** même si on ne peut pas les voir, et nous savons que ces atomes confèrent la structure de ce pain, son odeur, sa taille, son goût, etc.

Mais qu'est-ce qui fait que ce pain, constitué de milliards d'atomes agencés les uns avec les autres, puissent tenir, pendant une longue période de temps, sans se désagréger, dans cette forme stable (d'hostie dans le cas présent) ?

C'est l'énergie qui s'est accumulée pendant la cuisson et qui contribue à stabiliser le pain sous cette forme.

Mais cette énergie, est-elle concrètement suffisante pour conférer à cette hostie, composée de milliards d'atomes, sa stabilité dans l'espace (sa forme), son goût, sa couleur, etc. ?

En fait, ce qui confère l'existence à cette hostie dans notre réalité, et tout ce qui va avec (l'énergie qu'elle a emmagasinée pendant sa cuisson, son goût, sa taille, son aspect, sa couleur, etc.) provient de ce qu'Aristote a nommé « **La substance** ».

Il s'agit d'un terme de métaphysique qui explique **la cause fondamentale** qui fait que l'hostie **est (et donc qu'elle existe), et qu'elle tient (dans l'espace) telle qu'elle est.**

En d'autre terme, la substance est comme une colle invisible, abstraite mais réelle, qui maintient les atomes entre eux, et qui fait que l'hostie est ce qu'elle est, qu'elle est telle que nos sens la perçoivent.

Tout ce qui est dans notre réalité, **et donc qui existe**, possède une substance qui lui est propre et unique, car cette substance est ce qui permet à toutes les choses d'exister.

Pour être encore plus clair, chaque être (vivant ou non vivant) possède sa propre substance.

La substance d'un caillou n'est pas la même substance qu'une plante ou qu'un être humain.

A noter que la substance de l'être humain correspond à son âme. Maintenant que nous savons que la substance est responsable de l'existence des choses, quels autres rôles joue-t-elle ?

Nous avons vu que l'hostie possède une forme, une couleur, un goût, un poids, etc.

Toutes ces observations que nos sens peuvent faire de cette hostie sont en fait « **des accidents** » de la substance (autre terme de métaphysique), c'est-à-dire que c'est la substance qui est responsable de toutes les caractéristiques de l'hostie qui sont accessibles à nos sens, mais également à notre esprit (jugement d'existence : cette hostie existe.)

L'hostie possède donc sa propre substance, qui fait qu'elle est telle qu'elle est et qu'elle existe ; le caillou possède, lui également, sa propre substance, qui fait qu'il est tel qu'il est et qu'il existe ; la plante possède également sa propre substance, qui est plus évoluée que l'hostie et le caillou, car non seulement sa substance fait qu'elle est telle qu'elle est, et qu'elle existe, mais la plante est également vivante ; l'animal lui, possède également sa propre substance, mais celle-ci est encore plus évoluée que la substance de la plante, car non seulement la substance de l'animal fait qu'il est tel qu'il est, et qu'il existe, et que comme la plante, sa substance fait qu'il est vivant, mais la substance de l'animal lui confère également une vie psychologique (il a des sentiments contrairement au caillou et à la plante) ; l'être humain possède, lui également, sa propre substance, qui est encore plus évoluée que la substance de l'animal, car non seulement l'être humain est, et donc il existe, mais il est également vivant et il possède une vie psychologique (il a des sentiments) et enfin il possède ce qui est le propre de l'être humain : un esprit, qui lui confère une vie spirituelle (cet esprit qui lui permet alors de comprendre les choses abstraites de notre réalité : poser des jugements (tel le jugement d'existence vu précédemment), aimer sans sentiment (aimer juste parce que c'est un bien), penser à la vie après la mort, comprendre le sens du bien, le sens du mal, le sens du laid, le sens du beau, croire en Dieu, comprendre l'infini...) ; et enfin il y a Dieu, qui possède également Sa propre Substance, qui fait qu'Il existe, et qui est, dans le cas de Dieu, bien plus évoluée que la substance de l'être humain, car elle est la seule Substance capable de créer de l'être, elle est également puissance infinie, connaissance infinie... Bref Dieu est infini de par Sa Substance infiniment puissante, qui fait qu'Il est tel qu'Il est. (En fait Dieu est tout un, Dieu est substance car il est parfaitement unifié... mais passons sur cela.)

Tout ceci étant posé, je vais maintenant pouvoir revenir sur le miracle de l'Eucharistie.

Donc, l'hostie possède une substance « d'hostie », qui lui est propre et unique.

Cette substance, propre à l'hostie, produit des accidents « d'hostie ».

Ce sont ces accidents d'hostie que produit la substance de l'hostie, qui lui confère son aspect unique d'hostie : son poids unique, sa taille unique, sa couleur unique, etc. et qui sont accessibles à nos sens, de plus, cette substance lui permet d'exister, ce que seul notre esprit peut comprendre.

L'hostie, avant sa consécration par le prêtre, possède donc sa propre et unique substance d'hostie, responsable d'accidents, qui lui confèrent son existence (accessible à notre esprit grâce au jugement d'existence), et qui lui confèrent son aspect d'hostie (accessible à nos sens).

Il est absolument fondamental, pour bien comprendre ce qui suit, que la définition de la substance soit bien acquise : **la substance est responsable de l'existence d'un être, elle est spécifique à un être de par ses accidents propres, et elle est responsable, de par ces accidents, de ce que l'être est, dans sa perception par nos sens.**

Lorsque le prêtre consacre l'hostie, un miracle s'opère : c'est le miracle Eucharistique.

Au moment précis de la consécration de l'hostie, la substance de l'hostie est instantanément remplacée par la Substance du Christ, donc vous l'avez compris, par l'**être même du Christ**, et par miracle, les accidents de la substance de l'hostie restent figés dans le temps et l'espace.

En d'autres termes, la Substance du Christ a remplacé la substance de l'hostie, mais par miracle, le Christ maintient dans le temps et l'espace les accidents propres de l'hostie, et ce, au lieu **de laisser se manifester ses propres accidents de sa propre Substance divine, qui est maintenant devenue la Substance de l'Hostie Consacrée**, et cela afin de rester caché de nous, suite au péché originel...

De ce fait, nous avons face à nous une Hostie Consacrée, qui à nos sens, garde le même aspect, mais il s'agit bien de l'être du Christ qui est dans l'Hostie Consacrée, et cela, de par la substance du Christ, ayant remplacée la substance du pain qui a disparu.

Ce miracle s'appelle la transsubstantiation. **Il s'agit d'un dogme de l'Eglise**.

C'est la raison pour laquelle nous devons nous agenouiller à l'église lors de la consécration de l'Eucharistie : il s'agit bel et bien de la présence réelle du Christ qui se présente dans l'Eucharistie, et qui vient parmi nous ! Nous n'avons pas le droit de rester debout devant notre Dieu.

Vous désirez des preuves ?

Il existe de très rares miracles eucharistiques qui le démontrent.

Parfois, le Christ rend visible les accidents de Son être dans l'Hostie Consacrée, afin que nous puissions croire en la réalité de ce miracle, avec l'Hostie Consacrée qui se change en chair humaine, sanglante, et le vin qui se change en sang humain...

Dans le cas de ces miracles, ce n'est ni plus, ni moins, que la Substance du Christ qui, ayant remplacée la substance de l'hostie, laisse très exceptionnellement s'exprimer les accidents de Sa Substance, et donc de Son être, et ainsi, remplaçant en totalité l'Hostie Consacrée de par Son être en totalité.

Dans ce livre, vous pouvez consulter au sujet de ces miracles Eucharistiques :

- Miracle eucharistique à Buenos-Aires. (A la page N°190)
- Miracle eucharistique d'Amsterdam. (A la page N°193)
- Miracle eucharistique de Lanciano. (A la page N°195)
- Miracle Eucharistique de Sienne. (A la page N°198)

Le saint curé d'Ars
et la Sainte Messe

« Mes enfants. Un bon prêtre avait le malheur de perdre un ami qu'il chérissait tendrement. Aussi priait-il beaucoup pour le repos de son âme. Un jour, Dieu lui fit connaître qu'il était au Purgatoire, et qu'il souffrait horriblement. Ce saint prêtre ne crut rien faire de mieux que d'offrir le saint sacrifice de la messe pour son ami défunt. Au moment de la consécration, il prit l'hostie entre ses doigts et dit : « Père saint et éternel, faisons un échange. Tu tiens l'âme de mon ami qui est au Purgatoire, et moi je tiens le corps de Ton Fils qui est entre mes mains. Eh bien, Père bon et miséricordieux, délivre mon ami et je T'offre Ton Fils avec tous les mérites de Sa mort et de Sa passion. » Sa demande fut exaucée. En effet, au moment de l'élévation, il vit l'âme de son ami toute rayonnante de gloire qui montait au Ciel. Dieu avait accepté l'échange. Eh bien, mes enfants, quand nous voulons délivrer du Purgatoire une âme qui nous est chère, faisons de même. Offrons à Dieu, par le saint sacrifice, Son bien aimé Fils, avec tous les mérites de Sa mort et de Sa Passion. Il ne pourra rien nous refuser. »

Les indulgences plénières

Voici une petite histoire véridique datant du XVIème siècle, qui illustre très bien ce que sont les indulgences plénières, et surtout le pourquoi : une femme vint se faire confesser auprès de saint Philippe Néri, de calomnies et de médisances, qu'elle ne pouvait s'empêcher de commettre avec ses amies envers telle ou telle personne.

Après sa confession, elle reçut pour pénitence de plumer un poulet (mort bien entendu), tout en déambulant dans la ville de Florence, et de revenir voir saint Philippe Néri, une fois cette pénitence effectuée, pour recevoir l'absolution. Ce qu'elle fit.

Celui-ci lui dit alors : « *Maintenant, vous devez aller ramasser chaque plume de votre poulet !* »

A quoi celle-ci répondit, effarée : « *Mais c'est absolument impossible !* »

Et saint Philippe Néri de lui répondre : « *Oui c'est impossible ! Il est tout aussi impossible de rattraper ces plumes dispersées par les quatre vents, que vos paroles de médisance et de calomnie que vous avez proférées envers toutes ces personnes !* »

Après cette bonne leçon, elle fut absoute de ses péchés.

Que nous apprend cette histoire ?

Que nos péchés ont des conséquences souvent irréversibles, et qu'ils sont sources d'un chaos dans le temps futur, tout comme la théorie du papillon qui bat des ailes à Tokyo, et qui peut entraîner un cyclone, par voie de conséquence, à New-York.

L'indulgence plénière partielle (en partie) ou l'indulgence plénière totale, c'est donc demander à Dieu de nous pardonner (en partie ou totalement) ce chaos que nos péchés **pardonnés par la confession**, ont pu causer comme tort.

Dans le cas contraire, la justice divine devra s'appliquer par un temps de Purgatoire juste, afin de rendre à Dieu ce qui est à Dieu, donc en payant pour les conséquences que nos péchés ont entraîné.

L'indulgence plénière peut être réclamée pour un défunt (afin qu'il quitte plus vite le Purgatoire), ou bien pour soi-même. Mais jamais pour un autre vivant que soi.

Comment obtenir cette indulgence plénière ?

Voici les conditions à respecter impérativement :

- Confession sincère avec pénitence respectée (dans un créneau possible comprit entre 8 jours avant et 8 jours après la communion et les prières), et avoir obtenu l'absolution du prêtre.

- Communion dans un esprit de réparation de la peine temporelle de ses péchés envers le Seigneur.

- Prière à l'intention du Saint-Père : Je crois en Dieu, Notre Père, Je vous salue Marie et Gloire au Père.

- Puis réciter la prière suivante dans une église ou dans un oratoire à voix haute :

*« Ô bon et très doux Jésus, je me prosterne à genoux en Ta présence. Je Te prie, et T'en conjure avec toute la ferveur de mon âme, de daigner graver dans mon cœur de vifs sentiments de foi, d'espérance et de charité, un vrai repentir de mes péchés et une très ferme volonté de m'en corriger, pendant que je considère et contemple en esprit Tes cinq plaies avec une grande affliction et une grande douleur, ayant devant les yeux ces paroles que le prophète David T'appliquait déjà en les mettant sur Tes lèvres, ô

bon Jésus, ils ont percé mes mains et mes pieds, ils ont compté tous mes os. »

- **Le dimanche de la miséricorde divine** : la confession, puis la communion dans un esprit de réparation de la peine temporelle de ses péchés envers le Seigneur, la prière au Saint-Père et la dernière prière obligatoire* (voir la prière ci-dessus) accorde l'indulgence plénière **totale** pour tous les péchés confessés et pardonnés ce jour même.

- **Le 30 décembre et/ou le 1 janvier** en respectant strictement les conditions énumérées à la page précédente, et en remplaçant la prière* citée ci-dessus par celle-ci (toujours dite à voix haute dans une église ou un oratoire) :

- **Le 30 décembre**, l'hymne Te Deum, en action de grâce à Dieu pour tous les bienfaits reçus tout au long de l'année : « *À toi Dieu, notre louange ! Nous T'acclamons, Tu es Seigneur ! À toi Père éternel, l'hymne de l'univers. Devant Toi se prosternent les archanges, les anges et les esprits des cieux ; ils Te rendent grâce ; ils adorent et ils chantent : Saint, Saint, Saint, le Seigneur, Dieu de l'univers ; le Ciel et la terre sont remplis de ta gloire. C'est Toi que les Apôtres glorifient, Toi que proclament les prophètes, Toi dont témoignent les martyrs ; c'est Toi que par le monde entier l'Eglise annonce et reconnait. Dieu, nous T'adorons : Père infiniment saint, Fils éternel et bien-aimé, Esprit de puissance et de paix. Christ, le Fils du Dieu vivant, le Seigneur de la gloire, Tu n'as pas craint de prendre chair dans le corps d'une vierge pour libérer l'humanité captive. Par Ta victoire sur la mort, Tu as ouvert à tout croyant les portes du Royaume ; Tu règnes à la droite du père ; Tu viendras pour le jugement. Montre-Toi le défenseur et l'ami des Hommes sauvés par Ton sang : prends-les avec tous les saints dans Ta joie et dans Ta lumière.* »

- **Le 01 janvier** pour implorer l'aide divine pour tout le cours de l'année : « *Viens, Esprit Créateur, visite la pensée de Tes fidèles, emplis de la grâce d'en-haut les cœurs que Tu as créés. Toi qu'on nomme le Consolateur, le don du Dieu Très-Haut, la source vivante, le feu, la charité, l'onction spirituelle. Tu es* *l'Esprit à la septuple forme, le doigt de la droite du Père, Tu es Sa solennelle promesse, enrichissant notre gorge par la parole. Fais jaillir la lumière dans notre intelligence, répands l'amour dans notre cœur, soutiens la faiblesse de notre corps. Par Ton éternelle vigueur repousse au loin l'ennemi, donne-nous la paix sans délai ; que sous Ta conduite qui nous ouvre la voie, nous évitions toute nuisance. Fais que par Toi nous connaissions le Père et découvrions le Fils, et qu'en Toi, leur commun Esprit, nous croyions en tout temps. Gloire soit à Dieu le Père, au Fils ressuscité des morts, à l'Esprit-Saint consolateur, dans les siècles des siècles. Amen. »*

- **Le pape** peut également décider, à son gré, d'accorder des indulgences plénières en échange de tel ou tel acte, pendant une durée déterminée, mais toujours en respectant les conditions énumérées à la page précédente (confession, communion et prière au Saint-Père).

Les justes plaintes de Notre Seigneur à propos des Hommes

Jésus apparaît en pleurs au saint Padre Pio et lui dit :

« Avec quelle inquiétude Mon amour pour les Hommes est-il rétribué ? Je serai moins offensé par eux, si Je les avais moins aimés. Mon père ne les tolère plus. Moi-même, Je voudrai ne plus les aimer. Mais... Mais que puis-Je faire ? Mon Cœur est fait d'amour. Les Hommes faibles et lâches, ne lèvent pas le petit doigt pour surmonter les tentations et prennent un immense plaisir au mal. Les âmes pour lesquelles J'éprouve une particulière prédilection, cèdent quand elles sont mises à l'épreuve. Les faibles se découragent et désespèrent, tandis que les fortes se laissent aller peu à peu. On Me laisse seul jour et nuit dans les églises. On ne se soucie plus du sacrement de l'autel. Presque personne ne parle de ce sacrement, et ceux qui en parlent, hélas, en parlent avec une telle indifférence et une telle froideur. Mon Cœur est oublié. Personne ne pense plus à Mon amour, et Je suis continuellement attristé. Pour beaucoup, Ma maison s'est transformée en centre de divertissement. Mes ministres, que J'aime comme les pupilles de Mes yeux, qui devraient consoler Mon Cœur débordant de chagrin, qui devraient M'assister dans la rédemption des âmes, Me traitent avec ingratitude et mépris. Je vois Mon fils (Jésus est silencieux, et des sanglots secouent sa gorge tout en pleurant discrètement) *que beaucoup agissent de façon hypocrite et Me trahissent par leur communion sacrilège, foulant au pied la lumière et la force que Je leur donne continuellement. Mon fils, J'ai besoin de victime pour calmer la juste colère divine. Renouvelle le sacrifice de tout ton être, et fait-le sans réserve. »*

Les justes plaintes de Notre Seigneur à propos des prêtres

Jésus apparaît en pleurs au saint Padre Pio et lui dit :

Lettre écrite **le 7 avril 1913** par le Padre Pio à son confesseur, le Père Agostino, et il nous montre que Notre Seigneur Jésus Christ vit douloureusement cette situation : « *Jésus m'est apparu totalement meurtri et défiguré. Il me montra un grand nombre de prêtres réguliers (moines) et séculiers (diocésains), parmi lesquels se trouvaient certains dignitaires ecclésiastiques, parmi eux, certains célébraient la messe, d'autres se préparaient, d'autres encore retiraient leurs vêtements sacrés. Le regard de Jésus s'est tourné vers ces prêtres. Peu après, horrifié, comme fatigué de regarder, Il a détourné le regard, et quand Il a levé les yeux vers moi, j'ai remarqué deux larmes qui coulaient sur Ses joues. Il se détourna de cette foule de prêtres, en ayant sur le visage une expression de profonde tristesse en s'écriant : ce sont des bouchers ! Puis se tournant vers moi, Jésus me dit : Mon fils, ne crois pas que Mon agonie a duré trois heures, non. Pour l'amour des âmes que J'ai favorisé le plus, Je serai en agonie jusqu'à la fin du monde. Pendant le temps de Mon agonie, Mon fils, il ne convient pas de dormir. Mon âme est à la recherche de quelques gouttes de pitié humaine. Mais hélas ils Me laissent seul sous le poids de l'indifférence. L'ingratitude de Mes ministres suprêmes rend Mon agonie oppressante. Hélas, comme ils correspondent mal à Mon amour. Ce qui Me chagrine le plus, c'est qu'à l'indifférence, ces hommes ajoutent le mépris et l'incrédulité. Combien de fois ne les aurai-Je pas exterminés, si Je n'avais pas été arrêté par les anges et les âmes qui M'aiment vraiment.* »

Prière pour la sanctification des prêtres

O Jésus, Prêtre éternel, garde Tes prêtres dans Ton Sacré-Cœur, où aucun mal ne puisse les atteindre, garde immaculées leurs mains ointes qui touchent chaque jour Ton Corps Sacré. Garde immaculées leurs lèvres, quotidiennement teintées de ton Précieux Sang. Garde leurs cœurs, que Tu as scellé par le sublime sacrement de l'Ordre, purs et libres de toutes choses terrestres. Que Ton amour les protège et les préserve de la contagion du monde. Bénis leurs travaux apostoliques par des fruits abondants. Fais que les âmes confiées à leurs soins et à leur direction, soient leur joie sur la terre et forment au Ciel leur glorieuse et impérissable couronne. Ainsi soit-il.

Les oraisons
de sainte Brigitte de Suède

Brigitte Birgersdotter ou **Sainte Brigitte de Suède**, est la fille d'un prince suédois, issu de la famille des Brahe.

Elle est née en 1303 en Suède.

Mère de huit enfants dont sainte Catherine de Suède, elle devient veuve en 1344.

Après s'être retirée au monastère d'Alvastra, elle se fixe en 1349 à Rome où elle se consacre à des pèlerinages, une vie d'intense apostolat et de prière assidue.

Renommée pour ses prophéties et ses révélations mystiques, elle est connue pour ses prises de positions politiques et religieuses.

Il nous est parvenu, entre autres, ces Oraisons qui lui furent dictées par le Christ Lui-même, lui parlant depuis le crucifix d'une chapelle de la Basilique Saint-Paul-hors-les-Murs de Rome.

Après un pèlerinage en Palestine, elle mourut à Rome le 23 juillet 1373.

Elle fut canonisée dès 1391.

Les quinze Oraisons.

Les quinze Oraisons de sainte Brigitte de Suède sont un recueil de quinze méditations de la Passion du Christ, liées aux prières du Notre Père et du Je vous salue Marie **qui sont dites quotidiennement durant une année entière.**

Le Christ lui a promis que dire quotidiennement ces Oraison pendant une année entière **apportera beaucoup de réconfort aux âmes du Purgatoire** (confirmé par Maria Simma, voir la page N°156 intitulée « Maria Simma et la réalité du Purgatoire»).

Date du début des quinze Oraisons : ....

Première oraison

Pater, Ave

Ô Jésus-Christ ! Douceur éternelle de ceux qui T'aiment, joie surpassant toute joie et tout désir, espoir et salut des pécheurs ! Tu as témoigné n'avoir de plus grand contentement que d'être parmi les Hommes. Tu as pris la nature humaine en la plénitude des temps pour l'amour d'eux. Souviens-Toi des souffrances endurées dès l'instant de Ta conception surtout pendant Ta sainte Passion. Il en a été décrété et ordonné ainsi de toute éternité dans la pensée divine. Faisant la cène avec Tes disciples, Tu leur as lavé les pieds. Tu leur as donné Ton Corps sacré et Ton précieux Sang. Tu leur as prédit Ta prochaine passion. Tu les as consolés. Tu as éprouvé de l'amertume et Tu as dit : « Mon âme est triste jusqu'à la mort. » Souviens-Toi Seigneur de Tes angoisses au Jardin des oliviers. Après avoir prié trois fois en répandant une sueur de sang, Judas T'as trahi, la nation choisie et élevée T'a arrêté, de faux témoins T'ont accusé, Tu as été injustement jugé en la fleur de Ta jeunesse pendant le temps de la Pâque. Tes bourreaux T'ont dépouillé de Ton propre vêtement, revêtu de ceux de la dérision. Ils T'ont voilé les yeux et la face, donné des soufflets et couronné d'épines. Ils T'ont mis un roseau à la main, attaché à une colonne, déchiré de coups et accablé d'affronts. En mémoire de ces peines, donne-moi avant la mort, une sincère confession, une juste pénitence et la rémission de tous mes péchés.

Ainsi soit-il !

Deuxième oraison

Pater, Ave

Ô Jésus ! Vrai liberté des anges, paradis de délices, aie mémoire de l'horreur de tristesse endurée, lorsque Tes ennemis, tels des lions furieux, T'entourèrent par mille injures, crachats, griffures et autres supplices inouïs. En considération de ces tourments je Te supplie, ô mon Sauveur, de me délivrer de mes adversaires, visibles et invisibles. Fais-moi arriver sous Ta protection, à la perfection du salut éternel. Ainsi soit-il.

Ainsi soit-il !

Troisième oraison

Pater, Ave

Ô Jésus ! Créateur du ciel et de la terre, que nulle chose ne peut contenir ni limiter, Toi qui renferme et tiens tout sous Ta puissance, souviens-Toi de Ta douleur lorsque les soldats attachant Tes mains sacrées et Tes pieds délicats les percèrent de part en part. Puis ils Te clouèrent à la croix. Ne Te trouvant pas dans l'état qu'ils voulaient pour contenter leur rage, ils Te tirèrent de tous côtés en disloquant Tes membres. En cette mémoire, je Te conjure de me donner crainte et amour envers Toi.

Ainsi soit-il.

Quatrième oraison

Pater, Ave

Ô Jésus ! Céleste médecin qui guérit nos blessures par les Tiennes, souviens-Toi des langueurs en tous Tes membres. Aucun ne demeura à sa place. De la plante des pieds jusqu'au sommet de la tête, toutes les parties de Ton corps étaient torturées. Cependant, Tu ne T'es point lassé de prier Ton Père pour Tes ennemis, lui disant : « Père, pardonne-leur, ils ne savent pas ce qu'ils font. » Que ce souvenir opère en moi une parfaite contrition et le pardon de tous mes péchés.

Ainsi soit-il.

Cinquième oraison

Pater, Ave

Ô Jésus ! Miroir de splendeur éternelle, souviens-Toi de Ta tristesse lorsque, contemplant dans la lumière de Ta divinité, la prédestination de ceux qui devaient être sauvés par Tes mérites, Tu voyais en même temps la multitude des réprouvés, damnés par leurs péchés Tu plaignais ces malheureux perdus et désespérés. Par la bonté manifestée envers le bon larron, lui disant : « Tu seras aujourd'hui avec Moi dans le paradis », je Te prie, ô doux Jésus, qu'à l'heure de ma mort, Tu me fasses miséricorde.

Ainsi soit-il.

Sixième oraison

Pater, Ave

Ô Jésus ! Roi aimable et si désirable, souviens-Toi de Ton désarroi quand, dénudé et hissé sur le crucifix, tous Tes parents et amis T'abandonnèrent. Cependant Ta maman bien-aimée et saint Jean demeurèrent fidèlement auprès de Toi. Tu les as recommandés l'un à l'autre en disant : « Femme, voilà ton fils » et à saint Jean : « Voilà ta mère ». Je Te supplie, ô Jésus, par le glaive qui transperça l'âme de Marie, d'avoir pitié de moi en toutes mes tribulations tant corporelles que spirituelles. Assiste-moi dans les épreuves, surtout lors de ma dernière heure.

Ainsi soit-il.

Septième oraison

Pater, Ave

Ô Jésus ! Par une profonde affection tu as dit « J'ai soif », mais de la soif du salut du genre humain. Je te prie, d'exalter le désir de mon cœur pour tendre à la perfection en toutes mes œuvres. Eteins entièrement en moi la concupiscence charnelle et l'ardeur des appétits mondains.
Ainsi soit-il.

Huitième oraison

Pater, Ave

Ô Jésus, Suavité des esprits ! Par le fiel et le vinaigre que le garde T'a fait goûter, accorde-moi de recevoir dignement Ton corps et Ton sang précieux pendant la vie et à l'heure de la mort, pour me servir de remède et de consolation. Ainsi soit-il.

Neuvième oraison

Pater, Ave

Ô Jésus ! Vertu royale, rappelle-Toi que les Hommes T'ont insulté et outragé. Tu T'es écrié : « Mon Dieu, mon Dieu, pourquoi M'as-Tu abandonné ? » En ce souvenir, je Te conjure ô mon Jésus, ne me laisse pas dans les terreurs et les afflictions de la mort.

Ainsi soit-il.

Dixième oraison

Pater, Ave

O Jésus ! Par l'abîme de souffrances dans lequel Tu T'es plongé pour nous, apprend-moi à garder Tes commandements dont la voie est aisée pour ceux qui T'aiment.

Ainsi soit-il.

Onzième oraison

Pater, Ave

O Jésus ! Miséricorde infinie, tire-moi, hors du péché. Cache-moi de Ta face irritée dans les trous de Tes meurtrissures jusqu'à ce que Ta colère et Ta juste indignation soient passées.

Ainsi soit-il.

Douzième oraison

Pater, Ave

Ô Jésus ! Miroir de vérité, lien d'unité et de charité, souviens-Toi de l'effusion de Ton sang rougissant Ton corps adorable ! Très doux Jésus, qu'aurais-Tu pu faire pour nous que Tu n'aies déjà fait ! Je Te conjure de marquer de Ton sang toutes tes plaies dans mon cœur. Que par le souvenir de Ton sacrifice soit renouvelé en mon âme. Que Ton amour augmente chaque jour en moi jusqu'à ce que je Te rejoigne. O Jésus ! Tu es le trésor de tous les biens que je Te supplie de me donner dans la vie éternelle.

Ainsi soit-il.

Treizième oraison

Pater, Ave

Ô Jésus ! Lion de Juda, Roi immortel et invincible, lorsque toutes Tes forces furent épuisées, Tu as incliné la tête en disant : « Tout est consommé ! » En cette mémoire, secoure-moi lorsque ce sera pour moi la fin et que mon esprit sera troublé.

Ainsi soit-il.

Quatorzième oraison

Pater, Ave

Ô Jésus ! Tu T'es recommandé humblement au Père en disant: « Mon Dieu, je remets Mon esprit entre Tes mains ! » Puis, Tu as expiré ! Par Tes entrailles ouvertes pour nous racheter, je Te conjure, ô mon Roi, de me réconforter pour résister au démon afin qu'étant mort au monde, je vive en Toi seul. Reçois mon âme pèlerine et exilée qui retourne à Toi.

Ainsi soit-il.

Quinzième oraison

Pater, Ave

Ô Jésus ! De Ton côté transpercé d'un coup de lance, Tu as versé du sang et de l'eau comme le raisin sous le pressoir. Et il n'en est plus demeuré une seule goutte. Comme un faisceau de myrrhe élevé sur la croix, Ta chair s'est anéantie. La moelle de Tes os s'est desséchée. Par Ton précieux sang, ô bon Jésus, accueille-moi lorsque je serai à l'agonie.

Ainsi soit-il.

Prière finale

Pater, Ave

Ô doux Jésus ! Que des larmes de pénitence, nuit et jour, me servent de pain. Convertie-moi entièrement. Que mon cœur Te soit une perpétuelle habitation. Que ma conversation et ma conduite Te soient agréables. Que la fin de ma vie soit tellement sage et fructueuse que je puisse mériter Ton paradis et Te louer à jamais avec tous Tes saints.

Ainsi soit-il.

Les sept Oraisons.

Le Divin Sauveur révéla à sainte Brigitte de Suède la promesse suivante :

« *Sachez que J'accorderai à celles et ceux qui réciteront* **journellement pendant douze ans** *sept PATER et AVE* **en** l'honneur de Mon Précieux Sang, *les cinq grâces suivantes :*
    1.   Elles n'iront pas au Purgatoire.

    2.   Je les compterai au nombre des martyrs, comme si elles avaient versé leur sang pour la foi.

    3.   Je conserverai en grâce trois membres de leur famille, suivant leur choix.

    4.   Les membres de leur famille, jusqu'à la 4e génération, seront préservés de l'enfer.

    5.   Elles seront averties de leur mort un mois avant. Si elles mouraient avant cette période de 12 ans, je les considérerais comme si elles avaient rempli ces conditions. »

Date du début des quinze Oraisons :...

Prière introductive

Ô Jésus, je vais maintenant réciter sept fois le Pater Noster en souvenir du même amour par lequel cette prière a sanctifié et adouci Ton Cœur. Prends-la de mes lèvres en Ton divin Cœur. Corriges-la et perfectionnes-la afin qu'elle apporte autant d'honneur et de joie en la Sainte Trinité que Tu nous en as démontré sur la terre. Cette supplique voudrait submerger Ta sainte humanité pour glorifier Tes Saintes Plaies et le précieux Sang qui s'en est écoulé. Ainsi soit-il.

Première oraison : la circoncision

Pater, Ave

Père Eternel, par les mains immaculées de Marie et le Divin Cœur de Jésus, je T'offre les premières plaies, les premières douleurs et la première effusion du sang versé par Jésus pour expier les péchés de l'Homme, de la jeunesse, les miens, et pour le renoncement aux premiers péchés mortels, surtout dans ma parenté.

Ainsi soit-il.

Deuxième oraison : la sueur de sang

Pater, Ave

Père Eternel, par les mains immaculées de Marie et le Divin Cœur de Jésus, je T'offre les douleurs atroces du Cœur de Jésus au Jardin des oliviers, et chaque goutte de Sa sueur de sang pour expier tous les péchés de cœur, les miens, pour le renoncement à de tels péchés et pour l'accroissement de l'amour de Dieu et du prochain.

Ainsi soit-il.

Troisième oraison : la flagellation

Pater, Ave

Père Eternel, par les mains immaculées de Marie et le Divin Cœur de Jésus, je T'offre les milliers de plaies, les douleurs cruelles et le Précieux Sang de Jésus lors de Sa flagellation, pour tous les péchés de la chair, les miens, pour le renoncement à de tels péchés et pour la conservation de l'innocence, en particulier dans ma parenté.

Ainsi soit-il.

Quatrième oraison : le couronnement d'épines

Pater, Ave

Père Eternel, par les mains immaculées de Marie et le Divin Cœur de Jésus, je T'offre les plaies, les douleurs et le Précieux Sang du chef sacré de Jésus lors de Son couronnement d'épines, pour expier tous les péchés d'esprit de l'Homme, les miens, pour le renoncement à de tels péchés et pour l'extension du règne du Christ sur la terre.

Ainsi soit-il.

Cinquième oraison : le portement de la Croix

Pater, Ave

Père Eternel, par les mains immaculées de Marie et le Divin Cœur de Jésus, je T'offre les douleurs de Jésus sur le chemin du calvaire, surtout Sa Sainte Plaie de l'Epaule, Son Précieux Sang, pour alléger le poids de la Croix, mes murmures contre les saintes ordonnances, tous les péchés commis, pour le renoncement à de tels péchés et pour un véritable amour pour la Sainte Croix.

Ainsi soit-il.

Sixième oraison :
la crucifixion de Jésus

Pater, Ave

Père Eternel, par les mains immaculées de Marie et le Divin Cœur de Jésus, je T'offre Ton Divin Fils, cloué et élevé sur la Croix, Ses plaies aux mains et aux pieds et les trois filets de Son Précieux Sang versé pour nous, Son extrême dénuement, Son obéissance parfaite, toutes les affres de Son corps et de Son âme, Sa précieuse mort et Son mémorial non sanglant dans toutes les Saintes Messes de la terre, pour expier toutes les atteintes aux vœux et aux 20 saintes institutions, en réparation de mes péchés et de ceux du monde entier, pour les malades et les mourants, pour obtenir de saints prêtres et laïcs, aux intentions du Saint-Père, pour la restauration de la famille chrétienne, pour fortifier et encourager la foi, pour notre patrie, pour l'unité des peuples dans le Christ et Son Eglise, ainsi que tous les pays où les chrétiens sont en minorité.

Ainsi soit-il.

Septième oraison : la blessure du côté

Pater, Ave

Père Eternel, accepte, pour le besoin de la sainte Eglise et en expiation des péchés des Hommes, ces précieux dons, Eau et Sang, jaillis de la plaie du Divin Cœur de Jésus, Sang du Christ, propulsé par ton Sacré-Cœur. Laves-moi et purifies-moi de tous mes péchés coupables. Eau du côté du Christ, laves-moi et purifies-moi de mes premiers péchés et sauves-moi, ainsi que toutes les pauvres âmes, des flammes du Purgatoire.

Ainsi soit-il.

Les promesses de la Vierge Marie

La prière du rosaire.

1ère Promesse : La dévotion du très saint Rosaire est un grand signe de prédestination.

2ème Promesse : Quiconque récitera pieusement le Rosaire et persévérera dans cette dévotion, verra ses prières exaucées.

3ème Promesse : Ceux qui propageront mon Rosaire seront secourus par moi dans tous leurs maux.

4ème Promesse : Persévère dans mon Rosaire et je subviendrai à tes besoins.

5ème Promesse : Celui qui récite pieusement le Rosaire, en méditant les mystères, se convertira s'il est pécheur.

6ème Promesse : Ceux qui récitent le Rosaire trouveront pendant leur vie et à leur mort réconfort et lumière.

7ème Promesse : Celui qui se recommande à moi par le Rosaire ne périra pas.

8ème Promesse : À ceux qui récitent mon Rosaire, je promets ma protection spéciale.

9ème Promesse : Prêche le Rosaire ; c'est une arme très puissante contre l'enfer, et un bouclier impénétrable contre les traits de l'ennemi.

10ᵐᵉ Promesse : Quiconque récitera dévotement le Rosaire croîtra en grâce s'il est juste, et deviendra digne de la vie éternelle.

11ᵐᵉ Promesse : Je promets des grâces de choix aux dévots de mon Rosaire.

12ᵉᵐᵉ Promesse : Je veux que ceux qui chantent mes louanges par le Rosaire aient lumière, liberté et plénitude de grâces.

13ᵉᵐᵉ Promesse : Les vrais dévots du Rosaire ne mourront pas sans sacrement.

14ᵉᵐᵉ Promesse : Je suis spécialement la mère des enfants du Rosaire qui sont dans le Purgatoire ; tous les jours, j'en délivre un grand nombre.

15ᵉᵐᵉ Promesse : Les vrais enfants de mon Rosaire jouiront d'une grande gloire dans le Ciel.

Les promesses du Christ
à saint Bernard de Clairvaux

Saint Bernard de Clairvaux est un moine cistercien mort à 63 ans en 1153.

Saint Bernard a reçu une grâce insigne, rapportée dans les Annales de l'Abbaye de Clairvaux.

Il priait, demandant à Jésus quelle avait été sa plus grande souffrance, ignorée des hommes...

Voici la réponse du seigneur : « *En portant la croix au calvaire, j'ai eu une plaie profonde de trois doigts et trois os de l'épaule à découvert. Cette plaie qui n'est pas connue des Hommes m'a causée plus de peines et de tourments que toutes les autres. Révèle-la aux fidèles chrétiens, et sache que quelle que soit la grâce qu'ils me demanderont en vertu de cette plaie, elle leur sera accordée, et à tout ceux qui, par amour pour elle, m'honoreront en priant **chaque jour un pater, un ave et un gloria trois fois de suite**, je pardonnerai leurs péchés véniels et je ne me souviendrai plus de leurs péchés mortels* (sous-entendu que la confession ne soit pas possible au moment de la mort ou juste avant ! En effet, la confession régulière reste bien sûr indispensable). *Ils ne mourront pas de mort subite, et à l'heure de leur mort, ils seront visités par la Vierge Marie et ils obtiendront grâces et miséricorde.* »

(Prière à la page suivante.)

Prière de saint Bernard de Clairvaux à réciter chaque jour

Très aimé Seigneur, très doux Agneau de Dieu, moi, pauvre pécheur, j'adore et vénère la très Sainte Plaie à Ton épaule, causée par la lourde croix que Tu as portée au Calvaire, qui a déchiré Ta chair, mis à nu trois de Tes os sacrés, T'occasionnant une immense douleur. Je T'en supplie, par les mérites de cette Plaie, aies pitié de moi, accorde-moi la grâce que je Te demande ardemment : [.....**votre demande**.....], pardonnes tous mes péchés mortels et véniels, assistes-moi à l'heure de ma mort et conduis-moi dans Ton heureux Royaume. Ainsi soit-il.

Suivie d'un pater, d'un ave et d'un gloria, à réciter trois fois de suite.

Les 7 conseils spirituels du padre Pio

Saint Padre Pio est né le 25 mai 1887 en Italie et il est mort le 23 septembre 1968.

Il était prêtre capucin italien.

Déclaré saint par l'Église catholique sous le nom de saint Pio de Pietrelcina, il est fêté le 23 septembre.

Il est l'un des saints les plus célèbres du XXe siècle, connu pour avoir été marqué des stigmates et de très nombreux phénomènes mystiques (bilocations, lecture des âmes, guérisons miraculeuses, don de prophétie...)

Son corps est miraculeusement resté intact après sa mort.

Voici ses 7 conseils spirituels :

1. La gloire de Dieu comme seul but. La volonté de Dieu comme seule règle.

2. Comme la Bienheureuse Vierge Marie, appuyez-vous sur la Croix de Jésus, vous ne manquerez jamais de réconfort.

3. Un fils spirituel a demandé un jour au Padre Pio : « *Mon Père, faites-moi un plan de prière pour ma vie.* » Le Padre Pio lui a répondu : « *Mon fils, le meilleur plan de prière, c'est le saint Rosaire !* »

4. Être toujours enjoué et faire son devoir sont des caractéristiques des âmes les plus parfaites.

5. Assimilez les enseignements de Jésus, et faites chaque jour un pas vertical vers la vie éternelle.

6. Pratiquez un acte spécifique de docilité.

7. Que le temps est précieux ! Heureux ceux qui savent en faire bon usage, car tous devront en rendre compte au Jour du Jugement.

L'image miraculeuse de Notre-Dame de Guadalupe

Apparition officielle à Mexico.

Mexique.

12/12/1531

La Vierge Marie est apparue **un samedi de 1531** à un aztèque, Juan Diego, devenu catholique à la suite de la conquête de l'Amérique du Sud par les conquistadors.

Lors des apparitions de Notre-Dame de Guadalupe, une image miraculeuse de la Vierge Marie s'est gravée sur le Poncho de Juan Diego (voir la page N°242 intitulée « Notre-Dame de Guadalupe»).

Cette image existe toujours de nos jours, soit près de 500 ans plus tard, et on peut lui rendre visite à Mexico.

Cette image est également très facilement trouvable sur Internet.

Afin de discréditer la nature miraculeuse de l'image de Notre-Dame de Guadalupe, de nombreuses tentatives de copies exactes de l'image ont toutes misérablement échouées.

Le premier élément miraculeux de cette image, c'est qu'il n'y a aucun dessin ni croquis sous l'image, et une photographie infrarouge l'a parfaitement démontré.

C'est miraculeux, car comme l'explique le Docteur Calaan, physicien de l'université de Floride, je cite : « *Il est inconcevable qu'un artiste du XVIème siècle ait pu peindre un portrait sans y faire dans un premier temps, un croquis ou un dessin. Le fait de faire un croquis ou un dessin avant de faire un portrait remonte à l'antiquité. Donc, le fait que l'on ait une image aussi délicate et aussi précise dans ses tailles et ses traits, et que cela paraisse dans de la fibre rugueuse de cactus, c'est inexplicable, si on considère qu'il n'y a pas de croquis.* »

Le deuxième élément miraculeux de cette image concerne son endurance. En effet, le manteau est composé de fibres rugueuses de cactus. En temps normal, ce type de tissu se désintègre dans un délai maximal de 30 ans. Mais jusqu'à présent, l'image de Guadalupe a perduré près de 500 ans sans aucune trace d'usure ni de corruption. Elle ne souffre d'aucune décoloration, ni fêlure, ni fissuration : c'est miraculeux.

De plus, le docteur Calaan écrit à propos de la pigmentation du dessin : « *Le manteau est d'un bleu foncé turquoise. Ceci est un phénomène inexplicable parce que de tels piments sont connus pour être sujets à une décoloration considérable avec le temps, spécialement dans les climats chauds. Les peintures murales mayas bleu indien sont déjà fortement décolorées, alors que le bleu du manteau de Notre-Dame de Guadalupe est suffisamment clair pour avoir été posé la semaine dernière.* » Donc les couleurs sont miraculeusement conservées et parfaitement claires.

En 1778, une quantité considérable d'acide nitrique fut renversée sur l'image miraculeuse, sans que cela ne l'atteigne d'aucune manière, à part quelques tâches sur le coin supérieur...

En 1921, une bombe fut conçue, cachée dans un bouquet de fleurs et déposée sur l'autel, sous l'image miraculeuse. La bombe explosa et par miracle la vitre qui protège l'image miraculeuse ne fut même pas endommagée.

Le troisième élément miraculeux de cette image concerne les étoiles. Certains pensèrent que les étoiles présentes autour de l'image de la Vierge Marie, ainsi que le soleil et la lune sous ses pieds, furent rajoutés ultérieurement, pensant donc que l'image initiale était plus simple.

Le docteur Calaan défend cette idée.

Il croit toujours que cette image est miraculeuse, mais il pense que l'image d'origine était plus simple.

Cependant, **en 1983**, le Docteur Hernandez et le père Chansez se sont aperçus que les étoiles présentes sur le manteau de l'image miraculeuse, correspondent exactement à la position des étoiles dans le ciel hivernal du 12 décembre 1531, et ce qui est fascinant, c'est que les constellations sont montrées comme si elles étaient vues en dehors des cieux, en d'autres termes : on les voit à l'envers. C'est comme si on voyait une photo de prise par quelqu'un qui se trouve en dehors de l'univers. Il s'agit d'une photo de l'instant même du ciel et de la terre, quand la Vierge Marie est apparue à Juan Diego ce 12 décembre 1531.

Quand on superpose l'image de Notre-Dame de Guadalupe sur le ciel de ce jour-là, on constate que la constellation « Corona Borealis » qui signifie « Couronne boréale » est placée juste au-dessus de la tête de Notre-Dame. La constellation de la Vierge apparaît dans la zone de son cœur. La constellation du lion se trouve au-dessus de son ventre, sachant que Jésus est surnommé « Le lion de Juda ».

Le quatrième élément miraculeux de cette image concerne ses yeux. Il est prouvé par la science moderne, que l'image d'un homme barbu a été découvert e dans les yeux de la Vierge.

L'image de cet homme correspond aux images du visage de Juan Diego.

En d'autres termes, l'image de Juan Diego fut capturée microscopiquement dans les yeux de la Vierge, et il est prouvé qu'il est absolument impossible qu'un peintre ait pu le faire, surtout en 1531.

De plus, il faudra attendre 1921, pour que la science découvre ce miracle dans les yeux de la Vierge Marie grâce au microscope, tellement c'est pratiquement indiscernable à l'œil nu.

Enfin, l'image de l'homme barbu, capturée dans les yeux de l'image miraculeuse, correspond exactement à la façon dont l'œil humain capte une image.

Brian Smith, qui a étudié l'image au côté du docteur Calaan explique la chose : « *Avant d'avoir pu comprendre l'importance de sa découverte, j'avais besoin d'apprendre quelque chose à propos de la physiologie de l'œil humain. Et toutes nos recherches démontrent que l'on trouve ces images dans les yeux de l'image miraculeuse exactement là où on devrait les trouver dans l'œil humain.* »

Ce qui signifie que ce que l'on a dans les yeux de Notre-Dame de Guadalupe, c'est la rencontre visuelle de l'apparition de la Vierge Marie à Juan Diego le 12 décembre 1531, à travers le regard même de la Vierge Marie.

Non seulement l'image capture miraculeusement ce que Juan Diego a vu, mais cela capture également sa vision de la Vierge Marie et sa rencontre avec Juan Diego.

En 1981, le docteur Tantsman, un ingénieur système, annonça que l'amplification informatique des photos des yeux de l'image miraculeuse révélèrent de petites figures microscopiques, qui selon lui, pouvaient être l'évêque de l'époque, ainsi que Juan Diego, l'interprète, une femme noire, une famille indienne, un jeune enfant et un homme.

En d'autres termes, quand cet ingénieur système a amplifié plusieurs fois l'image de l'œil, il a découvert une agglomération d'individus capturés à l'intérieur de l'œil de la Vierge Marie.

Un docteur chirurgien ophtalmologiste remarque des reflets dans l'œil, et il considère que ces reflets dans l'œil appartiennent au reflets décrits par Cherni, sur la face postérieure de la cornée.

De tels reflets sont très difficiles à détecter.

Ce médecin a aussi rapporté la découverte de petites veines sur les deux paupières de l'image.

Dans les années 1970, un opticien japonais s'est évanoui alors qu'il était en train d'examiner les yeux de l'image.

Quand il reprit connaissance, il dit que les yeux étaient vivants et qu'elle l'avait fixé.

Les ophtalmologistes ont témoigné que bien qu'ils soient opaques, les deux yeux de l'image montrent de la profondeur, et deviennent remplis de lumière quand l'optomètre focalise le faisceau de lumière sur eux.

Ils ont affirmé qu'il serait impossible de produire avec de la peinture de tels reflets, parfaitement placés dans les yeux, dans si peu de place avec la Vierge Marie regardant en bas, et sur un matériau aussi grossier que la tilma.

Le cinquième élément miraculeux de cette image concerne le visage.

A une certaine distance, Notre-Dame apparaît comme une native américaine.

Mais à une autre distance, elle apparaît avec une peau plus claire, et de fait, de descendance européenne.

A ce sujet, le docteur Calaan achève cet effet d'apparaître sous différentes couleurs, sous des distances différentes, seulement par une caractéristique miraculeuse que l'on aperçoit dans la nature : « *Sur une distance de deux mètres, le teint devient ce qui pourrait être le teint indien olive. Il apparaît que le piment gris blanc du visage et des mains s'associe avec la surface rugueuse. Une pareille technique serait impossible à réaliser par des mains humaines, mais cela se produit souvent dans la nature dans la coloration des plumes d'oiseaux, des écailles de papillons ou dans les élytres des scarabées.* »

Le sixième élément miraculeux de cette image concerne la température.

Quelle que soit la température ambiante, l'image en elle-même reste à une température de 36,5°C. La température normale du corps humain !

L'image de Notre-Dame de Guadalupe est en effet, une des images les plus prodigieuses de l'histoire humaine.

Maria Simma
et la réalité du Purgatoire

Entretien fait par Sœur Emmanuelle.

Maria Simma (1915-2004) est une grande mystique autrichienne.

Elle avait reçu le charisme, très rare, d'entrer en communication avec les âmes du Purgatoire dès l'âge de ses 25 ans.

A noter que toutes les saintes et saints ayant eu des contacts avec les âmes du Purgatoire, de près ou de loin, **disent absolument toutes et tous exactement la même chose que Maria Simma**.

Sœur Emmanuel : « *Comment avez-vous été visitée pour la première fois par une âme du Purgatoire ?* »
Maria Simma : « *C'était en 1940. Une nuit, vers 3 heures du matin, j'entendais quelqu'un aller et venir lentement dans ma chambre. C'était un étranger. Je lui ai dit : comment es-tu entré ici ? Qu'est-ce que tu as perdu ? Mais il continuait à marcher dans la chambre, comme s'il n'avait rien entendu. Alors j'ai voulu l'empoigner, mais je n'ai saisi que de l'air... Je me suis alors recouchée. Mais, à nouveau, il allait et revenait. Je me suis à nouveau levée pour l'empoigner et le faire arrêter de marcher, mais à nouveau j'empoignai du vide. Je me suis recouchée, perplexe. Il n'est pas revenu et je n'ai pas pu me rendormir. Le lendemain, après la messe, j'ai tout raconté à mon directeur spirituel. Il m'a dit que si cela recommençait, je devais lui demander : que veux-tu de moi ? Et non pas : qui es-tu ? La nuit suivante, l'homme est revenu, c'était bien le même. Je lui ai alors demandé : que veux-tu de moi ? Il m'a répondu : fais célébrer 3 messes pour moi et je serai délivré. J'ai alors compris qu'il s'agissait d'une âme du Purgatoire.* »

Sœur Emmanuel : « *Et après les visites ont continué ? »*

Maria Simma : « *Oui, pendant quelques années. Surtout au mois de novembre, 3 ou 4 âmes. Par la suite, ils sont venus plus nombreux.*

Sœur Emmanuel : « *Et que vous demandent ces âmes ? »*

Maria Simma : « *La plupart du temps elles demandent de faire dire des messes et d'assister à ces messes. Elles demandent de dire des chapelets et aussi de dire le Chemin de croix (voir la page N°22 intitulée «Chemin de Croix avec le saint curé d'Ars»).*

Sœur Emmanuel : « *Le Purgatoire, en fait, qu'est-ce que c'est exactement ? »*

Maria Simma : « *C'est une invention géniale de la part de Dieu. Supposez qu'un jour une porte s'ouvre et qu'apparaisse un être extraordinairement beau, si beau que jamais sur terre vous n'ayez déjà vu une telle beauté. Alors cet être de lumière et de beauté vous bouleverse et vous fascine, d'autant plus qu'il vous montre qu'il est fou amoureux de vous, et vous ne pouviez pas imaginer avant à quel point vous pouviez être aimé. Celui-ci a un grand désir de vous attirer à lui, et le feu de l'amour qui brûle déjà votre cœur, vous pousse à vous précipiter dans ses bras. Mais voilà... Vous vous rendez compte, à ce moment-là, que vous ne vous êtes pas lavé depuis des mois et des mois, que vous sentez horriblement mauvais, vous avez le nez qui coule, les cheveux gras et tous collés, etc. Alors vous vous dites : non, je ne peux pas me présenter dans cet état. Il faut d'abord que j'aille me laver. Prendre une bonne douche et ensuite vite je reviendrai le voir. Seulement l'amour qui est né dans votre cœur et si intense, si brûlant, si fort, que ce retard dû à la douche est absolument insupportable. Et la douleur de l'absence, même si elle ne dure que quelques minutes, et une douleur atroce dans le cœur. Et cette brûlure est bien sûr proportionnelle à l'intensité de la révélation de l'amour, c'est une brûlure d'amour. C'est exactement ça le Purgatoire. C'est un retard imposé à cause de notre impureté, un retard avant l'étreinte de Dieu, une brûlure d'amour qui fait terriblement souffrir, une attente, une nostalgie de l'amour. Et c'est cette brûlure, cette nostalgie qui nous lave de ce qui est encore impur en nous. Le Purgatoire est un lieu de désir fou de Dieu, Dieu que l'on a vu, mais avec qui l'on n'est pas encore réuni. »*

Sœur Emmanuel : « *Les âmes du Purgatoire ont-elles quand même la joie et l'espérance au milieu de leurs souffrances ?* »

Maria Simma : « *Oui. Aucune âme ne voudrait repasser du Purgatoire à la terre, car elles ont une connaissance qui nous dépasse infiniment, et elles ne pourraient plus se décider à retourner dans les ténèbres qui règnent sur la terre.* »

Sœur Emmanuel : « *Est-ce Dieu qui envoie une âme au Purgatoire, ou bien est-ce elle-même qui décide d'y aller ?* »

Maria Simma : « *C'est l'âme elle-même qui veut aller au Purgatoire. Pour être pure avant d'aller au Ciel.* »

Sœur Emmanuel : « *Au moment de la mort, est-ce qu'on voit Dieu en pleine lumière ou d'une manière confuse ?* »

Maria Simma : « *D'une manière encore confuse, mais c'est quand même une telle clarté que cela suffit pour avoir la nostalgie.* »

Sœur Emmanuel : « *Pouvez-vous nous dire quel est le rôle de la Sainte Vierge auprès des âmes du Purgatoire ?* »

Maria Simma : « *Elle vient souvent pour les consoler et leur dire qu'elles ont fait beaucoup de choses de bien.* »

Sœur Emmanuel : « *Est-ce qu'il y a des jours particuliers où elle les délivre ?* »

Maria Simma : « *Oui, c'est surtout le jour de Noël, celui de la Toussaint, le Vendredi Saint, ainsi que le jour de l'Assomption et de l'Ascension de Jésus.* »

Sœur Emmanuel : « *Pourquoi va-t-on au Purgatoire ? Quels sont les péchés qui entraînent le plus au Purgatoire ?* »

Maria Simma : « *Ce sont les péchés contre la charité, contre l'amour du prochain, la dureté du cœur, l'hostilité et la calomnie. Oui, les médisances et les calomnies sont les pires souillures qui nécessitent une longue purification.* »

Sœur Emmanuel : « *Maria, pouvez-vous nous dire quels sont ceux qui ont le plus de chance d'aller au Ciel sans passer par le Purgatoire ?* »

Maria Simma : « *Ceux qui ont bon cœur avec tout le monde. La charité couvre une multitude de péchés.* »

Sœur Emmanuel : « *Quels sont les moyens que nous pouvons prendre sur la terre pour éviter le Purgatoire, et aller directement au Ciel ?* »

Maria Simma : « *Nous devons faire beaucoup pour les âmes du Purgatoire, puisque c'est elles qui nous aident à leur tour. Il* *faut avoir beaucoup d'humilité, c'est la plus grande arme contre le mal et contre le malin. L'humilité chasse le mal. »*

Sœur Emmanuel : *« On raconte qu'une personne, particulièrement amie des âmes du Purgatoire, avait consacré sa vie à les soulager. Etant arrivée à l'heure de sa mort, elle fut assaillie avec fureur par le démon qui la voyait sur le point de lui échapper. La mourante luttait péniblement contre ces attaques infernales, lorsque tout d'un coup, elle vit entrer dans sa maison une foule de personnages inconnus, mais resplendissant de beauté qui mirent en fuite le démon, et s'approchant de son lit, lui adressèrent des encouragements et des consolations. « Qui êtes-vous ? Vous qui me faites tant de bien ? » leur demanda-t-elle, et ils lui répondirent : « Nous sommes des habitants du Ciel que votre aide a conduit à la béatitude. Et nous venons à notre tour, et par reconnaissance, vous aider à franchir le seuil de l'éternité et à vous sortir de ce lieu d'angoisse, et vous introduire dans les joies de la Sainte Cité. »*

Sœur Emmanuel : *« Maria, qu'est-ce que le bon larron a fait, sur la croix, pour que Jésus lui promette qu'il sera, le jour même, au paradis avec Lui ? »*

Maria Simma : *« Il a accepté humblement sa souffrance en disant que cela n'était que justice, et il a encouragé l'autre larron à l'accepter lui aussi. Il avait la crainte de Dieu, c'est-à-dire qu'il avait l'humilité. »*

Sœur Emmanuel : *« Maria, quels sont les moyens les plus efficaces pour aider à la délivrance des âmes du Purgatoire ? »*

Maria Simma : *« C'est la messe. Parce que c'est le Christ qui S'offre par amour pour nous. C'est la plus belle des offrandes. C'est le Christ qui S'offre Lui-même à Dieu. Le prêtre est le représentant de Dieu. L'efficacité de la messe pour les défunts est d'autant plus grande que ceux-ci ont eu de l'estime pour la messe de leur vivant. S'ils y ont prié de tout leur cœur et s'ils y sont allé en semaine selon leur temps de disponible. Cela leur tire un grand profit des messes de célébrées pour eux. Là aussi, on récoltera ce que l'on a semé. Il y a aussi l'offrande de nos souffrances, et nos pénitences qui jouent un rôle très puissant. »*

Sœur Emmanuel : *« Vous-même avez été invitée à de nombreuses reprises, à souffrir pour les âmes du Purgatoire* *afin de les délivrer. Pouvez-vous nous dire ce que vous avez vécu et éprouvé à ces moments-là ? »*

Maria Simma : *« La première fois qu'une âme m'a demandé si je voulais bien souffrir pendant 3 heures dans mon corps pour elle, et qu'après je pourrai reprendre mon travail. Si tout sera fini au bout de 3 heures, je veux bien accepter. Pendant ces 3 heures, j'ai eu l'impression d'avoir souffert 3 jours tellement c'était douloureux. L'âme m'a dit qu'en acceptant cette souffrance avec amour pendant 3 heures, je lui avais épargné 20 ans de Purgatoire. »*

Sœur Emmanuel : *« Mais alors pourquoi avez-vous souffert seulement 3 heures pour lui éviter 20 ans de Purgatoire ? Qu'est-ce que vos souffrances avaient de plus ? »*

Maria Simma : *« C'est parce que la souffrance de la terre n'a pas la même valeur. Sur la terre, quand on souffre, on peut grandir dans l'amour, on peut gagner des mérites. Ce qui n'est pas le cas dans les souffrances du Purgatoire. Au Purgatoire, les souffrances nous servent seulement à nous purifier de nos péchés. Sur la terre, on a toutes les grâces et on a la liberté de choisir. Nous devons unir nos souffrances sur terre à celles du Christ en les déposant dans les mains de Marie, car c'est elle qui saura le mieux les utiliser. Et tout cela, Marie nous le rendra à l'heure de notre mort. Et il faut que cela nous encourage quand nous souffrons, car ce sera ces souffrances d'offertes de notre vivant, qui seront nos trésors les plus précieux dans l'autre monde. Il y a un autre moyen qui est très efficace : c'est le Chemin de croix qui apporte un grand soulagement aux âmes du Purgatoire, ainsi que de dire le Rosaire en faveur des défunts, car les âmes du Purgatoire appellent la Vierge Marie leur mère de miséricorde. Il y a aussi les indulgences plénières (voir la page N°125 intitulée « Les indulgences plénières ») qui ont une valeur inestimable pour leur délivrance, mais également les oraisons de sainte Brigitte (voir la page N°132 intitulée « Les oraisons de sainte Brigitte de Suède ») qui sont très recommandées pour libérer les âmes du Purgatoire. **Les âmes du Purgatoire ne peuvent plus rien faire pour elles, elles ne peuvent plus prier pour elles-mêmes. Et si les vivants ne prient pas pour elles, elles sont alors totalement délaissées.** »*

Sœur Emmanuel : « *Pourquoi ne peut-on plus gagner de mérite au Purgatoire, alors qu'on le peut encore sur la terre ?* »

Maria Simma : « *Parce qu'au moment de la mort, les mérites sont terminés. Tant que l'on est vivant sur la terre, on peut réparer le mal que l'on a fait. Les âmes du Purgatoire nous envient cette possibilité. Même les anges sont jaloux de nous, car nous avons la possibilité de grandir tant que nous sommes sur la terre. Mais souvent, l'apparition de la souffrance dans nos vies nous révolte, et nous avons du mal à l'accepter et à bien la vivre.* »

Sœur Emmanuel : « *Alors comment vivre la souffrance pour qu'elle puisse porter du fruit ?* »

Maria Simma : « *Les souffrances sont la preuve du plus grand amour de Dieu. Et si on les offre, on peut gagner beaucoup d'âme.* »

Sœur Emmanuel : « *Mais comment faire pour accueillir la souffrance comme un cadeau, et non pas comme une punition ou même parfois comme un châtiment ?* »

Maria Simma : « *Il faut tout donner à la Sainte Vierge. C'est elle qui sait le mieux qui a besoin de telle ou telle offrande de souffrance pour être sauvé.* »

Sœur Emmanuel : « *Est-ce qu'il y a de la révolte de la part des âmes du Purgatoire devant leur souffrance ?* »

Maria Simma : « *Non. Elles veulent se purifier. Elles comprennent que cela est nécessaire.* »

Sœur Emmanuel : « *Quel est le rôle de la contrition ? Du repentir au moment de la mort ?* »

Maria Simma : « *La contrition est très importante. Les péchés sont remis, mais il reste les conséquences des péchés. Si on veut obtenir une indulgence plénière au moment de la mort, et donc aller tout droit au Ciel sans passer par le Purgatoire, il faut que l'âme soit libre de tout attachement. Un jour, des gens sont venus me voir pour savoir si une femme de leur connaissance était damnée. En effet, cette femme s'adonnait aux péchés de toutes sortes et de bon cœur en plus. Un jour, elle mourut brutalement. Une âme m'a dit à son sujet que cette femme était sauvée de l'enfer parce qu'au moment de mourir, elle a dit à Dieu : Tu as raison de me reprendre la vie, car comme cela je ne pourrai plus T'offenser... et cela a extirpé tous ses péchés.* »

Sœur Emmanuel : « *Au moment de la mort, est-ce qu'il y a un temps où l'âme a encore la possibilité de se tourner vers Dieu, même après une vie de péchés, avant d'entrer dans son éternité, c'est-à-dire entre la mort apparente et la mort réelle ?* »

Maria Simma : « *Oui. Le seigneur donne quelques minutes à chacun pour regretter ses péchés et pour se décider à accepter ou à refuser l'amour de Dieu. De plus, là, on voit le film de sa vie. Je connaissais un homme qui croyait aux préceptes de l'Eglise, mais qui ne croyait pas en la vie éternelle. Un jour, il est tombé gravement malade, et il a sombré dans le coma. Il s'est alors vu dans une chambre devant un tableau où toutes ses œuvres étaient écrites, les bonnes et les mauvaises. Puis le tableau a disparu, ainsi que le mur de la chambre, et il apparut à la place un lieu infiniment beau, puis après s'être réveillé de son coma, il a décidé de changer de vie.* »

Sœur Emmanuel : « *Est-ce qu'au moment de la mort, Dieu se révèle avec la même intensité à toutes les âmes ?* »

Maria Simma : « *A chacun est donné la connaissance de sa vie, mais également la souffrance à venir. Mais ce n'est pas pareil pour tout le monde. L'intensité de la révélation du Seigneur dépend de la vie de chacun.* »

Sœur Emmanuel : « *Est-ce que le diable a la permission de nous attaquer au moment de notre mort ?* »

Maria Simma : « *Oui, mais l'Homme a aussi la grâce de lui résister et de le repousser. Car si l'Homme le repousse, le démon ne peut rien faire.* »

Sœur Emmanuel : « *Et quand quelqu'un sait qu'il va mourir bientôt, quelle est, à votre avis, la meilleure préparation qu'il puisse faire ?* »

Maria Simma : « *S'abandonner totalement au Seigneur. Offrir toute sa souffrance et être heureux de Dieu.* »

Sœur Emmanuel : « *Quelle attitude doit-on avoir devant quelqu'un qui va mourir ? Que peut-on faire de mieux pour lui ?* »

Maria Simma : « ***Beaucoup prier*** *et on doit lui dire la vérité pour le préparer à mourir.* »

Sœur Emmanuel : « *Quels conseils donneriez-vous à celui qui voudrait devenir saint dès cette terre ?* »

Maria Simma : « *Etre très humble. Il ne faut pas s'occuper de soi-même. C'est l'orgueil qui est le piège le plus fort du malin.* »

Sœur Emmanuel : « *Pouvez-vous nous dire si on peut demander au Seigneur de faire son Purgatoire sur la terre pour ne pas avoir à le faire après la mort ?* »

Maria Simma : « *Oui. Je connaissais un prêtre et une jeune fille qui sont décédés tous les deux après avoir été malades. Le prêtre m'est apparu en me disant que de son vivant, il avait connu cette jeune fille qui, dans ses prières, demandait à vivre son Purgatoire sur la terre en offrant toutes ses souffrances. Je n'ai jamais osé, pour ma part, faire la même demande au Seigneur de mon vivant. Elle est montée directement au Ciel après sa mort, car son Purgatoire était fait sur terre conformément à ses prières, et moi, je suis au Purgatoire et je regrette tellement de ne pas avoir fait comme elle de mon vivant !* »

Sœur Emmanuel : « *Est-ce qu'il y a des différences de degrés au Purgatoire ?* »

Maria Simma : « *Oui, il y a une grande différence de degré au sein du Purgatoire. Chaque âme a une souffrance unique qui lui est propre. Il y a des milliers de degrés.* »

Sœur Emmanuel : « *Est-ce que les âmes du Purgatoire savent ce qu'il va arriver dans le monde ?* »

Maria Simma : « *Oui. Pas tout, mais beaucoup de choses.* »

Sœur Emmanuel : « *Est-ce que ces âmes vous disent ce qu'il va arriver quelques fois ?* »

Maria Simma : « *Elles disent simplement qu'il y a quelque chose devant la porte, mais elles ne disent pas quoi... Elles disent simplement ce qui est nécessaire pour la conversion des Hommes.* »

Sœur Emmanuel : « *Est-ce que les souffrances du Purgatoire sont plus pénibles que les plus pénibles souffrances de possibles sur la terre ?* »

Maria Simma : « *Oui, mais d'une manière symbolique. Ça fait plus mal dans l'âme. C'est très difficile à décrire.* »

Sœur Emmanuel : « *Jésus lui-même vient-il au Purgatoire ?* »

Maria Simma : « *Jamais une âme ne me l'a dit. C'est la Sainte Vierge qui vient. Une fois j'ai demandé à une âme du Purgatoire si celle-ci devait chercher l'âme pour laquelle je demandais un renseignement, et elle m'a répondu que non, que c'est la Mère de Miséricorde qui nous dit ce qu'il en est. Les saints non plus ne viennent pas au Purgatoire. Mais cependant les anges sont* présents, tel saint Michel, et chaque âme est avec son ange gardien. »

Sœur Emmanuel : « *Que font les anges au Purgatoire ?* »

Maria Simma : « *Ils soulagent, ils consolent... Les âmes peuvent même les voir.* »

Sœur Emmanuel : « *Beaucoup de gens croient à la réincarnation. Que vous disent les âmes à ce sujet ?* »

Maria Simma : « *Les âmes disent que Dieu nous donne une seule vie.* »

Sœur Emmanuel : « *Certains disent qu'avoir une seule vie ne suffit pas pour connaître Dieu et pour se convertir vraiment, et que cela n'est pas juste.* »

Maria Simma : « *Tous les Hommes ont une foi intérieure. Même s'ils ne pratiquent pas, ils reconnaissent implicitement Dieu. Quelqu'un qui ne croit pas cela n'existe pas. Chaque Homme a une conscience donnée par Dieu pour reconnaître le bien et le mal, et une connaissance intérieure, certes à différents degrés, mais l'Homme sait discerner le bien et le mal. Avec cette conscience, chacun peut devenir bienheureux.* »

Sœur Emmanuel : « *Que deviennent les personnes qui se sont suicidées ?* »

Maria Simma : « *Jusqu'à présent je n'ai jamais rencontré le cas d'une personne suicidée qui se soit perdue. Cela ne veut pas dire que cela n'existe pas. Mais bien souvent les âmes me disent que les plus coupables sont ceux qui les ont entourés, en étant négligeant ou en ayant répandu des calomnies.* »

Sœur Emmanuel : « *Ces personnes regrettent-elles leur suicide ?* »

Maria Simma : « *Oui. Mais souvent le suicide est maladif. Elles le regrettent parce qu'elles voient désormais les choses dans la lumière de Dieu, et ces âmes comprennent tout d'un coup toutes les grâces qui leur étaient réservées, pendant le temps qu'il leur restait encore à vivre sur terre. Et elles voient le temps qui leur restait, et elles voient toutes les âmes qu'elles auraient aussi pu aider en offrant ce reste de vie à Dieu. Et ce qui leur fait le plus de mal en définitive, c'est de voir le bien qu'elles auraient pu faire et qu'elles n'ont pas pu faire en abrégeant leur vie.* » (Note de l'auteur : saint Padre Pio dit exactement la même chose au sujet **de toutes les âmes du Purgatoire**).

Sœur Emmanuel : « *Que dire à celles et ceux qui souffrent trop dans leur corps, ou dans leur tête, dans leur âme... Que c'est trop dur pour eux... Et qui voudraient mourir.* »

Maria Simma : « *Je leur dirai d'offrir leur souffrance à Dieu pour sauver des âmes. Cela redonnera la foi et le courage. Mais plus personne ne dit cela aujourd'hui. En offrant ses souffrances à Dieu, l'âme gagne beaucoup de bonheur futur dans le Ciel.* »

Sœur Emmanuel : « *Des personnes ayant une autre religion viennent-elles vous visiter ?* »

Maria Simma : « *Oui. Mais c'est à travers la religion catholique que l'on gagne plus vite le Ciel.* »

Sœur Emmanuel : « *Est-ce qu'il y a des prêtres au Purgatoire ?* »

Maria Simma : « *Oui, il y en a beaucoup. Ils n'ont pas aidé à avoir le respect de l'Eucharistie. Et alors toute la foi en souffre. Ils sont souvent au Purgatoire pour avoir négligé la prière. Mais beaucoup sont tout de même allés tout droit au Ciel.* »

Sœur Emmanuel : « *Que diriez-vous à un prêtre qui voudrait vraiment être selon le Cœur de Dieu ?* »

Maria Simma : « *Je lui conseillerai de beaucoup prier l'Esprit-Saint. **Et de dire son chapelet tous les jours**.* »

Sœur Emmanuel : « *Est-ce qu'il y a des enfants au Purgatoire ?* »

Maria Simma : « *Oui. Mais pour eux, le Purgatoire n'est pas très long ni très pénible, car il leur manque beaucoup de discernement. La plus jeune que j'ai rencontré avait 4 ans. Elle était au Purgatoire parce qu'elle avait reçu, comme cadeau de Noël de la part de ses parents, une poupée. Et sa sœur jumelle avait aussi reçu une poupée. Et voilà que cette petite fille de 4 ans a cassé sa poupée. Et alors, subrepticement, sachant que personne ne la voyait, elle est allée mettre sa poupée cassée à la place de celle de sa sœur, et faire ainsi l'échange, en sachant très bien qu'elle allait faire beaucoup de peine à sa sœur, et qu'il s'agissait d'un mensonge et d'une injustice. C'est la raison pour laquelle elle a fait du Purgatoire.* »

Sœur Emmanuel : « *Comment les parents peuvent-ils aider à la formation de la conscience de leurs enfants ?* »

Maria Simma : « *Tout d'abord par le bon exemple, c'est le plus important. Et puis **par la prière**. Les parents doivent punir les enfants et bien les instruire aux choses qui concernent Dieu.* »

Sœur Emmanuel : « *Avez-vous été visitée par des âmes qui ont pratiqué sur la terre des perversions, par exemple dans le domaine sexuel ? »*

Maria Simma : « *Oui. Elles ne sont pas perdues. Mais elles ont beaucoup à souffrir pour se purifier. Surtout l'homosexualité. »*

Sœur Emmanuel : « *Que conseilleriez-vous alors aux personnes homosexuelles ? »*

Maria Simma : « *De beaucoup prier pour avoir la force de se détourner de cela. Surtout l'archange saint Michel. »*

Sœur Emmanuel : « *Quelles sont les attitudes du cœur qui peuvent nous conduire à la perte définitive de notre âme ? C'est-à-dire à l'enfer ? »*

Maria Simma : « *C'est lorsque l'on ne veut pas aller vers Dieu. C'est lorsque l'âme dit à Dieu : « Je ne veux pas ! » A ce sujet, un jour, j'étais dans le train, et il y avait un homme qui n'arrêtait pas de dire du mal contre l'Eglise, les prêtres et même contre Dieu... alors je lui ai dit qu'il n'avait pas le droit de dire des choses pareilles, que cela n'était pas bien. En sortant du train, j'ai simplement demandé à Dieu que cette âme ne se perde pas. Et des années plus tard, l'âme de cette personne est venue me visiter, et il m'a dit qu'il était passé tout près de l'enfer, et qu'il fut sauvé de l'enfer simplement par cette prière que j'avais faite, ce jour, à la sortie de mon train. »*

Sœur Emmanuel : « *Comment peut-on en arriver à ce stade, où on dit complètement non à Dieu au moment de la mort, alors qu'on le voit ? »*

Maria Simma : « *Un jour, un homme m'a dit qu'il ne voulait pas aller au Ciel parce que Dieu accepte les injustes et les injustices. Il m'a dit qu'il espérait ne pas rencontrer Dieu après sa mort, car alors il Le tuera avec une hache. Il avait une haine profonde envers Dieu, et Dieu laisse à l'Homme sa volonté libre, Il veut laisser à chacun son libre choix. Celui qui demande pardon à l'heure de la mort, sans calcul, sera sauvé. »*

Sœur Emmanuel : « *Jésus a dit qu'il était difficile à un riche de rentrer dans le Royaume des Cieux. L'avez-vous expérimenté ? »*

Maria Simma : « *Oui. S'ils font de bonnes œuvres de charité et qu'ils pratiquent l'amour, alors ils peuvent y arriver tout comme les pauvres. »*

Sœur Emmanuel : « *Que pensez-vous des pratiques de spiritisme ? »*
Maria Simma : « *Ce n'est pas bien. C'est toujours le malin qui fait bouger les tables. On ne peut pas appeler les âmes, il ne faut pas chercher leur venue. »*
Sœur Emmanuel : « *Avez-vous déjà été trompée par de fausses apparitions ? Par exemple le diable, qui se fait passer pour une âme du Purgatoire pour vous parler ? »*
Maria Simma : « *Ah oui ! Une fois, une âme est venue me voir et elle m'a dit de ne pas accepter l'âme qui allait venir après elle, parce qu'elle allait me demander trop de souffrance, ce qui ne serait pas à ma portée. J'étais troublée, car mon curé m'avait dit que je devais accepter chaque âme avec générosité. Je me suis sentie alors éprouvée dans l'obéissance, et je me suis demandé si cela n'était pas un piège du démon, qui se faisait passer pour une âme du Purgatoire. Alors j'ai dit à cette âme qu'elle s'en aille si elle est le démon, et alors elle poussa un grand cri et disparut. Et effectivement, l'âme qui venait après lui, était une âme qui avait vraiment besoin de mon aide. »*

Maria Simma témoigne également d'un homme et d'une femme morts presque en même temps, à qui on a demandé de se renseigner s'ils étaient au Purgatoire. Et, au grand étonnement de ceux qui avaient demandé, la femme était au Ciel et l'homme était au Purgatoire, alors que cette femme mourut tandis qu'elle se faisait avorter, tandis que l'homme, lui, était très souvent à l'église et avait, apparemment, une vie très digne et très pieuse. En fait, la femme avait eu un grand repentir et elle était très humble, tandis que l'homme, lui, critiquait tout le monde, il était toujours à se plaindre et à dire du mal des gens et à les critiquer. C'est pour cela que son Purgatoire fut très long.

Maria Simma parle également de la rancune et du refus de pardonner sur terre, ce qui entraîne un très long et très dur Purgatoire. A ce sujet, elle confie cette histoire au sujet d'une femme morte qu'elle connaissait très bien. Et celle-ci était dans le Purgatoire le plus terrible, avec des souffrances terribles, et elle est venue dire à Maria que la raison était qu'elle avait une amie avec laquelle, il y avait une inimitié très grande, et cette inimitié était due à elle-même. Elle avait maintenu cette inimitié alors que son amie, à plusieurs reprises, était venue demander la paix avec elle, la réconciliation, et à chaque fois, elle avait refusé. Et lorsqu'elle tomba gravement malade, elle continua de fermer son cœur et de refuser la paix que son amie continuait de lui proposer. Jusque sur son lit de mort, elle a refusé de faire la paix et de se réconcilier avec son amie. Et c'est la raison pour laquelle elle s'est retrouvée dans un Purgatoire extrêmement douloureux.

Témoignage de Maria Simma à propos d'un homme qui est réveillé en sursaut, une nuit, par une avalanche, ainsi que par des cris qui appellent au secours... Ni une ni deux, il se lève est court secourir ces gens. Sa mère l'empêche de sortir de la maison, elle ne veut pas qu'il meurt également. Il la bouscule pour sortir malgré ses protestations. Puis il meurt dans l'avalanche. Deux jours plus tard, il vient visiter Maria la nuit et lui dit : « *Faites dire 3 messes pour moi. Ainsi, je serai délivré du Purgatoire.* » Lorsque Maria le dit à sa famille, ils sont très étonnés de savoir qu'il n'a besoin que de 3 messes pour être sauvé, à cause de toutes les bêtises qu'il a faites pendant sa vie. Et face à cela, l'âme lui dit « *J'ai donné ma vie par un acte de pur amour pour ces personnes. Et c'est grâce à cela que le Seigneur m'a accueilli si vite dans son Ciel. Oui, la charité couvre une multitude de péchés.* »

Maria Simma témoigne également d'une série d'avalanches très meurtrières qui avaient déferlées sur un village voisin du sien, en 1954. Plus tard, d'autres avalanches ont déferlé et ont été arrêtées miraculeusement avant le village, de sorte qu'il n'y eut aucune victime ni aucun dégât. Et les âmes ont dit à Maria qu'il y eut, dans ce village, une femme morte, qui, pendant 30 ans, avait beaucoup souffert car elle était malade, et elle avait été très mal soignée, et qui avait offert sans cesse toutes ses souffrances pour la protection de son village, et que c'était grâce à l'offrande de ses souffrances que le village fut épargné par les avalanches. **Par la souffrance supportée avec patience et offerte à Dieu, on sauve plus d'âmes que par la prière** !

Maria Simma partage également de nombreux témoignages où les âmes qui viennent la visiter lui demandent d'aller voir leurs proches encore vivants, afin qu'ils rendent tels biens mal acquis, telle somme d'argent mal acquise, telle propriété mal acquise, etc. et que cela libèrera ainsi leur âme du Purgatoire dès lors que ce bien mal acquis sera rendu.

Témoignage d'Herman Cohen, convertit du judaïsme au catholicisme, **sur la valeur de la prière pour libérer les âmes du Purgatoire** : nous sommes en 1884. Il entre dans un monastère très austère. Il avait une grande vénération pour le Saint-Sacrement. Et pendant ses adorations, il suppliait le Seigneur de convertir sa mère juive. Mais sa mère meurt non convertie. Alors Herman, fou de douleur, se prosterne devant le Saint-Sacrement en le priant ainsi : *« Seigneur, je Vous dois tout, il est vrai. Mais que Vous ai-je refusé ? Ma jeunesse, mon espérance dans le monde, ma famille... j'ai tout sacrifié dès que Vous m'avez appelé. Et Vous Seigneur ! Vous ! L'éternelle bonté qui a promis de rendre au centuple, vous M'avez refusé l'âme de ma mère. Mon Dieu, je succombe à ce martyre... »* Tout d'un coup une voie mystérieuse lui dit : *« Homme de peu de foi. Ta mère est sauvée. **Sache que la prière a tout pouvoir auprès de Moi**. J'ai recueilli toutes celles que tu M'as adressé pour ta mère, et Ma providence lui en a tenu compte à son heure dernière. Au moment où elle expirait, Je Me suis présenté à elle et dès qu'elle M'a vu, elle s'est écrié Mon Seigneur et Mon Dieu. Ta mère a évité la damnation, et tes supplications ferventes délivreront bientôt son âme de la prison du Purgatoire. »* Quelque temps après, Herman apprit lors d'une seconde apparition que sa mère montait au Ciel.

Notre-Dame du Bon Conseil

Miracle de l'icône latine.

Pologne.

24/12/1953

Préambule historique : **le 25 avril 1467**, des chrétiens étaient en train de restaurer une église en Italie.

Ils nettoyaient les murs très encrassés et ils découvrirent, peinte sur un mur, une splendide image de la Vierge Marie, qui était indiquée du notable « Notre-Dame du Bon Conseil. »

En 1953, la persécution communiste athée s'étendait sur la Pologne.

Les monastères et les congrégations religieuses se trouvaient souvent dans une situation inextricable, car les sbires du parti communiste persécutaient mortellement l'Eglise.

Les enfants, dans les écoles, étaient endoctrinés dans la doctrine anticlérical du parti communiste, et l'Eglise avait l'interdiction d'enseigner le catéchisme aux enfants, espérant ainsi anéantir définitivement cette « superstition » catholique.

Dans un couvent de Pologne, la mère supérieure Brigitte priait à la chapelle.

Elle suppliait Dieu de lui venir en aide, car une heure plus tard, elle allait devoir présider un chapitre général avec les 27 supérieures locales de diverses communautés de Pologne.

Elles étaient totalement démunies sur le plan financier, et cela était la raison de ce chapitre général.

Puis soudain, il lui vint une idée.

Il y avait sur l'un des murs de l'église, une très vieille icône quasiment invisible, dont toutes les couleurs avaient disparu, sous l'action des siècles de suie et de crasse qui se sont déposées inexorablement dessus.

Et elle décida alors de mettre Notre-Dame du Bon Conseil comme présidente de ce chapitre général.

Alors aussitôt, elle alla décrocher l'icône de son mur et lui fit un baiser.

Elle convoqua une novice et lui demanda de la nettoyer un minimum, puis de l'installer dans la salle du chapitre, à la place centrale.

Mère Brigitte commença à recevoir ses consœurs pour le chapitre, et elle mit un crucifix ainsi qu'un bouquet de fleurs devant l'icône.

Puis elles se dirigèrent toutes vers la salle du chapitre pour se mettre sous la protection de l'Esprit-Saint.

Mère Brigitte ouvrit la séance du chapitre : « *Mes chères filles, vous devinez certainement ce que je vais vous dire maintenant en préambule. La situation, est, vous le savez, très grave. Votre pauvre mère d'ici-bas, c'est-à-dire moi, se sent bien incapable d'y apporter remède. J'ai prié tout à l'heure pour que le Seigneur m'éclaire, et, en quittant la chapelle, j'ai pensé que nous ne pouvions pas mieux faire que de confier la présidence de ce chapitre à notre mère du Ciel comme supérieure générale, Notre-Dame du Bon Conseil. Elle connait tous nos tracas, nos angoisses, et donc, vous la connaissez cette icône vénérable. Vous l'avez vu lors de votre noviciat et vous savez que lorsqu'il y eut la défense de Vienne, il paraît que notre roi Jean pria devant elle, et on sait qu'il fut beaucoup aidé par la mère de*

Dieu. Et donc, grâce à cette icône vénérable, nous serons assistées par sa présence, par ses conseils. C'est certain ! Et puis l'Esprit-Saint, elle lui demandera de venir, nous nous mettrons sous sa protection. Avant de commencer, je vous demande de garder face à elle un petit moment de silence, et de demander chacune pour sa part, ce qu'il nous faut de force et de lumière. »

Toutes les religieuses se tournèrent alors vers l'icône et se mirent à prier en silence.

Quand tout d'un coup, l'une des mères se mit à crier : *« Regardez ! Regardez en haut de l'icône ! Regardez ça a bougé ! »*, Et les autres religieuses regardèrent, et elles virent une bande dorée de 5 cm qui était apparue tout en haut de l'icône, cela ressemblait à une illusion d'optique.

L'image de l'icône, en dessous, à peine visible par la suie, restait immobile.

Mère Brigitte s'approcha en pensant qu'il s'agissait peut-être d'un reflet de lumière, et tout d'un coup cette bande de lumière s'étendit légèrement vers le haut et le bas.

Puis une bosse d'une couleur bleu foncé surgit de la bande, et juste après une étoile d'or, qui appartenait au cadre, se mit à briller de mille feux.

Mère Brigitte proposa alors aux autres religieuses : *« Prenez toutes un papier et un crayon. Et on va observer ce qu'il se passe. Et chacune d'entre nous allons noter ce que nous voyons, minute par minute. »* Ce qu'elles firent.

Très lentement, un voile semblait s'écarter en partant du centre de l'icône, et au fur et à mesure que le voile s'écartait, les couleurs incroyablement vives de l'icône apparaissaient.

Le phénomène durera exactement 52 minutes.

Progressivement, le regard infiniment triste et tendre de l'icône apparut, et ce regard semblait traverser chacune d'entre elles personnellement.

Ce qui frappa les religieuses, c'est que chacune d'elle avait l'impression d'être observée pour elle-même, comme si le regard était pour elle toute seule, et c'était idem pour celui de l'Enfant-Jésus.

Au bout d'un certain temps, presque la totalité de l'icône fut restaurée, sauf le bas, à droite, où un petit carré était resté comme avant.

Elles attendirent mais plus rien ne se passa.

Alors mère Brigitte prit la parole avec l'intuition qu'il n'y avait plus rien d'autre à attendre.

Le chapitre se déroula alors dans une ambiance inattendue.

Au début celui-ci était centré autour d'un manque d'argent qui les inquiétait terriblement, et ce miracle de l'icône leur fit comprendre que l'argent, en fait, était bien relatif par rapport à ce miracle qui venait de se produire devant elles !

Alors elles reprirent confiance en elles, refirent le plein d'énergie et d'espérance pour l'avenir.

Miracle de Noël

Pologne.

24/12/1953

Cette même année de la mort de Staline, derrière le rideau de fer, le père Paul rentrait chez lui dans le froid glacial, afin de préparer la messe de Noël qui aurait lieu à minuit.

Ni le nazisme, ni le communisme, n'a réussi à détruire la foi catholique de nombreux polonais.

Les paroissiens étaient habitués à entendre le père Paul bougonner dans sa barbe, et parler tout seul, et il répondait, en riant, qu'il s'adressait à son ange gardien. En riant... car il n'y croyait pas vraiment lui-même... cependant, les paroissiens, eux, y croyaient...

Ce soir du **24 décembre 1953**, on frappa à sa porte violemment.

« *Entrez donc !* » dit-il.

Personne.

Et les coups redoublèrent.

Le père dit alors à voix haute : « *Tiens, on dirait bien une âme en peine ! Que voulez-vous ? Que voulez-vous ?* »

Et derrière la porte : « *A qui parles-tu vieillard ?* »

Le père Paul : « *C'est à mon ange gardien que je parle !* » ce qui amusa beaucoup les individus de l'autre côté de la porte qui se moquaient.

Puis le père continua tout haut : « *Allons vieille carcasse, bouge-toi donc, dépêche-toi, car il va y avoir du monde à la confession de ce soir, et même certainement de gros poissons, car c'est la veillée de Noël !* » quand quelqu'un dit derrière son dos : « *Mais à qui parlez-vous ?* »

Le prêtre n'avait pas vu qu'un homme était entré dans sa maison derrière son dos.

En effet, jamais il ne fermait sa porte à clé, car nuit et jour, toute personne devait pouvoir venir le réveiller en cas de besoin...

Il se retourna et reconnut l'un des sbires de la police secrète de Pologne, Antoine Trique, particulièrement violent et sadique, connu de réputation pour son zèle communiste et anticlérical, et à qui les missions les plus scabreuses étaient confiées.

Celui-ci était réputé également pour avoir mis en prison pas mal de réactionnaires (anticommunistes) et il s'agissait très souvent de prêtres, et en particulier ceux qui continuaient à prêcher aux enfants l'Evangile, il ne les supportait pas...

Celui-ci dit : « *Avec qui êtes-vous ?* »

A quoi le prêtre répondit : « *Avec mon ange bien sûr, et vous ? Que me voulez-vous ?* »

L'autre : « *Je veux quelques petites explications, curé, qui vous désapprendront de vous moquer de moi. Je vous laisse le temps de faire votre valise. Ce qui me permettra de faire un tour d'inspection dans votre maison.* »

Pour le prêtre, se faire arrêter la veille de Noël était catastrophique, car il n'y aurait pas de messe de Noël pour ses paroissiens !

C'est alors que dans son cœur, il poussa ce cri : « *Notre mère. Notre-Dame. Viens à mon secours !* »

Le milicien communiste fouillait partout dans le presbytère, mettant tout sens dessus dessous, mettant les courriers personnels du prêtre dans sa mallette, et il lui demanda : « *Mais où dormez-vous ?* » tout en cherchant un lit quelque part dans le presbytère.

« *Où dormez-vous ?* » répéta-t-il.

Le prêtre, haussant les épaules, lui répondit : « *Cela dépend. Dans le fauteuil, ou bien par terre, je n'ai pas encore eu le temps de penser au lit...* » Et en même temps, le prêtre continuait de supplier le Ciel de venir à son secours dans ses pensées : « *S'il vous plait, Notre-Dame, cette messe encore, la dernière peut-être. Accordez-moi cette messe pour mes paroissiens.* »

Antoine Trique s'assoit alors dans le fauteuil très inconfortable du prêtre et, par réaction à son inconfort, il lui dit : « *Diantre ! Vous n'êtes pas bien douillet, je dois le reconnaître !* »

« *Désirez-vous une tasse de thé ?* » lui proposa le prêtre (afin de le retenir, et fasse qu'il accepte de l'arrêter un peu plus tard.)

Trique hésita un moment, car cela était interdit pendant le service de cette milice communiste, surtout avec les prêtres, en effet, il devait maintenir sa domination psychologique envers ses victimes, mais il faisait tellement froid... et puis c'était la nuit de Noël... alors il accepta.

« *Vous l'aimez fort ?* » lui demanda le prêtre.

« *Oui, plutôt fort.* » répondit l'autre.

Puis soudain, Trique vit par terre un paquet de pains qui devait servir à la messe pour la consécration, le pain des hosties.

Il le prit machinalement, le regarda, et sans prévenir, soudainement, une sorte de déclic se passa dans son cœur, une espèce de souvenir qui lui revenait, le souvenir de sa mère qui fut la seule personne qui l'ait aimé pendant son enfance, elle l'amenait aux messes de Noël et il se souvint alors de la consécration de ces hosties qu'il y avait à minuit.

Cela se passait avant la guerre, et ces vieux souvenirs l'envahissaient, sa mère qui le couvrait bien pour qu'il n'ait pas froid avant de partir à la messe...

Le prêtre l'observait du coin de l'œil.

Trique s'en aperçu et sursauta : « *Au diable vos superstitions !* » siffla-t-il entre ses dents.

Puis prenant la tasse que le prêtre lui tendait, il dit : « *Vous me prenez pour un monstre ! Hein ! Comme tout le monde !* »

Et le prêtre après un instant de réflexion lui répondit : « *Un monstre ? Non. Mais un malheureux qui croit que personne ne l'aime.* »

A quoi l'autre s'esclaffa : « *Allons, vieux corbeau ! Tu ne me feras pas croire que je sois tellement aimable !* »

Le curé, assit sur un tabouret en face de lui, regardant et remuant sa tasse de thé avec sa cuillère, lui dit : « *Oui, c'est certain. Mais c'est précisément où Dieu nous étonne et nous choque. Il aime un sacripant comme vous ! Oui, il n'y a pas à dire, et pourtant Il vous aime. J'ose même dire qu'Il vous aime tout particulièrement.* »

Et l'autre, en colère : « *Vous vous moquez de moi !* »

« *Attention à votre tasse.* » lui dit le prêtre, puis il poursuit : « *Non, je vous parle sérieusement. Personne ne vous oblige à y croire, mais moi, vous savez, voilà en quoi je crois. Je crois que c'est à cause de vilains types comme vous et moi qu'il y a une nuit de Noël. Que Dieu est descendu parmi nous. Vous savez, si nous avions été propres comme des enfants de cœur, Il ne serait pas venu. Il n'en aurait pas eu besoin. Mais c'est parce qu'on avait besoin d'un grand nettoyage qu'Il s'est fait homme, et qu'Il est venu sur terre pour prendre exactement notre condition. »*

Trique lui répondit : « *En somme, vous me prenez pour un criminel. Mais je ne fais que mon devoir, et j'y crois. Tant que nous n'aurons pas extirpé tous les réactionnaires et les fétichistes dont vous êtes, la Pologne populaire ne pourra pas prendre son essor. Je ne suis pas un voleur, moi !* »

Et puis il allait ressortir son discours tout fait, tout préparé, que l'idéologie communiste lui a enseigné : « *Oui, les curés qui profitent de la naïveté du peuple et qui leur volent leurs biens, qui vivent de leurs rentes, comme cela.* », mais le prêtre ne le laissa pas le dire, et lui dit : « *Si ! Vous êtes un voleur ! Vous êtes un voleur ! Et c'est même cela votre plus grand crime !* »

Et alors, tout d'un coup, d'un bond, le milicien fut debout, blême de colère, la main sur son révolver : « *Vous osez ! Vous osez ! Qui ai-je volé ?* »

A quoi le prêtre répondit : « *Vous avez volé Dieu à la Pologne.* »

Et cette parole fit jaillir des larmes chez Trique.

Des larmes incontrôlables, qui coulaient par flots, et il disait : « *Dieu ? Dieu ? J'ai volé Dieu ? De quoi ? De quoi parlez-vous s'il vous plaît ?* »

Le prêtre : « *De vos péchés ! Sapristi. Ce n'est pas pour des prunes qu'Il est descendu sur cette sale terre ! Mais pour ramasser à la pelle nos pauvres péchés. Les miens, les vôtres, ceux du monde entier. Et si on les Lui refusent, on Le vol ! Et on enlève tout son sens à Noël. Vous ne vous sentez jamais crasseux, à vous donner des hoquets de dégoût ? Il ne vous arrive jamais de vous mépriser comme la crapule que vous êtes ? Eh bien, Dieu a voulu endosser cette crasse. Il a pris sur Lui vos péchés. Encore faut-il y consentir. Vous êtes libre de dire oui ou non. Et savez-vous ce que c'est que de dire oui ? C'est Noël dans le cœur et sur terre, mon fils. C'est l'innocence reconquise. C'est la paix des Hommes de bonne volonté. C'est le mystère de l'enfance divine... Vous avez eu une maman ? N'étiez-vous pas, vous aussi, parfois, un petit garçon haineux ? Et est-ce que votre maman ne vous pardonnez pas ? Eh bien, c'est ça Noël, voilà ce qu'Il vous apporte. Il vous suffit de dire oui. »*

Le milicien était effondré, le regard hagard, le visage inondé de larmes.

Et il demanda : « *Et si je dis oui, qu'est-ce qu'il arrivera ? »*

A quoi le prêtre répondit : « *Vous vous confesserez, tout simplement. »*

Pendant ce temps, à l'église, beaucoup de femmes attendaient le prêtre qui avait du retard, et certaines d'entre elles commençaient à s'inquiéter.

Quand soudain, le père Paul ouvrit avec fracas la porte de la sacristie et courut à grandes enjambées à son confessionnal.

Puis d'une voix tonitruante, il se mit à crier : « *Place au publicain ! Place au publicain !* » Avec une joie extraordinairement communicative à toute l'assemblée de femmes présentes dans l'église.

En effet, le père Paul était fou de joie, ses prières furent exaucées : Antoine Trique, un gros poisson, venait de se faire confesser !

Le père Paul dit alors, à propos d'Antoine Trique, en larmes au sein de l'église : « *Seigneur Jésus. Tu as bougrement bien fait de descendre parmi nous. Sans Toi, nous étions foutus ! »*

Miracle derrière le rideau de fer

Apparition en Hongrie.

17/12/1956

Le père Norbert, qui fut témoin de l'insurrection en Hongrie en 1956, a raconté à Maria Winowska (femme de lettres et journaliste catholique polonaise) un événement extraordinaire dont il a été le témoin, alors que les attaques antireligieuses se multipliaient dans ce pays.

Voici son histoire.

Dans un village hongrois, sous le régime communiste de l'U.R.S.S, une institutrice était particulièrement bien vu des autorités politiques, parce qu'elle était une athée militante, et qu'elle se faisait un devoir d'arracher la foi dans le cœur des enfants qui étaient, pour la plupart, des enfants catholiques, que les parents s'obstinaient à mettre au catéchisme.

Dans sa classe, il y avait une élève, qui s'appelait Angèle.

Elle était âgée de 10 ans.

Particulièrement intelligente, meilleure élève de sa classe, elle était toujours prête à aider ses camarades pour les devoirs, et elle était, en plus, très humble : elle n'avait pas la grosse tête !

Un jour, Adèle vint trouver le père Norbert pour lui demander la communion quotidienne.

Cela inquiéta le père Norbert qui savait que l'institutrice n'allait pas la lâcher avec cela, s'il acceptait sa requête.

Et celle-ci de lui répondre : « *Oh ! Ce n'est pas grave. Je travaillerai encore plus, et mes notes seront encore meilleures. Ainsi, elle ne pourra rien me reprocher ! Vous savez, mon père, lorsque je communie je me sens plus forte. S'il-vous-plaît mon père, ne me refusez pas cela.* »

Il accepta mais avec une crainte des conséquences qui pèseront alors sur elle, car elle sera évidemment repérée par le régime communiste, ainsi que par son institutrice.

Et les craintes du prêtre se confirmèrent.

Elle subissait les brimades de l'institutrice, devenant sa tête de Turc.

Cela prit une telle ampleur, que la santé de la fillette de jour en jour semblait s'affaiblir.

Le prêtre, inquiet, lui demandait comment elle allait, et elle lui répondait que ce n'était rien, comparé à ce que Jésus avait vécu, qu'il ne s'agissait que de quelques brimades, et que cela n'allait pas beaucoup plus loin...

A partir de novembre 1956, la classe se transforma en de vrais duels intellectuels entre Angèle et l'institutrice.

Evidemment l'institutrice, face à une enfant de 10 ans, avait apparemment la victoire.

Si bien qu'au sein de la classe, on voyait les arguments des athées qui progressaient, avec les enfants catholiques qui, eux-mêmes, commençaient à douter de leur foi.

Le 17 décembre 1956, les décorations de Noël ont été posées. On commence à fêter la Nativité de Jésus Christ qui approche.

L'institutrice arriva en classe, et, avec un air triomphant, posa la question suivante à Angèle devant toute la classe : « *Angèle ! Quand tes parents t'appellent et que tu es dans la maison, tu fais quoi ?* »

Angèle : « *Je descends parce qu'ils m'appellent.* »

L'institutrice : « *Et quand tes parents appellent le ramoneur pour s'occuper de la cheminée, qu'est-ce qu'il fait le ramoneur ?* »

Angèle : « *Il vient ramoner la cheminée.* »

L'institutrice : « *Pourquoi il vient le ramoneur ?* »

Angèle : « *Parce qu'il existe, et qu'il peut se déplacer.* »

L'institutrice : « *Quand tu appelles ta grand-mère, qui est morte l'année dernière, est-ce qu'elle vient ?* »

Angèle : « *Ça m'étonnerait... Elle ne va pas venir comme ça.* »

L'institutrice, le visage tout sourire et les yeux pétillants, lui répondit alors : « *Bravo ! Tu as raison. Et quand tu appelles Barbe bleue, ou le Petit Chaperon rouge, est-ce qu'ils viennent quand tu leur téléphone ? Est-ce qu'ils viennent ?* »

Angèle : « *Non. Ce sont des contes. Tout le monde le sait, ils n'existent pas.* »

L'institutrice : « *Parfait ! Vous voyez donc les enfants, que les vivants, ceux qui existent répondent à l'appel. Par contre, ceux qui ne répondent pas, ils ne vivent pas, ou ont cessé d'exister. C'est clair, n'est-ce pas ?* »

A quoi les enfants répondirent en chœur : « *Oui madame, c'est très clair.* »

Puis l'institutrice dit : « *Maintenant faisons une petite expérience. Angèle, tu veux bien aller dans le couloir une minute ?* » Ce qu'Angèle fit.

Après avoir fermé la porte, l'institutrice dit aux enfants : « *Appelez Angèle, et on va voir si elle va venir.* »

Et les enfants qui se prennent au jeu l'appellent en chœur : « *Angèle, Angèle, Angèle !* »

Angèle ouvrit la porte et se remit à sa place.

Et l'institutrice de reprendre sa leçon : « *Nous sommes bien d'accord. Vous voyez, lorsque vous appelez quelqu'un qui existe, il vient. Et lorsque vous appelez quelqu'un qui n'existe pas, il ne peut pas venir. Vous voyez : Angèle est bien là, en chair et en os, et elle est venue. Eh bien, maintenant je vous propose une petite expérience. Je vous propose de faire exactement comme nous venons de le faire. Nous allons appeler l'Enfant Jésus, et puis on va voir s'Il va venir. Est-ce qu'il y en a encore quelqu'un qui, parmi vous, croit à l'Enfant Jésus ?* »

Et il resta encore quelques petites voix très timides qui répondirent : « *Oui, moi j'y crois.* »

Mais beaucoup se taisent, car maintenant on a compris...

Puis l'institutrice se tourna vers Angèle et lui demanda : « *Et toi Angèle ? Tu y crois encore à l'Enfant Jésus ?* »

A quoi Angèle répondit avec une très grande fermeté et une très grande ferveur : « *Oui, je crois absolument en l'Enfant Jésus !* »

A quoi l'institutrice rétorqua : « *Alors, je propose que nous fassions maintenant le test. Nous allons tous crier, avec Angèle : viens Enfant Jésus, et nous allons voir s'Il va venir ! Vous êtes prêts ? Alors allons-y, vous n'avez plus qu'à L'appeler.* »

Toute la classe est gênée, et le silence s'imposa.

Et l'institutrice insista : « *Allez-y, appelez-Le ! Un, deux, trois : dites-le !* »

Et personne ne réponds...

L'institutrice : « *Alors, vous voyez ! Ce n'est pas plus compliqué que cela. Pourquoi vous ne L'appelez pas ? Eh bien, tout simplement parce qu'Il n'existe pas ! Vous savez très bien que c'est comme Blanche-Neige ou comme le Petit Chaperon rouge, ce n'est pas la peine de L'appeler, Il ne viendra pas !* »

L'institutrice triomphait, toute souriante, et alla se rassoir à son bureau pendant qu'Adèle, restée debout devant son pupitre, était devenue toute pâle.

Puis étonnamment, Angèle se plaça dans le milieu de la classe, et se tourna vers ses camarades et elle leur dit : « *Eh bien ! Allons-y ! Nous allons L'appeler maintenant ! Faisons-le tous ensemble !* » Et elle commença à dire : « *Viens Seigneur Jésus !* » Et les élèves se levèrent une par une, concentrées avec les mains jointes en prière, et elles disaient en chœur : « *Viens Seigneur Jésus !* » De façon répétée et de plus en plus fort.

Voici le récit de la bouche d'une des fillettes de présente ce jour-là, dans la classe : « *Nous ne regardions pas la porte. Nous regardions le mur d'en face et sur son fond blanc, nous regardions le visage d'Angèle. Et c'est la porte qui, cependant, s'est ouverte sans bruit. Nous nous en sommes aperçues car toute la lumière du jour s'enfuyait vers la porte, et cette lumière grandissait et devint un globe de feu. Alors nous avons eu peur, mais cela a duré très peu de temps. Nous n'avons pas eu le temps de crier. Le globe s'est entrouvert, et dans ce globe, est apparu un Enfant qui était ravissant comme jamais encore nous n'en avions jamais vu, et cet Enfant nous souriait sans proférer une parole, et Sa présence était d'une immense douceur, et nous n'avions plus du tout peur, et ça a duré, je ne sais pas... Un quart d'heure ? Une heure ? Je ne sais pas, ça a duré peut-être quelques instants... Personne n'a pu vérifier. Le fait est que l'évènement n'a pas débordé la durée de la leçon. L'Enfant était vêtu de blanc, et Il ressemblait à un petit soleil, et c'est Lui qui produisait de la lumière. L'éclat du jour semblait noir à côté de Lui. Et certaines d'entre nous en étaient éblouies et en avaient mal aux yeux, alors que d'autres contemplaient le Petit Enfant sans peine. Il n'a rien dit. Il ne faisait que sourire, puis Il a disparu dans le globe, et la lumière s'est fondue peu à peu, puis la porte s'est doucement refermée. Et nous étions stupéfaites, ravies et inondées de joie. Et puis n'y pouvant plus, nous nous sommes toutes mises à crier en explosant de joie : Il est venu ! Il est venu ! Et l'institutrice qui criait aussi en même temps que nous : Il est venu ! Il est venu ! Et puis elle s'est enfuie en claquant la porte... Et Angèle a tout simplement dit : maintenant nous pouvons Le remercier car Il est venu. Et toutes, nous nous sommes misent à genoux et avons récité Un notre Père, un Ave Maria et un Gloria. Ensuite, nous avons quitté la classe et sommes allées en récréation. »*

Cette histoire s'ébruita rapidement dans toute la région.

Si bien que le prêtre interrogea chaque fillette pour voir si leur récit concordait, s'il pouvait y avoir tricherie ou supercherie de leur part...

Mais pas du tout, et il constata que sur quelques points seulement leur récit différait : les unes disaient qu'Il était resté longtemps, d'autres disaient que cela ne dura que quelques secondes, certaines disaient qu'Il était lumineux et qu'on ne pouvait pas supporter Sa lumière et d'autres qu'on pouvait Le regarder sans problème.

L'institutrice, elle, ne revint jamais donner cours à l'école. Elle aurait été internée en hôpital psychiatrique. Elle n'est pas devenue folle, elle disait simplement : « *Il est venu ! Il est venu !* »

Miracle de saint Joseph

L'escalier de la Chapelle Loretto.

Santa Fe. Nouveau Mexique. U.S.A

1852.

En 1852, à la demande de l'évêque de Santa Fe, des sœurs vinrent s'installer dans l'Etat du Nouveau Mexique aux U.S.A.

Leur mission était d'instruire les enfants.

Lorsqu'elles arrivèrent sur les lieux, il n'y avait qu'une seule maison en briques qui les attendait.

Il fallait donc y construire un petit couvent avec sa chapelle ainsi qu'une école.

Les charpentiers mexicains commencèrent à travailler pour les sœurs, et bientôt l'école fut inaugurée.

Puis ce fut au tour de la construction d'une belle église et de sa chapelle.

Les sœurs qui vénéraient beaucoup saint Joseph, voulaient absolument que leur construction se fasse sous sa protection, et elles le priaient de tout leur cœur, elles avaient toutes confiance en lui, car celui-ci leur avait déjà, à maintes reprises, apporté son aide.

Quand la chapelle fut terminée, elle était splendide.

Mais c'est alors qu'elles se rendirent compte d'une erreur monumentale : on avait oublié l'escalier pour monter à la magnifique tribune !!!

Rien, absolument rien n'avait été prévu pour accéder à cette tribune !

La mère supérieure fit alors appel à de nombreux architectes qui se mirent tous à réfléchir, prirent des mesures, retournèrent le problème dans tous les sens... et ils arrivèrent tous à la même conclusion : **il était impossible d'ajouter un escalier** !

Il n'y avait, d'après eux, que deux solutions : soit fixer une très haute échelle, soit démolir la moitié de la chapelle et refaire les travaux en intégrant, cette fois-ci, l'escalier pour la tribune.

Les sœurs décidèrent alors de commencer une neuvaine à saint Joseph, leur si puissant protecteur.

Le dernier jour de la neuvaine, un homme aux cheveux gris se présenta au couvent avec son âne et quelques outils de menuisier.

Il demanda s'il pouvait aider les sœurs à construire un escalier.

La mère supérieure donna volontiers son accord, et l'homme se mit à l'ouvrage.

Chaque jour les sœurs le voyaient travailler paisiblement, tout seul, avec un marteau, une scie et une équerre.

Au bout de 7 mois, un magnifique escalier en colimaçon était en place.

L'homme avait terminé son travail.

Lorsque la mère supérieure le chercha pour le payer, il avait disparu.

Elle se rendit alors à la scierie voisine pour payer le bois utilisé, mais là, personne n'était au courant de quoi que ce soit.

Et le mystère demeura entier...

L'escalier commença à faire l'admiration de tous, car il s'agit d'un escalier absolument extraordinaire.

Il fut construit sans aucun clou, mais uniquement avec des chevilles en bois !

Pas d'axe central pour le soutenir, tout repose sur la première marche, et encore aujourd'hui, il est parfaitement stable !

Il fait 2 tours complets sur lui-même et ses courbes sont parfaites.

Il est d'une beauté, d'une perfection, d'une légèreté et d'une grâce pour toutes celles et ceux qui ont eu la chance de le contempler, extraordinaire !

Depuis plus de 150 ans, les gens viennent du monde entier pour voir cet escalier merveilleux.

Les architectes actuels ne comprennent toujours pas comment il peut s'équilibrer et tenir sans pilier central, ni comment il a pu rester dans un si bon état malgré le temps et les innombrables visiteurs.

Comment ce travail a-t-il pu être réalisé par un seul homme, dans un endroit retiré, avec des outils aussi rudimentaires ? Cela n'a jamais pu être expliqué !

L'origine du bois utilisé demeure également un mystère, parce qu'il ne correspond à aucune espèce de bois de présent dans la région !

De plus, l'escalier possède 33 marches, comme les 33 années que Jésus a passé sur la terre...

L'homme mystérieux a mis 7 mois pour le construire, et le chiffre 7 symbolise l'Homme avec Dieu.

Beaucoup sont à l'heure actuelle, persuadés que cet homme solitaire, ce travailleur aux cheveux gris, n'était autre que saint Joseph lui-même !

Miracle eucharistique à Buenos-Aires.

Miracle officiellement reconnu par l'Église en 1996.

Argentine.

Le 18 août 1996, le père alejandro célèbre la messe dans le centre commercial de la ville de Buenos-Aires, en Argentine.

A l'époque, l'évêque auxiliaire des lieux est Monseigneur Bergoglio, qui deviendra le futur pape François.

La messe se termine et une femme signale au prêtre qu'elle a vu une hostie par terre, dans un coin de l'église. Sans doute une personne qui l'a jetée...

Le prêtre, avec tout le respect qui est dû à la Sainte Hostie, la récupère et La dépose dans un récipient rempli d'eau, puis dans le tabernacle (en effet une Hostie Consacrée se met dans l'eau afin qu'Elle s'y dissolve, et qu'ainsi la présence réelle du Christ n'y soit plus présente à terme).

Le 26 août 1996, le prêtre ouvre le tabernacle, et il voit que l'Hostie Consacrée est devenue une substance sanglante qui baigne dans l'eau.

Il en informe alors immédiatement son évêque, Monseigneur Bergoglio, qui demande à ce que des photos soient immédiatement prisent de ce miracle.

Il est également étonnant de constater que l'Hostie Consacrée a grossi d'au moins cinq fois sa taille initiale.

Les choses restèrent ainsi, intactes, dans le tabernacle.

Trois années passèrent, et Monseigneur Bergoglio décide que des analyses scientifiques doivent être faites sur l'Hostie Consacrée, qui n'a pas changé d'aspect depuis ce fameux 26 août 1996.

Les tests débutèrent à partir **d'octobre 1999**.

Les conclusions des analyses arrivèrent **en 2005**.

Les analyses furent faites par un médecin expert en cardiologie et en pathologies médico-légales **qui ne connaissait pas la nature de l'échantillon, de façon à ne pas compromettre l'expérience**.

Voici les conclusions du médecin en question : « *La matière analysée est un fragment du muscle du cœur qui se trouve dans la paroi du ventricule gauche. Ce muscle cardiaque est dans un état d'inflammation et il contient un nombre important de globules blancs. Cela indique que le cœur était vivant au moment du prélèvement de l'échantillon. J'affirme aussi que le cœur était vivant, étant donné que les globules blancs meurent en dehors d'un organisme vivant ; ils ont donc besoin d'un organisme vivant pour se maintenir actifs, et donc que leur présence indique que ce cœur était vivant quand l'échantillon a été prélevé. De plus, les globules blancs avaient pénétré les tissus, ce qui indique que le cœur avait été soumis à un stress intense, comme si son propriétaire avait été battu sévèrement au niveau de la poitrine.* »

Cette conclusion stupéfia certains protagonistes qui ne comprenaient pas comment le médecin pouvait affirmer que les globules blancs de l'échantillon soient vivants, et qu'ils doivent impérativement rester dans un tissu vivant pour rester eux-mêmes vivants, alors que l'Hostie Consacrée est restée trois ans dans le tabernacle !

Alors le médecin précisa les choses : « *Les cellules de l'échantillon avaient un mouvement qui était animé de pulsations. Si ce cœur provient de quelqu'un qui est mort en 1996, je ne peux pas expliquer comment ce cœur peut être encore en vie.* »

C'est alors que le médecin fut informé de la nature de l'échantillon : qu'il provenait de l'Hostie Consacrée.

Le médecin stupéfait dit alors : « *Je ne comprends pas. Comment une hostie peut-elle se changer en véritable chair et sang d'un humain vivant ? Cela reste inexplicable pour moi. C'est un mystère qui va tout à fait au-delà de mes compétences.* »

A noter que les analyses sanguines de l'échantillon conclurent également que le groupe sanguin est AB.

Le 12 octobre 2008, dans une église de saint Antoine de Padoue, en Pologne, le miracle va se reproduire et les analyses vont donner exactement le même résultat, avec le même groupe sanguin (groupe AB), etc.

Miracle Eucharistique d'Amsterdam.

Miracle officiellement reconnu par l'Eglise en 1346.

Pays-Bas.

Dans la ville d'Amsterdam, une dame s'occupe d'un mourant.

Ce **15 mars 1345**, le malade reçoit les derniers sacrements de la part du prêtre, qui lui donne donc le viatique (la dernière communion eucharistique).

Après le départ du prêtre, le malade vomit, et parmi les vomissures, il y avait l'eucharistie.

Si bien que la dame qui s'occupe du mourant, ramasse les vomissures et jette tout dans le feu, dont l'Hostie Consacrée.

Alors qu'elle vient pour vider la cheminée de ses cendres le lendemain, et qu'elle rallume la cheminée, voici qu'elle voit l'Hostie Consacrée qui est présente, intacte, flottant au-dessus du feu.

Avec beaucoup de respect, elle La récupère, La met dans un coffret, et elle va chercher le prêtre.

Le prêtre ramène alors l'Hostie Consacrée à l'église saint Nicolas.

Et le lendemain, l'Hostie Consacrée n'est plus dans l'église mais Elle est retournée dans le coffret. Et cela par trois fois de suite.

Si bien que le prêtre comprend que le Ciel veut que ce miracle soit connu.

C'est alors que l'on organise, en grande pompe, une procession dans la ville d'Amsterdam, qui part de la maison du mourant et va à l'église saint Nicolas avec l'Hostie Consacrée.

Et dès l'année suivante, tous les ans, cette procession s'effectuait en souvenir de ce miracle.

Mais arrivera la réforme protestante dans le pays, et la procession annuelle avec l'Hostie Consacrée s'arrêtera dès 1578, car la municipalité protestante interdira la procession.

Alors une procession silencieuse sans l'Hostie Consacrée aura lieu.

Puis à partir de 1881, elle sera de nouveau autorisée avec l'Hostie Consacrée, et elle se poursuit depuis lors.

Miracle Eucharistique de Lanciano.

Miracle officiellement reconnu par l'Eglise.

Italie.

A noter qu'il existe, à ce jour, une dizaine de miracles eucharistiques reconnus par l'Eglise.

Un moine basilien qui était également prêtre, consacrait chaque jour l'Eucharistie, mais il était dévoré par le doute : le Christ est-Il réellement présent dans l'hostie lors de la consécration ?

Il se disait que cela ne pouvait être possible, car l'hostie restait une hostie, et que rien ne changeait, ni pendant ni après la consécration.

Cela le dévorait au point qu'il en tombait malade et sa vocation de prêtre en était donc très affectée.

Un matin **de l'an 750**, toujours assailli de doutes, il commença la célébration de la Sainte Messe devant les habitants d'un village voisin, quand soudain, après la consécration du pain et du vin, il vit quelque chose sur l'autel.

Prit de tremblement, il resta interdit pendant un long moment, qui sembla être une éternité pour les paroissiens.

Et puis, doucement, il se tourna vers eux (jusqu'au concile de Vatican 2 au début de 1960, les messes étaient célébrées dos au peuple) et il leur dit : « *Ô vraiment ! Vous êtes les témoins heureux de ce que Dieu a béni pour contredire mon incrédulité. Oui, je dois vous l'avouer, je ne croyais plus. Et Dieu a donc voulu révéler Lui-même, dans ce béni sacrement, et Se rendre visible à nos yeux. Venez voir ! Venez voir notre Dieu près de nous ! Regardez ! Regardez la Chair et le Sang de notre Seigneur bien-aimé !* »

Il y avait sur l'autel un vrai morceau de chair sanglante, et dans la coupe il y avait du sang, ce n'était plus du vin.

Alors la nouvelle se répandit partout, dans toute la région.

L'évêque fut prévenu et il exigea que tout soit conservé.

Il fit donc mettre les Espèces du Corps du Christ dans deux flacons en cristal scellés, pour pouvoir les conserver.

Et effectivement, rien ne va pourrir.

Tout va rester parfaitement intact, mais en se durcissant.

Chaque année depuis 750, le prêtre présente ces Espèces à la foule, et le Sang se liquéfie devant la foule.

Bien évidemment, beaucoup de septiques riaient de ce phénomène en disant, évidemment, que le sang, qui était froid, était donc solide, puis qu'entre les mains du prêtre qui étaient à 37°C, que le sang ne pouvait que se liquéfier.

Si bien que **dans les années 1970**, l'archevêque de Lanciano ainsi qu'un ministre italien, avec l'autorisation de Rome, demandèrent au professeur Linoli d'effectuer un vrai examen scientifique approfondi sur les reliques du prodige apparu 12 siècles auparavant.

Voici les conclusions de ce professeur, suite à l'examen des reliques, datant du **04 mars 1971** : *premièrement, la chair miraculeuse est une chair constituée par des tissus musculaires striés du cœur. Deuxièmement, le sang miraculeux est du vrai sang, l'analyse chromatographique le prouve indiscutablement.*

Troisièmement, le sang et la chair sont de nature humaine, et l'épreuve immunologique affirme qu'ils appartiennent au groupe sanguin AB. Quatrièmement, les protéines présentes dans le sang sont réparties en un pourcentage identique à celui du schéma séroprotéique du sang frais normal (le sang est frais, il ne souffre d'aucune corruption). Cinquièmement, aucune coupe des cellules n'a révélé de trace d'infiltration de sel ou de substance utilisée autrefois dans un but de momification.

En 1973, suite aux critiques de certains sceptiques, stipulant que les examens de 1971 furent effectués par un seul professeur, qui plus est, proche de l'Eglise catholique, l'OMS fut saisie pour refaire des analyses par diverses personnes, afin d'obtenir diverses opinions.

Une commission scientifique fut alors nommée.

Les travaux durèrent 15 mois et 500 examens furent effectués.

La commission déclara unanimement qu'il s'agissait d'un tissu vivant, répondant à toutes les réactions cliniques des êtres vivants.

Leurs conclusions étaient en tous points identiques à celles du professeur Linoli.

Miracle Eucharistique de Sienne.

Miracle officiellement reconnu par l'Eglise.

Italie.

En temps normal, les Hosties Consacrées, faites de farine de blé et d'eau, finissent par s'altérer avec le temps, elles moisissent et doivent être diluées dans de l'eau, afin de faire disparaître la présence réelle du Christ à l'intérieur.

Dans l'église saint François, de Sienne, un prêtre célébrait la messe.

Il y avait un sacristain qui comptait chaque jour le nombre d'hosties qu'il mettait dans le ciboire que l'on consacrait, et il regardait pensant la messe combien d'Hosties Consacrées étaient données aux fidèles lors de la communion.

Ainsi, il savait toujours combien il restait d'Hosties Consacrées dans le tabernacle.

Et ainsi il n'y avait jamais ni trop, ni pas assez d'Hosties Consacrées dans le tabernacle.

Le 14 août 1730, veille de l'Assomption de la Vierge Marie, tous les fidèles étaient partis prier dans la cathédrale de la ville, et non pas dans l'église saint François, car ils avaient pour coutume de se préparer à la grande fête de l'Assomption ainsi, qui aura lieu le lendemain.

Pendant ce temps, un vol fut commis dans l'église saint François qui était déserte.

Des bandits sont entrés, ont fracturé le tabernacle et ont emporté le ciboire avec les Hosties Consacrées qu'il contenait.

Le lendemain matin, le prêtre célèbre la messe, puis ouvre le tabernacle pour en sortir les Hosties Consacrées, et voit avec stupeur que celui-ci est vide.

Il avertit alors aussitôt l'évêque, et on retrouva un peu plus tard le ciboire ouvert et vide dans la rue.

Une profanation Eucharistique a eu lieu dans la ville de Sienne et une grande inquiétude s'empara de ses habitants.

On ordonna alors des processions et des prières de réparation car notre Seigneur fut offensé.

Quelques jours après, dans l'Eglise sainte Marie, de Sienne, à lieu la messe.

Et pendant la messe, à côté d'un tronc servant à recevoir des offrandes, se tenait le sacristain pendant la consécration.

Un peu distrait, il regarda dans le tronc par la fente.

Et il vit tout un ensemble de cercles ronds à l'intérieur.

Avec le prêtre, il ouvrit le tronc pour récupérer l'urne, et ils y trouvèrent de nombreuses hosties.

Ils les recueillirent, et ils appelèrent le sacristain de l'église saint François, située à quelques centaines de mètres.

Le sacristain de l'église profanée leur dit alors qu'il semblerait bien qu'il s'agisse des Hosties Consacrées de volées, et qu'il peut leur dire combien exactement il devrait en avoir.

On compte alors les Hosties, et il y a exactement le nombre d'Hosties Consacrées de volées.

De plus, les hosties correspondaient exactement à celles de la paroisse saint François (à l'époque, chaque paroisse avait son hostie avec son inscription propre dessus).

Il n'y avait donc aucun doute de possible sur la provenance de ces Hosties Consacrées : il s'agissait bel et bien des Hosties de profanées le 14 août 1730.

L'évêque ordonna donc une procession pour ramener les Hosties Consacrées dans leur tabernacle d'origine.

Puis l'évêque décida, par mesure d'hygiène, mais également du fait que personne ne savait ce que l'on avait bien pu faire avec ces Hosties Consacrées, de ne pas les distribuer aux fidèles.

Il décida au contraire de les conserver dans un tabernacle, à part, et d'attendre que ces Hosties subissent la corruption naturelle du temps, qu'elles se corrompent, et qu'ainsi la présence divine réelle cesse.

Et puis le temps passa.

Etonnamment, l'évêque et le prêtre constatèrent que, malgré le temps qui passait, les Hosties Consacrées ne changeaient pas du tout d'aspect.

Elles étaient (et sont) toujours aussi fraîches, comme si elles venaient de sortir du moule à hostie.

Et les années passèrent...

Et on est obligé de garder les Hosties puisqu'il y a la présence réelle du Seigneur à l'intérieur...

Au bout de quelques années, l'évêque s'interrogea sur ce phénomène anormal, les Hosties sont, en effet, toujours aussi fraîches !

Alors il décida de faire un test. Juste à côté des Hosties Consacrées, il décida de mettre des hosties toutes fraîches non consacrées dans un récipient identique, et exactement dans les mêmes conditions (d'humidité, de température, etc.) puis on comparera... tout fut mis sous scellé afin qu'aucune tricherie ne puisse intervenir dans cette expérience.

Le temps passa, et quelques mois après, on alla voir ce qu'étaient devenues les hosties non consacrées.

On lève les scellés qui n'ont pas été violés.

Et on constate que les hosties non consacrées se sont, tout naturellement, décomposées. Alors que dans le récipient placé juste à côté, les Hosties Consacrées, elles, restaient toujours aussi non corrompues et fraîches.

10 ans après, on fait exactement la même constatation.

Le temps passe...

Tous les dix ans, l'évêque du lieu fait toujours la même constatation : les Hosties Consacrées restent parfaitement non corrompues, et donc la présence réelle du Seigneur est toujours là.

En 1914, on demanda au pape Pie X de pouvoir faire des tests pour voir s'il s'agit d'un miracle réel ou bien s'il s'agit d'une simple supercherie.

Le pape accepta et des experts sont alors mandatés pour faire les tests adéquats.

Certains se confessent et communient avec ces Hosties Consacrées, et ils affirment qu'elles ont le goût d'hosties toutes fraîches, ce qui était déjà très étonnant, car ces Hosties avaient tout de même 200 ans !

Et depuis ce temps, on est obligé de constater le caractère miraculeux de ces Hosties Consacrées, car les tests ne montrèrent aucune trace de supercherie, de manipulation, ou autre... afin de faire croire à un miracle.

Encore aujourd'hui, ces Hosties Consacrées sont toujours conservées dans l'église saint François à Sienne, dans un grand tabernacle.

Et régulièrement, on les présente dans un grand récipient en cristal transparent à l'adoration des fidèles.

Elles sont toujours aussi propres, nettes, sans aucune trace de corruption, comme sorties tout juste du four, alors qu'elles ont près de 300 ans !

Neuvaine
à la Miséricorde Divine

Cette neuvaine **débute le Vendredi Saint**. Bien entendu, elle peut être également dite toute l'année !

Je désire, dit le Seigneur Jésus à sœur Faustine, que durant ces neuf jours, tu amènes les âmes à la source de Ma miséricorde, afin qu'elles puisent force et fraîcheur, ainsi que toutes les grâces dont elles ont besoin dans les difficultés de la vie et particulièrement à l'heure de la mort. Chaque jour tu amèneras jusqu'à Mon Cœur un groupe d'âmes différent et tu les plongeras dans l'océan de Ma miséricorde. Et Moi, Je ferai entrer toutes ces âmes dans la demeure de Mon Père (...). Et chaque jour, par Ma douloureuse Passion, tu solliciteras de Mon Père des grâces pour ces âmes.

Premier jour de la neuvaine

Aujourd'hui, amène-Moi l'humanité entière, et particulièrement tous les pécheurs et immerge-la dans l'océan de Ma miséricorde. Tu Me consoleras ainsi dans cette amère tristesse dans laquelle Me plonge la perte des âmes.
Très miséricordieux Jésus, dont le propre est d'avoir pitié de nous et de nous pardonner, ne regarde pas nos péchés, mais la confiance que nous avons en Ton infinie bonté et reçois-nous dans la demeure de Ton Cœur très compatissant et ne nous en laisse pas sortir pour l'éternité. Nous T'en supplions par l'amour qui T'unit au Père et au Saint-Esprit. Père Éternel, jette un regard de miséricorde sur l'humanité enfermée dans le Cœur très compatissant de Jésus – et particulièrement sur les pauvres pécheurs – et par Sa douloureuse Passion, témoigne-nous Ta miséricorde afin que nous glorifiions la toute-puissance de Ta miséricorde pour les siècles des siècles. Amen.

Deuxième jour de la neuvaine

Aujourd'hui, amène-Moi les âmes sacerdotales et religieuses, et immerge-les dans Mon insondable miséricorde. Elles M'ont donné la force d'endurer Mon amère Passion, par elles comme par des canaux, Ma miséricorde se déverse sur l'humanité.

Très miséricordieux Jésus, de qui provient tout ce qui est bon, multiplie Tes grâces en nous, afin que nous accomplissions de dignes actes de miséricorde, pour que ceux qui nous regardent, glorifient le Père de miséricorde qui est au ciel. Père Éternel, jette un regard de miséricorde sur ce groupe d'élus dans Ta vigne, les âmes sacerdotales et religieuses, et comble-les de la puissance de Ta bénédiction, et par le sentiment du Cœur de Ton Fils, dans lequel elles sont enfermées, accorde-leur la force, afin qu'elles puissent guider les autres sur les chemins du salut, pour chanter ensemble la gloire de Ton insondable miséricorde pour l'éternité. Amen.

Troisième jour de la neuvaine

Aujourd'hui, amène-Moi toutes les âmes pieuses et fidèles et immerge-les dans l'océan de Ma miséricorde ; ces âmes M'ont consolé sur le chemin de croix, elles furent cette goutte de consolation au milieu d'un océan d'amertume.

Très miséricordieux Jésus qui accordes à tous avec surabondance les grâces du trésor de Ta miséricorde, reçois-nous dans la demeure de Ton Cœur très compatissant et ne nous en laisse pas sortir pour les siècles. Nous T'en supplions par l'inconcevable amour dont brûle Ton Cœur pour le Père céleste. Père Éternel, jette un regard de miséricorde sur les âmes fidèles, héritage de Ton Fils, et pas Sa douloureuse passion, accorde-leur Ta bénédiction et entoure-les de Ton incessante protection afin qu'elles ne perdent l'amour ni le trésor de la sainte foi, mais qu'avec le cœur des anges et des saints, elles glorifient Ton infinie miséricorde pour les siècles des siècles. Amen.

Quatrième jour de la neuvaine

Aujourd'hui, amène-Moi les païens et ceux qui ne Me connaissent pas encore, J'ai également pensé à eux durant Mon amère passion, et leur zèle futur consolait Mon cœur. Immerge-les dans l'océan de Ma miséricorde.

Très compatissant Jésus qui est la lumière du monde entier, reçois dans la demeure de Ton Cœur très compatissant les âmes des païens qui ne Te connaissent pas encore ; que les rayons de Ta grâce les illuminent, afin qu'elles aussi glorifient avec nous les merveilles de Ta miséricorde, et ne les laisse pas sortir de la demeure de Ton Cœur très compatissant. Père Éternel, jette un regard de miséricorde sur les âmes des païens et de ceux qui ne Te connaissent pas encore, mais qui sont enfermés dans le Cœur très compatissant de Jésus. Attire-les vers la lumière de l'Évangile. Ces âmes ne savent pas combien est grand le bonheur de T'aimer ; fais qu'elles glorifient la largesse de Ta miséricorde pour les siècles des siècles. Amen.

Cinquième jour de la neuvaine

Aujourd'hui, amène-Moi les âmes des hérétiques et des apostats et immerge-les dans l'océan de Ma miséricorde ; dans Mon amère passion, elles Me déchiraient le corps et le cœur, c'est-à-dire Mon Église. Lorsqu'elles reviennent à l'unité de l'Église, Mes plaies se cicatrisent, et de cette façon elles Me soulageront dans Ma Passion.

Très miséricordieux Jésus qui es la bonté même, Tu ne refuses pas la lumière à ceux qui Te la demandent, reçois dans la demeure de Ton Cœur très compatissant les âmes des hérétiques et des apostats et attire-les par Ta lumière à l'unité de l'Église, et ne les laisse pas sortir de la demeure de Ton Cœur très compatissant, fais qu'elles glorifient la largesse de Ta miséricorde. Père Éternel, jette un regard miséricordieux sur les âmes des hérétiques et des apostats qui, persistant obstinément dans leurs erreurs, gaspillèrent Tes bontés et abusèrent de Tes grâces. Ne regarde pas leurs fautes, mais l'amour de Ton Fils et Son amère passion qu'Il souffrit également pour elles, puisqu'elles aussi sont enfermées dans le Cœur très compatissant de Jésus. Fais qu'elles aussi glorifient Ton immense miséricorde dans les siècles des siècles. Amen.

Sixième jour de la neuvaine

Aujourd'hui, amène-Moi les âmes douces et humbles, ainsi que celles des petits enfants et immerge-les dans Ma miséricorde. Ces âmes ressemblent le plus à Mon cœur, elles M'ont réconforté dans Mon amère agonie ; Je les voyais veiller comme des anges terrestres qui veilleront sur Mes autels, sur elles Je verse des torrents de grâces. Seule une âme humble est capable de recevoir Ma grâce, aux âmes humbles j'accorde Ma confiance.

Très miséricordieux Jésus qui as dit Toi-même : « Apprenez de moi que je suis doux et humble de cœur », reçois dans la demeure de Ton Cœur très compatissant les âmes douces et humbles, ainsi que celles des petits enfants. Ces âmes plongent dans le ravissement le ciel entier et sont la prédilection particulière du Père céleste, elles sont un bouquet de fleurs devant le trône divin où Dieu seul se délecte de leur parfum. Ces âmes demeurent pour toujours dans le Cœur très compatissant de Jésus et chantent sans cesse l'hymne de l'amour et de la miséricorde pour les siècles. Père Éternel, jette un regard de miséricorde sur les âmes douces et humbles, et sur les âmes des petits enfants, enfermées dans la demeure du Cœur très compatissant de Jésus. Ce sont ces âmes qui ressemblent le plus à Ton Fils, le parfum de ces âmes monte de la terre et atteint Ton trône. Père de miséricorde et de toute bonté, je T'implore par l'amour et la prédilection que Tu as pour ces âmes, bénis le monde entier, afin que toutes les âmes puissent chanter ensemble la gloire de Ta miséricorde pour l'éternité. Amen.

Septième jour de la neuvaine

Aujourd'hui, amène-Moi les âmes qui honorent et glorifient particulièrement Ma miséricorde et immerge les dans Ma miséricorde. Ces âmes ont le plus vivement compati aux souffrances de Ma passion et ont pénétré le plus profondément dans Mon esprit et de Mon cœur compatissant. Ces âmes brilleront d'un éclat particulier dans la vie future, aucune n'ira dans le feu de l'enfer, Je défendrai chacune d'elles en particulier à l'heure de la mort.

Très miséricordieux Jésus dont le Cœur n'est qu'amour, reçois dans la demeure de Ton Cœur très compatissant les âmes qui honorent et glorifient particulièrement la grandeur de Ta miséricorde. Ces âmes sont puissantes de la force de Dieu lui-même ; au milieu de tous les tourments et contrariétés, elles avancent confiantes en Ta miséricorde, ces âmes sont unies à Jésus et portent l'humanité entière sur leurs épaules. Ces âmes ne seront pas jugées sévèrement, mais Ta miséricorde les entourera au moment de l'agonie. Père Éternel, jette un regard de miséricorde sur les âmes qui glorifient et honorent Ton plus grand attribut, c'est-à-dire Ton infinie miséricorde, et qui sont enfermées dans le Cœur très compatissant de Jésus. Ces âmes sont un vivant Évangile, leurs mains sont pleines d'actes de miséricorde et leur âme débordante de joie chante l'hymne de la miséricorde du Très Haut. Je T'en supplie mon Dieu, manifeste-leur Ta miséricorde selon l'espérance et la confiance qu'elles ont en Toi, que s'accomplisse en elles la promesse de Jésus qui leur a dit : Les âmes qui vénéreront mon infinie miséricorde, je les défendrai moi-même durant leur vie et particulièrement à l'heure de la mort, comme ma propre gloire.

Huitième jour de la neuvaine

Aujourd'hui, amène-Moi les âmes qui sont dans la prison du Purgatoire et immerge-les dans l'abîme de Ma miséricorde, que les flots de Mon sang rafraîchissent leurs brûlures. Toutes ces âmes Me sont très chères, elles s'acquittent envers Ma justice ; il est en ton pouvoir de leur apporter quelque soulagement. Puise dans le trésor de Mon Église toutes les indulgences et offre-les pour elles... Ô si tu connaissais leur supplice, tu offrirais sans cesse pour elles l'aumône de ton esprit, et tu paierais leurs dettes à Ma justice.

Très miséricordieux Jésus qui as dit Toi-même vouloir la miséricorde, voici que j'amène à la demeure de Ton Cœur très compatissant les âmes du Purgatoire, ces âmes qui Te sont très chères, mais qui pourtant doivent rendre des comptes à Ta Justice. Que les flots de sang et d'eau jaillis de Ton Cœur éteignent les flammes du feu du Purgatoire afin que, là aussi, soit glorifiée la puissance de Ta miséricorde. Père Éternel, jette un regard de miséricorde sur les âmes souffrant au Purgatoire, mais qui sont enfermées dans le Cœur très compatissant de Jésus, Ton Fils, et par toute l'amertume dont Son âme très sainte fut inondée, montre Ta miséricorde aux âmes qui sont sous Ton regard juste ; ne les regarde pas autrement que les plaies de Jésus, Ton très cher Fils, car nous croyons que Ta bonté et Ta pitié sont sans mesure. Amen.

Neuvième jour de la neuvaine

Aujourd'hui, amène-Moi les âmes froides, et immerge-les dans l'abîme de Ma miséricorde. Ce sont ces âmes qui blessent le plus douloureusement Mon cœur. C'est une âme indifférente qui, au Jardin des oliviers, M'inspira la plus grande aversion. C'est à cause d'elles que J'ai dit : Père, éloigne de Moi ce calice, si telle est Ta volonté. Pour elles, l'ultime planche de salut est de recourir à Ma miséricorde.

Très compatissant Jésus qui n'est que pitié, je fais entrer dans la demeure de Ton Cœur très compatissant les âmes froides, que dans ce feu de Ton pur amour, se réchauffent ces âmes glacées, qui ressemblent à des cadavres et T'emplissent d'un tel dégoût. Ô très compatissant Jésus, use de la toute-puissance de Ta miséricorde et attire-les dans le brasier même de Ton amour, et donne-leur l'amour divin, car Tu peux tout. Père Éternel, jette un regard de miséricorde sur les âmes froides, qui sont cependant enfermées dans le Cœur très compatissant de Jésus. Père de miséricorde, je Te supplie par l'amertume de la passion de Ton Fils et par Son agonie de trois heures sur la croix, permets qu'elles aussi célèbrent l'abîme de Ta miséricorde.

Neuvaine
au Sacré-Cœur de Jésus

Cette neuvaine **débute 9 jours avant la solennité du Sacré-Cœur**. C'est-à-dire que la dernière prière de la neuvaine doit s'effectuer le jour de la solennité du Sacré-Cœur. Bien entendu, elle peut être également dite toute l'année !

Premier jour de la neuvaine

De son sein couleront des fleuves d'eau vive.

Jésus se tint dans le temple et Il se mit à proclamer à haute voix : « *Si quelqu'un a soif, qu'il vienne à Moi, et qu'il boive, celui qui croit en Moi.* », selon le mot de l'Ecriture : « *De son sein couleront des fleuves d'eau vive. Jésus désignait ainsi l'Esprit que devaient recevoir ceux qui croiraient en Lui.* »

Le côté de Jésus a été ouvert par la lance du soldat; aussitôt, il en sortit du sang et de l'eau. En effet, tout cela est arrivé pour que s'accomplisse l'Ecriture : « *Ils regarderont vers celui qu'ils ont transpercé.* »

La Samaritaine a connu une expérience d'amour en accueillant cette eau vive. Un jour, Jésus lui dit : « *Si tu savais le don de Dieu et qui est celui qui te dit - donne-Moi à boire - c'est toi qui Le prierais et Il te donnerait de l'eau vive.* » Et cette femme, de répondre : « *Seigneur, donne-moi de cette eau pour que je n'aie plus soif.* »

Dieu nous a créés par amour en déposant en nous une aspiration naturelle qui tend à la communion intime avec Lui. Tu nous as faits pour Toi, Seigneur, et notre cœur demeure inquiet tant qu'il ne se repose pas en Toi. Nous sommes invités à goûter au bonheur que nous procure la vie divine et à cette eau vive donnée par le sein de Jésus, c'est Son Esprit qui nous unit à Dieu.

« A vous l'allégresse de Jérusalem ! Exultez en elle, vous tous qui l'aimez ! Réjouissez-vous de sa joie, Vous qui la pleuriez ! Alors, vous serez nourris de son lait, rassasiés de ses consolations; alors vous gouterez avec délices, à l'abondance de sa gloire. Car le Seigneur le déclare : « Voici que Je dirige vers elle la paix comme un fleuve et, comme un torrent qui déborde, la gloire des nations. Vous serez nourris, portés sur la hanche, vous serez choyés sur ses genoux. Comme un enfant que sa mère console, ainsi Je vous consolerai. Oui, dans Jérusalem, vous serez consolés. Vous verrez, votre cœur se réjouira; et vos os revivront comme l'herbe reverdit. »

Jésus, donne-moi une telle confiance en Toi, que jamais je n'hésite à venir puiser dans Ton Cœur divin. Que cette eau déploie en moi Ta puissance d'amour et marque mon existence humaine à jamais. Que Ton Esprit me fasse découvrir les richesses insondables de Ton Cœur. Amen."

Deuxième jour de la neuvaine

Le Cœur de Jésus nous donne Sa mère.

Cloué à la croix, Jésus lance un cri vers Son Père pour qu'Il accorde à l'humanité, Son pardon. Afin de nous prouver la valeur de Sa demande, Il nous donne comme mère, la femme qu'Il aime le plus. « Jésus voyant Sa mère et, se tenant près d'elle, le disciple qu'Il aimait, dit à Sa mère : « *Femme voici ton fils.* » Puis Il dit au disciple : « *Voici ta mère.* »

Le Cœur de la Vierge Marie était rempli des mêmes sentiments que ceux du Cœur de Jésus. L'affront et le supplice infligés à son Fils n'ont pas arrêté son amour, et en acceptant de prendre Jean, comme fils, Marie acceptait aussi toute l'humanité pècheresse. Elle est vraiment la mère miséricordieuse ayant pour mission de nous solliciter et de nous conduire à son Fils, source de miséricorde.

> « *Mon âme exalte le Seigneur,*
> *exulte mon esprit en Dieu, mon Sauveur !*
> *Il s'est penché sur Son humble servante ;*
> *désormais, tous les âges me diront bienheureuse.*
> *Le Puissant fit pour moi des merveilles ;*
> *Saint est Son nom!*
> *Son amour s'étend d'âge en âge sur ceux qui Le craignent.*
> *Déployant la force de Son bras,*
> *Il disperse les superbes.*
> *Il renverse les puissants de leurs trônes,*
> *Il élève les humbles.*
> *Il comble de bien les affamés,*
> *renvoie les riches les mains vides.*
> *Il relève Israël, Son serviteur,*
> *Il se souvient de Son amour,*
> *de la promesse faite à nos pères,*
> *en faveur d'Abraham et de sa race, à jamais. »*

Vierge Marie, tu connais toutes les embûches, les sollicitations et les provocations que subissent les fils et les filles de Dieu, actuellement. Il existe tant de voix qui s'élèvent pour nous dérouter aujourd'hui. L'accusateur ne cesse de vouloir nous inspirer des idées pour nous couper de la communion avec notre Père et notre Dieu.

L'agitateur est à l'œuvre pour nous couper aussi de la communion fraternelle et pour semer la division.

Toi, Marie, mère de miséricorde, tu as reçu le pouvoir d'écraser la tête du serpent, sois ma protectrice et conduis-moi à ton Fils, Jésus. Je te bénis, Marie, dans ton Immaculée Conception, à la gloire de la Très Sainte Trinité. Amen !

Troisième jour de la neuvaine

Le Christ ressuscité donne l'Esprit de Dieu.

Le premier don pascal de Notre Seigneur, après l'expiation de nos péchés, c'est l'Esprit qui nous apporte la vraie paix et la vie éternelle. Quand l'Agneau de Dieu qui enlève les péchés du monde eût accompli Son sacrifice, Il se révéla aux siens, le soir de Pâques, par ces mots : « *La paix soit avec vous.* » et « *Recevez l'Esprit-Saint.* » Ceux qui croient en Jésus peuvent recevoir son Esprit.

L'Amour de Jésus était tellement grand qu'Il est venu redonner au monde la paix du cœur.

« *Le Paraclet, l'Esprit-Saint que le Père enverra en Mon nom, Lui, vous enseignera tout, et Il vous fera souvenir de tout ce que Je vous ai dit. C'est la paix que Je vous laisse, c'est Ma paix que Je vous donne; ce n'est pas à la manière du monde que Je vous la donne. Ne soyez pas bouleversés et effrayés.* »

« *Je vous prendrai du milieu des nations, Je vous rassemblerai de tous les pays, Je vous conduirai dans votre terre. Je répandrai sur vous une eau pure, et vous serez purifiés. De toutes vos souillures, de toutes vos idoles, Je vous purifierai. Je vous donnerai un cœur nouveau, Je mettrai en vous un esprit nouveau. J'ôterai de votre chair le cœur de pierre, Je vous donnerai un cœur de chair. Je mettrai en vous Mon Esprit, Je ferai que vous marchiez selon Mes lois, que vous gardiez Mes préceptes et leur soyez fidèles. Fais-nous revenir à Toi, Seigneur, et nous reviendrons. Renouvelle pour nous les jours d'autrefois.* »

Esprit de Jésus, Tu es l'eau vive qui vient assainir ma vie afin que je porte des fruits en abondance. Renouvèle en moi les dons de ma confirmation. Rempli mon cœur de Tes fruits de charité, joie, paix, patience, serviabilité, bonté, confiance dans les autres, douceur, maîtrise de soi. Que Dieu, mon Père, soit glorifié par mes œuvres de miséricorde. Esprit-Saint, donne-moi de vivre

dans Ton intimité afin qu'en tout temps, j'aie recours à Toi.
Amen !

Quatrième jour de la neuvaine

Le Cœur de Jésus nous donne l'Eglise.

Quand arriva la Pentecôte, les Apôtres se trouvaient réunis tous
ensemble. Soudain, il vint du ciel un bruit pareil à celui d'un
violent coup de vent : toute la maison où ils se tenaient en fut
remplie. Ils virent apparaître comme une sorte de feu qui se
partageait en langues et qui se posa sur chacun d'eux. Alors ils
furent tous remplis de l'Esprit-Saint; ils se mirent à parler en
d'autres langues, et chacun s'exprimait selon le don de l'Esprit.

Dès cet instant, les Apôtres, par la force de l'Esprit-Saint,
sortirent du cénacle pour parler ouvertement au peuple, qu'ils
craignaient. Ils parlaient toutes les langues, parce que Jésus avait
dit : « *Allez donc, de toutes les nations faites des disciples, les
baptisant au nom du Père et du Fils et du Saint-Esprit.* »

Aujourd'hui, l'Eglise de Jésus parle encore toutes les langues, les
nations sont évangélisées. L'Eglise est le peuple de Dieu, et nous
sommes tous frères et sœurs en Lui. Cette Eglise est notre mère
qui nous nourrit en son sein en nous donnant le baptême, qui
met en nous la vie de la Sainte Trinité. Elle nous donne aussi la
Lumière et la Vérité, par sa prédication; l'amour de Dieu, par le
pain de vie partagé et le pardon, par le sacrement de la
réconciliation. « *Va d'abord te réconcilier avec ton frère, puis
présente ton offrande.* »

« *Ecoutez la parole du Seigneur, vous tous de Juda, vous qui
entrez par ces portes pour adorer le Seigneur. Ainsi parle le
Seigneur de l'univers, le Dieu d'Israël : rendez meilleurs vos
chemins et vos actes : Je vous ferai habiter dans ce lieu. Ne vous
appuyez pas sur des paroles de mensonge en disant : temple du
seigneur ! Temple du seigneur ! C'est ici le temple du seigneur !
Si vraiment vous rendez meilleurs vos chemins et vos actes, si*

vraiment vous maintenez le droit entre un homme et son prochain, si vous n'opprimez pas l'immigré, l'orphelin ou la veuve, si vous ne versez pas, dans ce lieu, le sang de l'innocent, si vous ne suivez pas, pour votre malheur, d'autres dieux, alors Je vous ferai habiter dans ce lieu, dans le pays que J'ai donné à vos pères, depuis les siècles et pour les siècles. »

Jésus, Tu es venu pour nous qui sommes le peuple de Dieu, nous rassembler en un seul Corps, ton Eglise qui est sainte de Ta sainteté. Toi, Tu es Saint, Seigneur, et moi je ne le suis pas. Un jour, Tu disais à Pierre : « *Tu es heureux Simon, fils de Jonas, car cette révélation t'est venue, non de la chair et du sang, mais de Mon Père qui est dans les Cieux.* »

Peu de temps après, Tu lui as dit : « *Passe derrière moi, Satan, tu Me fais obstacle, car tes pensées ne sont pas celles de Dieu, mais celles des Hommes.* »

En dépit de ma bonne volonté, je suis parfois objet de scandale, Seigneur. Donne-moi l'humilité de Ton Cœur pour vivre fraternellement avec eux. Nous sommes tous frères et sœurs en Toi et c'est ensemble que nous pourrons dire :

« Notre Père, qui es aux Cieux... »

Cinquième jour de la neuvaine

Le Cœur de Jésus nous donne la Foi.

Jésus dit à Thomas : « *Avance ton doigt ici et vois Mes mains; avance ta main et mets-la dans Mon côté; cesse d'être incrédule, sois croyant.* » Thomas lui dit alors : « *Mon Seigneur et mon Dieu.* » Jésus lui dit : « *Parce que tu M'as vu, tu crois. Heureux ceux qui croient sans M'avoir vu.* »

C'est Thomas qui disait : « *Allons, nous aussi à Jérusalem, mourir avec Jésus.* »

L'épreuve de la mort de Jésus a été trop brutale pour Thomas. A l'annonce de la Résurrection, Thomas a refusé de croire; il avait perdu la foi qui permet de voir les signes de Dieu sur nos chemins. La vie apporte à tous des épreuves, crucifiantes parfois. C'est l'heure où Thomas nous invite à regarder le Côté ouvert de Jésus ressuscité. Le trouble, l'agitation et l'épreuve sont des moyens qui ébranlent notre foi si nos yeux cessent de fixer Jésus.

Mais, providentiellement, notre foi devrait en sortir plus victorieuse et plus lumineuse, comme celle de Thomas. « *Viens en aide à mon peu de foi. Béni soit l'homme qui s'appuie sur le Seigneur, le Seigneur sera son appui. Il sera comme l'arbre, planté près des eaux, qui pousse, vers le courant, ses racines. Il ne craint pas quand vient la chaleur, son feuillage reste vert. L'année de la sécheresse, il est sans inquiétude, il ne manque pas de porter son fruit.* »

Jésus, je reconnais que le don le plus précieux reçu à mon baptême, c'est celui de la foi et ce don vient de Ton Cœur.

Un jour, sur le lac, c'est la tempête et les Apôtres ont peur; ils ont réveillé le Maître. Tu leur as dit : « *Pourquoi avez-vous peur, gens de peu de foi ?* » Quand la tempête agite ma vie par les épreuves de toutes sortes, Seigneur, soutiens ma foi. La foi qui Te plait Jésus, c'est la foi de l'espérance.

Sixième jour de la neuvaine

Le Cœur de Jésus est source de miséricorde.

Après avoir montré les plaies de Ses mains et de Son côté, Jésus souffla sur Ses Apôtres et leur dit : « *Recevez l'Esprit-Saint. Ceux à qui vous remettrez les péchés, ils leur seront remis; ceux à qui vous les retiendrez, ils leur seront retenus.* »

Dans sa Résurrection, Jésus a fait l'expérience radicale de la miséricorde, c'est à dire de l'amour du Père plus fort que la mort.

Et c'est Lui, Jésus, qui est devenu source inépuisable de la miséricorde, qui est plus forte que le péché.

C'est l'invitation lancée, un jour, par Jésus, qui se réalise aujourd'hui pour nous : « *Vous qui souffrez et qui peinez, venez à Moi.* » Nous sommes tous invités à donner notre fardeau au Cœur doux et humble de Jésus pour recevoir le pardon de nos péchés et le soulagement dans toutes nos difficultés.

« Je ne suis pas venu appeler les justes, mais les pécheurs. Qu'il soit béni, le Dieu et Père de notre Seigneur, Jésus, le Christ ! Il nous a bénis et comblés des bénédictions de l'Esprit, au Ciel, dans le Christ. Il nous a choisis, dans le Christ avant que le monde fût créé, pour être saints et sans péchés devant Sa face, grâce à Son amour. Il nous a prédestinés à être pour Lui, des fils adoptifs, par Jésus, le Christ. Ainsi l'a voulu Sa bonté, à la louange de gloire de Sa grâce, la grâce qu'il nous a faite dans le Fils bien-aimé. En lui, par Son sang nous avons le rachat, le pardon des péchés. C'est la richesse de Sa grâce dont il déborde jusqu'à nous en toute intelligence et sagesse. Il nous dévoile ainsi le mystère de Sa volonté, selon que Sa bonté l'avait prévu dans le Christ : pour mener les temps à leur plénitude, récapituler toutes choses dans le Christ, celles du ciel et celles de la terre. »

Esprit-Saint, révèle-moi les profonds secrets de la miséricorde du Cœur de Jésus. J'ai confiance en elle et je sais qu'elle est plus grande que le poids de mes péchés; autrement, j'en serais écrasé. Donne-moi aussi la confiance dans le ministère sacerdotal par lequel le Père exerce sa paternité pour m'accueillir comme un enfant prodigue à qui, Il pardonne. Que je sache aussi me laisser embrasser longuement par Dieu, mon Père. Amen !

Septième jour de la neuvaine

Le Cœur de Jésus
nous donne le pain de la vie éternelle.

« *Qui mange Ma Chair et boit Mon Sang a la vie éternelle et Je le ressusciterai au dernier jour. Ma Chair est vraiment une nourriture et Mon Sang est vraiment un breuvage.* »

Le sang qui sort du côté ouvert de Jésus symbolise le sacrement de l'Eucharistie. Jésus nous dit qu'après avoir entendu ces paroles, plusieurs de Ses disciples se retirèrent et n'allaient plus avec Lui. Dans son amour infini, Jésus a institué ce merveilleux sacrement où Il est présent réellement avec Sa divinité et Son humanité glorifiées : « *Et voici que Je suis avec vous pour toujours jusqu'à la fin du monde.* »

Jésus veut demeurer avec nous tous les jours et Il nous aime tellement qu'Il veut aussi devenir notre nourriture spirituelle, se donnant à manger à tous ceux qu'Il attire à Lui : « *Qui mange Ma Chair et boit Mon Sang demeure en Moi et Moi en lui.* »

« *Je crois et je parlerai, moi qui ai beaucoup souffert, moi qui ai dit dans mon trouble : l'Homme n'est que mensonge.* »

Comment rendrai-je au Seigneur tout le bien qu'Il m'a fait ? J'élèverai la coupe du salut, j'invoquerai le nom du Seigneur. Je tiendrai mes promesses au Seigneur, oui, devant tout Son peuple ! Il en coûte au Seigneur de voir mourir les Siens ! Ne suis-je pas, Seigneur, Ton serviteur, le fils de Ta servante, moi, dont Tu brisas les chaînes ? Je T'offrirai le sacrifice d'action de grâces, j'invoquerai le nom du Seigneur. Je tiendrai mes promesses au Seigneur, oui, devant tout Son peuple, à l'entrée de la maison du Seigneur, au milieu de Jérusalem ! »

Jésus, non seulement Tu veux Te donner à nous dans l'Eucharistie, mais Tu veux aussi habiter nos tabernacles. Tu attends tous ceux que Tu aimes pour permettre cet échange du cœur à cœur.

Comme dit le bon pape Jean XXIII : « *Ma vie semble destinée à se dépenser sous la lumière qui émane du tabernacle, et c'est au Cœur de Jésus que je dois recourir pour trouver la solution de mes troubles.* »

Jésus, remplis mon cœur de confiance en Ta présence eucharistique; une telle confiance, Jésus, que je vienne souvent Te rencontrer. Donne-moi de venir T'adorer, Te louer et aussi puiser dans cette rencontre d'amour tout ce qui est nécessaire pour que ma vie glorifie Dieu, notre Père. Amen !

Huitième jour de la neuvaine

Le Cœur de Jésus
est la source de la charité fraternelle.

La veille de sa Passion, Jésus a lavé les pieds de Ses Apôtres en leur disant : « *Comprenez-vous ce que Je vous ai fait ? Vous M'appelez Maître et Seigneur, et vous dites bien, car Je le suis. Si donc Je vous ai lavé les pieds, Moi le Seigneur et le Maître, vous aussi vous devez lavez les pieds les uns aux autres. Car c'est un exemple que Je vous ai donné, pour que vous fassiez, vous aussi, comme Moi J'ai fait pour vous. Heureux êtes-vous, si vous le faites.* »

Jésus a donné cet exemple pour nous dire comment aimer Dieu dans la personne de nos frères et sœurs. Le trésor que nous recevons au Ciel sera à la mesure de cet amour. Alors le Roi dira à ceux qui seront à Sa droite : « *Venez, les bénis de Mon Père, recevez en héritage le royaume préparé pour vous, depuis la création du monde. Car J'avais faim, et vous M'avez donné à manger; J'avais soif et vous M'avez donné à boire; J'étais un étranger, et vous M'avez accueilli; J'étais nu, et vous M'avez habillé; J'étais malade, et vous M'avez visité; J'étais en prison, et vous êtes venus jusqu'à Moi. Vraiment, Je vous le dis; chaque fois que vous l'avez fait à l'un de ces petits qui sont Mes frères, c'est à Moi que vous l'avez fait. A ceci tous reconnaîtront que vous êtes Mes disciples : si vous avez de l'amour les uns pour les autres. »*

Isaïe a dit : « Vous serez appelés « prêtres du Seigneur » ; on vous dira : « Servants de notre Dieu. » Vous vivrez de la ressource des nations et leur gloire sera votre parure. Au lieu de votre honte : double part ! Au lieu de vos opprobres : cris de joie ! Ils recevront dans leur pays double héritage, ils auront l'allégresse éternelle. Parce que Moi, le Seigneur, J'aime le bon droit, parce que Je hais le vol et l'injustice, fidèlement, Je leur donnerai la récompense, Je conclurai avec eux une alliance éternelle. Leurs descendants seront connus parmi les peuples, et leurs enfants au milieu des nations. Qui les verra pourra reconnaître la descendance bénie du Seigneur. »

Jésus, donne-moi d'aimer mes frères comme Tu les as aimés : Tu les as servis avec tant d'humilité et de douceur, toujours attentif à les secourir dans tous leurs besoins. De Ton Cœur, Jésus, sortait tant de miséricorde pour tous; remplis aussi mon cœur de miséricorde pour chacun de mes frères. Amen !

Neuvième jour de la neuvaine

Le Cœur de Jésus conduit au Père.

« Père, l'heure est venue, glorifie Ton Fils, afin que le Fils te glorifie. Ainsi, comme Tu Lui as donné pouvoir sur tout Homme, il donnera la vie éternelle à tous ceux que Tu Lui as donnés. Or, la vie éternelle, c'est de Te connaître, Toi l'unique Dieu véritable, et celui que Tu as envoyé, Jésus-Christ. »

Après Sa Résurrection, dans une première apparition, Jésus demande à Marie de Magdala de ne pas Le toucher, car Il n'était pas encore monté vers le Père. La douceur de l'amour du Christ est réservée à la Maison du Père, quand chacun à son tour y parviendra avec le Christ. Mais sur terre, ce qui prévaut, c'est de réaliser la volonté de Jésus. Celui-ci dit à Marie : « *Va trouver mes frères et dis-leur : je monte vers Mon Père et votre Père, vers Mon Dieu et votre Dieu.* »

Jésus nous a mérités de devenir enfants adoptifs de Son Père. « *Sois sans crainte, petit troupeau, votre Père vous donnera le Royaume.* »

Pour avoir part au Royaume, Jésus nous invite à devenir comme des petits enfants. Ce qui caractérise l'esprit d'enfance, c'est la confiance. La confiance nous permet de nous adresser à Dieu en Lui demandant selon nos besoins et d'accueillir aussi Ses bienfaits. Jésus nous le dit : « *Demandez et vous recevrez; cherchez et vous trouverez, frappez et l'on vous ouvrira. J'ai donné le pouvoir de devenir enfants de Dieu à ceux qui croient en Mon nom.* »

Le salut d'un roi n'est pas dans son armée, ni la victoire d'un guerrier dans sa force. Illusion que des chevaux pour la victoire : une armée ne donne pas le salut; Dieu veille sur ceux qui Le craignent, qui mettent leur espoir en Son amour, pour les délivrer de la mort, les garder en vie aux jours de famine. Nous attendons notre vie du Seigneur : Il est pour nous un appui, un bouclier. La joie de notre cœur vient de Lui, notre confiance est en Son nom très saint. Que Ton amour, Seigneur, soit sur nous, comme notre espoir est en Toi ! Maintenant, rois, comprenez, reprenez-vous, juges de la terre. Servez le Seigneur avec crainte, rendez-lui votre hommage en tremblant. Qu'Il s'irrite et vous êtes perdus : soudain Sa colère éclatera. Heureux qui trouve en Lui son refuge !

Amen.

Notre-Dame au Cœur d'Or

Apparition officielle à Beauraing.

Belgique.

29/11/1932 - 03/01/1933

La vierge Marie apparut à 5 enfants : Andrée, Théophile, Fernande, Gilberte et Albert.

Le 29 novembre 1932, alors qu'il fait nuit, Fernande, 15 ans, et son frère Albert, 11 ans, vont chercher leur sœur Gilberte, 13 ans, qui st demi-pensionnaire au pensionnat tenu par les Sœurs de la Doctrine Chrétienne de Nancy, accompagnés de leur amie Andrée, 14 ans, et de sa petite sœur Gilberte, 9 ans.

Alors qu'il vient de sonner à la porte du pensionnat, Albert se retourne et regarde dans la direction du talus du chemin de fer tout proche, et s'exclame : « *Regardez la Vierge qui se promène au-dessus du pont !* »

Il voit en effet une belle femme habillée de blanc « *toute lumière* », qui marche à un mètre au-dessus du pont.

Lorsque les filles se retournent à leur tour, elles peuvent aussi apercevoir la « *belle dame* », tout comme Gilberte qui arrivera peu après de l'intérieur du pensionnat.

Leur première réaction est l'affolement.

Apeurés, ils retournent chez eux en courant, mais décident quand même de revenir chercher Gilberte à la même heure, le lendemain vers 18 heures 30.

Le 30 novembre 1932, la « *belle dame* » leur apparaît de nouveau au-dessus du pont.

Le 1er décembre 1932, l'apparition est vue à quatre mètres au-dessus du sol, mais les enfants n'osent toujours pas s'en approcher.

Le 02 décembre 1932, elle leur apparait à quelques mètres en souriant.

Elle portait une couronne de lumière et ne prononça pas la moindre parole, avant de disparaître.

Le vendredi 2 décembre, l'apparition rejoignit les enfants dès qu'ils passèrent près du houx du jardin, puis sous une branche d'aubépine, près de la grille d'entrée du pensionnat.

Les enfants récitèrent alors ensemble un « Je vous salue Marie », puis s'agenouillèrent devant l'apparition.

L'apparition était debout sur un petit nuage qui lui cachait les pieds.

Elle était vêtue d'une longue robe blanche traversée par trois fins reflets bleus ; ceux-ci partaient de son épaule gauche pour disparaître au bas de la robe, sur la droite.

Sa tête, d'où sortaient de fins rayons de lumière formaient comme une couronne, qui était recouverte d'un long voile blanc tombant sur ses épaules.

Elle tenait ses mains jointes et souriait, mais elle ne tenait pas de chapelet.

Le jeune Albert s'aventura à interroger l'apparition et lui demanda : « *Etes-vous la Vierge Immaculée ?* »

A quoi la Vierge Marie lui répondit en hochant la tête à l'affirmative.

L'enfant lui demanda ensuite : « *Que me voulez-vous ?* »

A quoi la Vierge Marie répondit : « *Etre bien sage.* »

Et les enfants de répondre : « *Oui, nous serons toujours sages !* »

La Vierge Marie : « *Est-ce bien vrai que vous serez toujours sages ?* »

Les enfants : « *Oui ! Nous le serons toujours !* » (Note de l'auteur : à noter qu'être sage, dans ce contexte d'apparition mariale, d'après les théologiens, signifie : « tout rapporter à Dieu »).

Le 04 décembre 1932, les enfants demandèrent à la Sainte Vierge de se montrer en plein jour, et celle-ci répondit négativement par un signe de tête.

Puis l'un des enfants lui demanda : « *Quand devons-nous venir ?* »

A quoi la Sainte Vierge répondit : « *Le soir.* »

Les enfants demandèrent également à la Sainte Vierge qu'elle fasse un signe pour qu'ils soient crus, et la Sainte Vierge leur répondit : « *Venez le huit décembre.* »

A partir du 29 décembre 1932, la Vierge Marie, en plus de sa couronne de lumière, apparaîtra avec un cœur en or d'où sortiront des rayons de lumière.

La Sainte Vierge dit alors aux enfants : « *Ce sera bientôt ma dernière apparition.* »

Le 02 janvier 1933, la Sainte Vierge dit aux enfants : « *Demain, je dirai quelque chose à chacun d'entre vous en particulier.* »

Le 03 janvier 1933, jour de la dernière apparition, la Sainte Vierge dit aux enfants : « *Priez ! Priez beaucoup ! Priez toujours !* »

Puis la Sainte Vierge demanda à l'un des enfants : « *Je suis la mère de Dieu, la Reine des Cieux, **priez toujours !*** »

A un autre enfant : « *Je convertirai les pécheurs.* »

Aux trois enfants les plus jeunes, elle confia à chacun un secret.

A ce jour, personne ne connaît ces secrets.

La Sainte Vierge leur demanda également une chapelle et demanda d'y venir en pèlerinage.

Le dernier message de la Sainte Vierge fut à l'un des enfants : « *Aimez-vous mon Fils ? M'aimez-vous ?* »

A quoi l'enfant répondit : « *Oui.* »

La Sainte Vierge: « *Alors sacrifiez-vous pour moi. Adieu.* »

Et la Sainte Vierge disparut avec une boule de feu qui explosa de façon fugace dans un buisson.

Depuis...

Le sanctuaire de Beauraing est construit sur le site de ces apparitions de 1933.

La construction de la première chapelle débute en 1947, peu de temps avant la reconnaissance officielle des apparitions par l'Église catholique. Cette chapelle est consacrée en 1954.

D'autres lieux de culte sont construits dans les années suivantes (la crypte, l'église supérieure), le site est aménagé, des bâtiments proches sont achetés par les responsables du sanctuaire pour accueillir et héberger les pèlerins.

En 2013, l'église du sanctuaire est élevée au rang de basilique mineure par le Vatican.

Notre-Dame d'Akita

Apparition officielle à Akita.

Japon.

06/07/1973 - 13/10/1973

La Vierge Marie est apparue à sœur Agnès Sasakawa, totalement sourde, si bien que, dans ce récit, « entendre » signifie « entendre intérieurement », on parle aussi de « locution intérieure ».

Une première expérience paranormale eut lieu **le 12 juin 1973**.

Sœur Agnès, seule à la chapelle, allait pour toucher la Sainte Hostie placée dans le Saint-Sacrement, et soudain une très vive lumière apparut.

Ce phénomène recommença quelques jours plus tard, dans les mêmes conditions.

Puis ce furent les stigmates qui apparurent dans ses mains.

Le 06 juillet 1973, vers 3h00 du matin, un ange apparut à sœur Sasakawa, tandis qu'elle priait devant le Saint-Sacrement.

L'ange lui dit (la sœur l'entendit intérieurement mais ne le vit pas) : « *Ne crains pas. Ne prie pas seulement pour tes péchés, mais en réparation de ceux de tous les Hommes. Le monde actuel blesse le très Saint Cœur de notre Seigneur par ses ingratitudes et ses injures. La blessure de Marie est beaucoup plus profonde et douloureuse que la tienne. Allons prier ensemble à la chapelle.* »

Quelques jours plus tard, l'ange lui est apparu de nouveau et elle put le voir pour la première fois.

Il lui dit : « *Je suis celui qui est avec toi et qui veille sur toi.* » (Il s'agit, en fait, de son ange gardien).

Puis il l'emmena dans la chapelle, et la laissa seule.

C'est alors que la statue en bois précieux de la Vierge Marie, présente dans la chapelle, prit vie.

Elle était baignée dans une lumière éblouissante, et elle lui dit : « *Ma fille. Ma novice. Tu m'as bien obéi en abandonnant tout pour me suivre. L'infirmité de tes oreilles est-elle pénible ? Elles guériront, sois-en sûre ! Sois patiente. C'est la dernière épreuve. La blessure de ta main te fait-elle mal ? Prie en réparation des péchés de l'humanité. Chaque personne de cette communauté est ma fille irremplaçable. Dis-tu bien ta prière des servantes de l'Eucharistie ? Allons, prions ensemble.* »

Pendant qu'elles se mirent à réciter la prière, son ange gardien réapparut et s'associa à eux.

Au moment où sœur Agnès Sasakawa dit la phrase suivante (faisant partie de la prière récitée : « [...] *Jésus qui est présent dans l'Eucharistie* » l'ange l'interrompit en disant : « [...] *Jésus qui est **réellement** présent dans l'Eucharistie. Dorénavant tu compléteras par **réellement**.* »

Quand la prière fut terminée, l'ange reprit : « ***Prie beaucoup** pour le pape, les évêques, les prêtres. Depuis ton baptême, tu as toujours prié fidèlement pour eux. **Continue de prier beaucoup. Beaucoup.** Transmet à ton supérieur tout ce qui s'est passé aujourd'hui, et obéis lui dans tout ce qu'il te dira.* »

Voici la **prière des servantes de l'Eucharistie** en question :

« Ô Jésus, qui est réellement présent dans l'Eucharistie. Je joins mon cœur à Ton Cœur adorable, immolé en perpétuel sacrifice sur tous les autels du monde, dans la

louange du Père, implorant la venue de Ton règne. Et je Te fais l'oblation totale de mon corps et de mon âme. Daigne agréer cette humble offrande comme Il te plaira, pour la gloire de Dieu et le salut des âmes. Sainte Mère du Ciel, ne permet pas que je sois jamais séparé(e) de ton Divin Fils et garde-moi toujours comme ta propriété. Amen. »

A partir de ce jour **du 6 juillet 1973 et jusqu'au 29 septembre 1973**, du sang suintera et s'écoulera des mains de la statue.

Lorsque le sang cessera de couler, la statue se mettra à exsuder un parfum « indicible » jusqu'au **15 octobre 1973**.

Le 03 Août 1973, eut lieu la deuxième apparition de la Vierge Marie à sœur Agnès Sasakawa dans la chapelle.

Tout d'abord, ce fut l'ange gardien qui apparut en premier, et ils récitèrent ensemble le chapelet.

Puis l'ange lui dit : « *Tu as quelque chose à me demander ? Fais-le. Tu n'as pas à te gêner.* »

La sœur n'eut pas le temps de prononcer le premier mot, que la Vierge Marie l'interrompt et lui dit : « *Ma fille. Ma novice. Aimes-tu le Seigneur ? Si tu aimes le Seigneur, écoute ce que j'ai à te dire. C'est très important. Tu le transmettras à ton supérieur : beaucoup d'Hommes, dans ce monde, affligent le Seigneur. Je souhaite des âmes pour Le consoler. Pour adoucir la colère du Père céleste, je souhaite, avec mon Fils, des âmes qui réparent, par leur souffrance et leur pauvreté, pour les pécheurs et pour les ingrats. Combien de fois ai-je intercédé pour vous, pour retenir la colère du Père, et pour consoler mon Fils. Pour faire connaître au monde Sa colère, le Père céleste s'apprête à infliger un grand châtiment à l'humanité entière. Avec mon Fils, je suis intervenue tant de fois pour apaiser le courroux du Père. J'ai empêché la venue de calamité en Lui offrant la souffrance du Fils sur la croix, son précieux Sang, les âmes bien-aimées qui Le consolent et qui forment la cohorte des* *âmes victimes. **Prières**, pénitences et sacrifices courageux peuvent adoucir la colère du Père. Je le désire aussi de la part de ta communauté : qu'elle aime la pauvreté, se sanctifie et prie en réparation des ingratitudes et des outrages de tant d'Hommes. Récitez la **prière des servantes de l'Eucharistie** (voir ci-avant) en prenant bien conscience de son contenu. Mettez-la en pratique. Offrez en réparation des péchés. Que chacune s'efforce, en fonction de ses capacités, et sa position, à s'offrir entièrement au Seigneur. Même dans un ordre séculier, **la prière est nécessaire**. Déjà les âmes qui veulent prier sont en train d'être rassemblées. Sans trop vous attacher à la forme, **soyez fidèles et ferventes à la prière**, pour consoler le Maître. »*

Après ces paroles, sœur Agnès Sasakawa pensa s'offrir au Seigneur comme âme victime.

La Vierge Marie le comprit, et elle lui dit « *Ce que tu penses dans ton cœur. Est-ce bien vrai ? Es-tu vraiment décidée à devenir la pierre rejetée ? Ma novice, toi qui veux être sans partage au Seigneur, pour devenir l'épouse digne de l'Epoux, prononce tes vœux, en sachant que tu dois être fixée sur la croix avec trois clous. Ces trois clous sont la pauvreté, la chasteté et l'obéissance. Des trois, l'obéissance est le fondement. Dans un total abandon, laisse-toi conduire par ton supérieur, il saura te comprendre et te diriger. »*

Le soir de cette apparition, après l'office des vêpres dans la chapelle, soudainement, en compagnie de toutes les sœurs, la statue de bois devint à nouveau resplendissante de lumière (seule sœur Agnès Sasakawa vit cette lumière), mais elles virent toutes un liquide ruisselant couler de la statue, comme de la sueur.

C'est alors que l'ange gardien de sœur Agnès Sasakawa lui dit : « *Marie est encore plus triste que lorsqu'elle versait du sang. Essuie la sueur. »*

Le 13 octobre 1973 (jour de l'anniversaire du grand miracle du soleil à Fatima, en date du 13 octobre 1917), eut lieu la troisième et dernière apparition de la Vierge Marie à sœur Agnès Sasakawa, devant le Saint-Sacrement de la chapelle.

La Vierge Marie lui dit : « *Ma fille chérie, écoute bien ce que je vais te dire, tu en informeras ton supérieur. Comme je te l'ai dit, si les Hommes ne se repentent pas et ne s'améliorent pas, le Père infligera un châtiment terrible à l'humanité entière. Ce sera alors un châtiment plus grave que le déluge, tel qu'il n'y en a jamais eu auparavant. Un feu tombera du ciel et anéantira une grande partie de l'humanité, les bons comme les méchants, n'épargnant ni les prêtres ni les fidèles. Les survivants se trouveront dans une telle désolation, qu'ils envieront les morts. Les seules armes qui nous resteront seront le Rosaire et le signe laissé par le Fils. Récitez chaque jour les prières du Rosaire. Avec le Rosaire, priez pour le pape, les évêques et les prêtres. L'action du diable s'infiltrera même dans l'Église, de sorte qu'on verra des cardinaux s'opposer à des cardinaux, des évêques contre d'autres évêques. Les prêtres qui me vénèrent seront méprisés et combattus par leurs confrères, les églises et les autels seront saccagés, l'Église sera pleine de ceux qui acceptent les compromis, et le démon poussera beaucoup de prêtres et de consacrés à quitter le service du Seigneur. Le démon s'acharne surtout contre les âmes consacrées à Dieu. La perspective de la perte de nombreuses âmes est la cause de ma tristesse. Si les péchés croissent en nombre et en gravité, il n'y aura plus de pardon pour ceux-ci. Avec courage, parle à ton supérieur. Il saura encourager chacune d'entre vous à prier et à accomplir les œuvres de réparation.* »

Le 4 janvier 1975, vers 9 heures du matin, une religieuse remarque que des larmes coulent des yeux de la statue de la Vierge Marie en bois précieux de la chapelle.

Ayant lancé l'alerte, en quelques minutes, l'ensemble de la communauté est présent et constate le phénomène qui se reproduira à 13h00 et à 18h00.

L'évêque, présent au couvent constatera également le phénomène.

Sœur Agnès Sasakawa entend son ange gardien lui dire : « *C'est pour réveiller votre foi.* »

D'après les témoins, le visage de la statue a également changé, prenant une attitude « de vive tristesse ».

L'auteur de la statue en bois précieux, Saburo Wakasa, fut même convoqué.

Il laissa ce commentaire de son examen : « *Deux choses me frappent : les joues que j'avais taillées se sont creusées, et le visage s'est affaissé ; sa couleur a également tourné au marron foncé et son expression est plus pénétrante* ».

Le 1ᵉʳ mai 1976, l'évènement se reproduit en continu tout au long de la journée, ainsi que les deux jours suivants.

Le 13 mai 1976, la statue pleure de nouveau, devant deux journalistes venus par curiosité.

Le nombre croissant de témoins assistant à ce phénomène, pousse l'évêque John Itô, à lancer une enquête canonique.

Après deux ans d'interruption, les lacrimations de la statue reprennent **le 26 juillet 1978** et se poursuivirent irrégulièrement jusqu'au **15 septembre 1981**.

On a dénombré 12 lacrimations en **1978**, 76 en **1979** et 4 en **1981**.

Au total, plus de 500 personnes purent constater le phénomène, qui se répéta 101 fois, et parmi eux des évêques, des scientifiques, de nombreux curieux, et même la télévision japonaise (qui en a diffusé les images).

Les témoins de ces lacrimations sont aussi bien des chrétiens que des non-chrétiens. Parmi eux se trouva le maire d'Akita, M. Keiji Takada, bouddhiste.

Du 6 juillet 1973 au 29 septembre 1973, du sang suinta et s'écoula des mains de la statue.

Lorsque le sang cessa de couler, la statue exsuda un parfum « indicible » **jusqu'au 15 octobre 1973**.

Depuis...

Sœur Agnès Sasakawa fut miraculeusement guérie partiellement de sa surdité **le 13 octobre 1974**, pour en être ensuite totalement guérie **le 30 mai 1982**.

Notre-Dame de Fatima

Apparition officielle à Fatima.

Portugal.

13/05/1917 - 13/10/1917

Notre-Dame de Fatima est l'invocation attribuée à la Vierge Marie après les apparitions mariales reçues par trois petits bergers : Lucie, François et Jacinthe à Fatima, un village de la région centrale du Portugal.

La toute première apparition ne fut pas celle de la Vierge Marie, mais celle d'un ange à l'apparence juvénile qui leur est apparu à trois reprises.

La première apparition de l'ange **fut en 1915** où il dit aux trois enfants : « *Ne craignez pas. Je suis l'ange de la paix,* **priez pour la paix.** »

Puis l'ange se prosterna par terre, suivi des enfants, et **il leur apprit cette prière** : « ***Mon Dieu, je crois, j'adore, j'espère et je T'aime, et je Te demande pardon pour ceux qui ne croient pas, qui n'adorent pas, qui n'espèrent pas et qui ne T'aiment pas.*** »

Et par trois fois de suite cette prière fut répétée, puis l'ange leur dit : « ***Priez ainsi*** ! *Les Cœurs de Jésus et de Marie sont attentifs à la voix de vos supplications.* »

Quelques mois plus tard, l'ange réapparut aux enfants et il leur dit : « *Que faites-vous ?* ***Priez* ! *Priez beaucoup*** ! *Les Saints Cœurs de Jésus et de Marie ont sur vous des desseins de* *miséricorde. Offrez sans cesse au Très Haut* **des prières** *et des sacrifices.* »

Lucie lui demanda comment faire pour se sacrifier, et l'ange lui répondit : « *De tout ce que vous pourrez, offrez à Dieu le sacrifice en acte de réparation pour les péchés par lesquels Il est offensé, et de supplications pour la conversion des pauvres pécheurs. De cette manière, vous attirerez la paix sur votre patrie. Je suis l'ange gardien. L'ange du Portugal. Surtout, acceptez et supportez avec soumission les souffrances que le Seigneur vous enverra**.* »

En 1916, l'ange apparut une 3ème fois en tenant, cette fois-ci, un calice entre ses mains avec l'Eucharistie suspendue au-dessus, laissant pleuvoir du sang dans le calice, et l'ange, tout en se prosternant, leur fit **réciter la prière** suivante : « ***Très Sainte Trinité, Père, Fils et Saint-Esprit, je Vous adore profondément, et je Vous offre les très précieux Corps, Sang, Ame et Divinité de Jésus Christ, présents dans tous les tabernacles du monde, en réparation pour les outrages, sacrilèges et indifférences par lesquels Il est Lui-même offensé. Par les mérites infinis de Son Très Saint Cœur, et du Cœur Immaculé de Marie, je Vous demande la conversion des pauvres pécheurs***. »

Le 13 mai 1917, la Vierge Marie apparaît pour la première fois aux trois enfants, et elle leur dit : « *N'ayez pas peur. Je ne vous ferai pas de mal.* »

Lucie demanda : « *D'où venez-vous ?* »

La Vierge Marie : « *Je viens du Ciel. Je suis venue vous demander de vous rendre ici pendant six mois de suite, le treize à cette même heure. Ensuite, je vous dirai qui je suis et ce que je veux. Après je reviendrai encore ici une septième fois.* »

Lucie lui demanda si elle ira au Ciel, elle aussi.

Et la Vierge Marie lui répondit : « *Oui tu iras.* »

« *Et jacinthe ?* » ajouta Lucie.

La Vierge Marie : « *Aussi.* »

Lucie : « *Et François ?* »

La Vierge Marie : « *Aussi. Mais il devra **réciter beaucoup de chapelets.*** »

Puis la Vierge Marie leur demanda : « *Voulez-vous offrir à Dieu, pour supporter toutes les souffrances* (voir la page N°345 intitulée « Pourquoi la souffrance sur terre ? ») *qu'Il voudra vous envoyer, en acte de réparation pour les péchés par lesquels Il est offensé et de supplications pour la conversion des pécheurs ?* »

Les enfants lui répondirent qu'ils étaient d'accord.

La Vierge Marie répliqua : « *Vous aurez beaucoup à souffrir, mais la grâce de Dieu sera votre réconfort. **Récitez votre chapelet tous les jours**, afin d'obtenir la paix pour le monde et la fin de la guerre.* »

Le 13 juin 1917, la Vierge Marie dit aux trois enfants : « *Je veux que vous veniez le 13 du mois prochain, **que vous récitiez le chapelet tous les jours**, et que vous appreniez à lire. Ensuite, je vous dirai ce que je veux. Jacinthe et François, je vous emmènerai bientôt au Ciel, mais toi Lucie, tu y resteras un certain temps. Jésus veut se servir de toi afin de me faire connaître et aimer. Il veut établir dans le monde la dévotion à mon Cœur Immaculé. A qui embrassera cette dévotion, je promets le salut. Ces âmes seront chéries de Dieu comme des fleurs placées par moi pour orner Son trône.* »

Lucie lui demanda si elle allait rester sur terre toute seule, à quoi la Vierge Marie répondit : « *Non ma fille. Tu souffres beaucoup ? Ne te décourage pas. Je ne t'abandonnerai jamais. Mon Cœur Immaculé sera ton refuge et le chemin qui te conduira jusqu'à Dieu* ».

Lucie, l'aînée des 3 voyants, a expliqué que la Sainte Vierge voulait également que tout le monde porte le Scapulaire (voir la page N°324 intitulée « Notre-Dame du Mont-Carmel ») qui est le signe de la Consécration au Cœur Immaculé de marie. Le Rosaire et le Scapulaire étant inséparables.

Le 13 juillet 1917, la Vierge Marie leur dit : « *Je veux que vous veniez ici le 13 du mois qui vient. Que vous continuiez **à réciter le chapelet tous les jours** en l'honneur de Notre-Dame du Rosaire pour obtenir la paix du monde, la fin de la guerre, parce qu'elle seule pourra vous secourir [...] Continuez à venir ici tous les mois. En octobre, je vous dirai qui je suis et ce que je veux, et je ferai un miracle que tous pourront voir et croire. Sacrifiez-vous pour les pécheurs et dites souvent à Jésus, spécialement lorsque vous ferez un sacrifice : « Ô Jésus, c'est par amour pour Toi, pour la conversion des pécheurs, et en réparation des péchés commis contre le Cœur Immaculé de Marie. »*

Puis Marie fit voir l'enfer aux enfants, et elle leur dit : « *Vous avez vu l'enfer et où vont les âmes des pauvres pécheurs. Pour les sauver, Dieu veut établir dans le monde la dévotion à mon Cœur Immaculé. Si l'on fait ce que je vais vous dire, beaucoup d'âmes se sauveront et on aura la paix.* »

Ensuite, la Vierge Marie leur donna les trois secrets dits « de Fatima » :

Le 1er secret : « *La guerre va finir. Mais si on ne cesse d'offenser Dieu, alors, sous le règne de Pie XI, commencera une guerre pire encore. Quand vous verrez une nuit illuminée par une lumière inconnue, sachez que c'est le grand signe que Dieu vous donne qu'Il va punir le monde de ses crimes, par le moyen de la guerre, de la famine et des persécutions contre l'Eglise, et contre le Saint-Père.* » (A noter que cette lumière eut lieu en 1938, et cela fut relaté dans les journaux de l'époque. Et l'on ne sut jamais d'où elle provenait... L'année suivante, éclata la deuxième guerre mondiale...)

Le 2ème secret : « *Pour empêcher cela, je viendrai demander la consécration de la Russie à mon Cœur Immaculé ainsi que la communion réparatrice des premiers samedis du mois* (voir la page N°64 intitulée « La dévotion réparatrice des 5 premiers samedis »). *Si l'on écoute mes demandes, la Russie se convertira et l'on aura la paix. Sinon, elle répandra ses erreurs à travers le monde, provoquant des guerres et des persécutions contre l'Eglise. Les bons seront martyrisés. Le Saint-Père aura beaucoup à souffrir. Plusieurs nations seront anéanties. A la fin, mon Cœur Immaculé triomphera. Le Saint-Père me consacrera la Russie qui se convertira, et il sera donné au monde un certain temps de paix. Au Portugal, se conservera toujours le dogme de la foi. Cela, ne le dites à personne, sauf à François.* »

Le 3ème secret où Lucie raconte ce qu'ils virent : « *Nous avons vu un ange avec une épée de feu dans la main gauche qui scintillait et qui émettait des flammes et qui devait, apparemment, incendier le monde. Mais l'ange s'éloignait sous l'action de la splendeur de la main gauche de Notre-Dame tournée vers sa direction, tout en indiquant la terre avec sa main droite, et il disait d'une voix forte : « Pénitence, pénitence, pénitence ! » [...] nous vîmes un évêque vêtu de blanc et nous eûmes le pressentiment que c'était le Saint-Père. Nous vîmes ensuite divers autres évêques, prêtres, religieux et religieuses, monter sur une montagne escarpée, au sommet de laquelle était une grande croix de tronc brut, comme si elle était en chêne liège avec son écorce. Avant d'y arriver, le Saint-Père traversa une grande ville à moitié en ruine, et, à moitié tremblant, d'un pas vacillant, affligé de souffrances et de peines, il priait pour les âmes des cadavres qu'il trouvait sur son chemin. Parvenu au sommet de la montagne, prosterné à genoux au pied de la grande croix, il fut tué par un groupe de soldats qui tirèrent plusieurs coups avec une arme à feu et des flèches, et de la même manière, moururent les uns après les autres les évêques, les prêtres, les religieux, les religieuses et divers laïcs, hommes et femmes, de classes et de catégories sociales différentes. Sous les deux bras de la croix, il y avait deux anges, chacun avec un arrosoir de cristal à la main, dans lequel ils recueillaient le sang des martyrs, et avec lequel ils irriguaient les âmes qui s'approchaient de Dieu.* »

Le 19 août 1917, la Vierge Marie leur dit : « *Je veux que vous continuiez de venir le 13, et que vous continuiez de **réciter votre chapelet tous les jours**. Le dernier mois, je ferai le miracle afin que tous croient. S'ils ne vous avaient pas emprisonnés en ville* (en effet, les enfants furent arrêtés puis gardés en ville par les autorités, afin de leur faire avouer, presque par la force, que ces histoires d'apparitions de la Vierge Marie qu'ils colportaient n'étaient que des mensonges, et notamment celle du 13 juillet 1917. C'est la raison pour laquelle cette apparition est plus tardive que prévue initialement par la Vierge Marie, qui devait se produire le 13 août. Les enfants ne revinrent jamais sur leurs dires et ils furent à terme, libérés), *le miracle aurait été plus connu. Saint Joseph viendra avec l'Enfant-Jésus pour donner la paix au monde. Notre Seigneur viendra bénir le peuple. Viendra aussi Notre-Dame du Rosaire et Notre-Dame des Douleurs.* »

Lucie lui demanda la guérison de quelques malades.

Et la Vierge Marie lui répondit : « *Oui, j'en guérirai certains dans l'année. **Priez ! Priez beaucoup !** Et faites des sacrifices pour les pauvres pécheurs. Car beaucoup d'âmes vont en enfer, parce qu'elles n'ont personne qui se sacrifie et prie pour elles.* »

Le 13 septembre 1917, la Vierge Marie dit aux enfants : « ***Continuez de réciter le chapelet** afin d'obtenir la fin de la guerre. En octobre, notre Seigneur viendra, ainsi que Notre-Dame des Douleurs, Notre-Dame du Carmel et saint Joseph avec l'Enfant-Jésus. Il bénira le monde.* »

Les enfants faisaient des sacrifices divers pour les pécheurs chaque jour, dont une corde qu'ils portaient autour des reins, et la Vierge Marie leur dit à ce sujet : « *Dieu est satisfait de vos sacrifices, mais Il ne veut pas que vous dormiez avec la corde, portez-la seulement pendant le jour.* »

Lucie lui demanda à nouveau la guérison de quelques malades.

A quoi la Vierge Marie lui répondit : « *J'en guérirai certains, mais les autres non. Parce que notre Seigneur ne se fie pas à eux.* »

Le 13 octobre 1917, une foule de 60000 personnes était présente sous une pluie intense.

La Vierge Marie dit à Lucie : « *Je veux te dire que l'on fasse ici une chapelle en mon honneur. Je suis Notre-Dame du Rosaire.* **Que l'on continue toujours de réciter le chapelet tous les jours**. *La guerre va finir et les militaires rentreront bientôt chez eux.* »

Lucie demanda à nouveau la guérison de quelques malades.

A quoi la Vierge Marie lui répondit : « *J'en guérirai certains, et d'autres non. Car il faut qu'ils se corrigent et qu'ils demandent pardon pour leurs péchés. Il faut cesser d'offenser ainsi Dieu, notre Seigneur, car Il est déjà trop offensé.* »

Puis pendant que la Vierge Marie s'élevait pour partir, le miracle du soleil eut lieu : la pluie intense cessa, et les nuages laissèrent percevoir le soleil.

Les gens pouvaient fixer le soleil sans se brûler les yeux.

Puis le soleil se mit à tourner sur lui-même et à émettre des rayons colorés dans toutes les directions.

Toute la foule tomba alors à genoux.

Plus tard, ils eurent l'impression que le soleil s'approchait d'eux, si bien qu'une grande peur s'installa au sein de la foule.

Ce miracle du soleil fut visible jusque 5 kms aux alentours de Fatima.

Depuis...

En juin 1919 une petite chapelle est construite sur le lieu des apparitions à l'initiative de simples paroissiens.

Un commerçant de Leiria fit réaliser pour son compte une statue de Notre-Dame de Fatima qu'il fit placer, quelque temps plus tard, dans la chapelle des apparitions.

En 1928, l'évêque du diocèse lance la construction de la basilique de Notre-Dame du Rosaire qui sera inaugurée en 1953.

La construction de la basilique de la Sainte Trinité débute en 2004, son inauguration eut lieu le 12 octobre 2007.

Notre-Dame de Guadalupe

Apparition officielle à Mexico.

Mexique.

Hiver 1531

La Vierge Marie est apparue **un samedi de l'hiver 1531** à un aztèque, Juan Diego, devenu catholique à la suite de la conquête de l'Amérique du Sud par les conquistadors.

Il se rendait à la messe en passant par la campagne.

Il passa sur une colline pleine de ronces qui était très pauvre en végétation, quand tout d'un coup il entendit des chants merveilleux d'oiseaux, des chants si beaux, qu'ils ne semblaient pas pouvoir provenir de la terre.

Puis une voix féminine très douce et mélodieuse lui dit : « *Juanito, Juanito !* » et il vit devant lui une dame magnifique qui le regardait, plein de tendresse.

Et la dame lui dit « *Juanito. Le plus humble de mes fils, où vas-tu ?* »

Juan Diego lui répondit : « *Ma dame et enfant. Je dois atteindre ton église à Mexico. Afin de poursuivre les choses divines qui nous sont enseignées et données par nos prêtres et nos délégués, et notre Seigneur.* »

La dame dit : « *Sache et comprend bien, le plus humble de mes fils, que je suis la toujours Vierge Sainte Marie, mère du vrai Dieu pour qui nous existons, du créateur de toutes choses,*

Seigneur du Ciel et de la terre. J'aimerai qu'une église soit érigée ici rapidement, afin que je puisse vous montrer et vous donner mon amour, ma compassion, mon aide et ma protection, parce que je suis votre mère miséricordieuse à vous, à tous les habitants de cette terre, et à tous ceux qui m'aiment, m'invoquent et qui ont confiance en moi. J'écoute leurs lamentations et je remédie à leurs misères, leurs détresses et leurs peines, afin d'accomplir ce qu'exige ma clémence. Va au palais de l'évêque de Mexico. Tu lui diras que je manifeste un grand désir qu'ici, sur cette plaine, qu'une église soit construite en mon honneur. Tu lui raconteras dans les moindres détails tout ce que tu as vu et admiré, ce que tu as entendu. Sois assuré que je te serai extrêmement reconnaissante, et que je te récompenserai car je te rendrai heureux, et digne de récompense pour les efforts et la fatigue que tu vas endurer pour cette mission. Voilà, tu as entendu mes instructions mon humble fils. Va, et fais tous tes efforts. »

Juan Diego lui répondit alors : *« Ma dame, je vais obéir à tes instructions. Maintenant, je dois te quitter, moi ton humble serviteur. »*

Juan Diego se rendit alors directement à Mexico et raconta toute l'histoire à l'évêque.

Mais ce dernier ne le crut pas, et il le renvoya.

Il retourna donc directement à la colline où la Vierge Marie l'attendait, et il lui raconta : *« Ma dame, la plus petite de mes filles, mon enfant. Je suis allé là où tu m'as envoyé, afin de me conformer à tes instructions. Avec beaucoup de difficultés, j'ai pénétré dans le bureau du prélat. Je l'ai vu. Je lui ai fait part de ton message comme tu me l'avais recommandé. Il m'a reçu avec bienveillance et il m'a écouté attentivement, mais sa réponse laissait entendre qu'il ne me croyait pas. Il m'a dit : tu reviendras, et je t'entendrai à mon gré. Je reprendrai tout depuis le début, et je réfléchirai sur le vœu et le désir qui t'ont amené. J'ai particulièrement compris, de par la façon qu'il m'a répondu, qu'il pensait que ton désir d'avoir une église qui te soit consacrée, était une invention de ma part, et que ce n'était pas ton ordre. Aussi je te supplie instamment, ma dame, de confier l'accomplissement de ton message à quelqu'un d'important, de connu, quelqu'un qui inspirera le respect et l'estime, afin qu'on le croit parce que je ne suis rien. Je suis une petite ficelle, une minuscule échelle, une queue, une feuille, et toi mon enfant, la plus petite de mes enfants, ma dame, tu m'as envoyé à une place que je ne fréquente jamais. Je t'en prie, pardonne-moi de ce grand désagrément. Ne soit pas irritée ma dame. »*

La Sainte Vierge lui répondit : « *Ecoute, ô le plus petit de mes fils, tu dois comprendre que j'ai de nombreux serviteurs et messagers à qui je peux confier l'accomplissement de mon message, ainsi que l'exécution de mon désir. Mais que c'est justement à toi, précisément, que je demande de m'aider, afin que par ta médiation, mon vœu soit accompli. Je t'implore ardemment, toi le plus petit de mes fils, et avec fermeté, je t'ordonne d'aller voir demain l'évêque. Tu iras en mon nom et tu lui feras connaître mon vœu intégral, selon lequel je lui demande de commencer la construction d'une église. Tu lui dis aussi que c'est moi, en personne, la toujours Vierge Sainte Marie, mère de Dieu qui t'a envoyé. »*

Juan Diego lui dit : « *Ma dame. Mon enfant. Je ne veux pas te faire de la peine. Joyeusement et de plein gré, je vais obéir à tes instructions. Sans aucune condition, je ne manquerai de le faire. J'irai accomplir ton désir, car non seulement le chemin est pénible, mais peut être que je ne serai pas écouté avec plaisir. Ou si on m'écoute, on ne me croira pas. Demain après-midi, au coucher du soleil, je reviendrai t'apporter la réponse de ton message auprès du prélat. Je prends maintenant congé de toi, la plus petite de mes enfants, mon enfant et ma dame. Repose-toi entre temps. »*

Dans les jours qui suivirent, Juan Diego obéit en se rendant à Mexico, où il commença par se rendre à la messe.

Puis il demanda à rencontrer de nouveau l'évêque, ce qui lui fut accordé.

Ce dernier acceptera de le croire mais à la condition qu'il y ait des signes indubitables, prouvant les dires de Juan Diego.

Aussitôt, Juan Diego retourna à la colline retrouver la Sainte Vierge, pour lui rapporter comme promis, la réponse de l'évêque.

Après le résumé de Juan Diego sur sa rencontre avec le prélat, la Sainte Vierge lui dit : « *Très bien mon petit. Tu repartiras là-bas demain, afin de lui apporter le signe qu'il t'a demandé. Avec cela, il te croira. Et dans son regard, il n'y aura ni doute, ni soupçon. Et sache, mon petit, que je te récompenserai pour ta sollicitude, tes efforts et ta fatigue à mon égard. Je t'attendrai ici demain.* »

Cependant, lorsqu'il rentra chez lui ce jour même, il trouva son oncle mourant.

Le médecin ne pouvait pas le guérir.

Il alla donc chercher urgemment un prêtre pour lui donner les derniers sacrements, mais il n'osa pas passer par la colline, de peur que la dame ne le retienne, et donc, l'empêche de ramener un prêtre à son oncle à temps.

Il décida alors de passer par un autre chemin contournant la colline.

Et la Sainte Vierge le sut, qui l'attendait sur son chemin.

Elle lui demanda : « *Que se passe-t-il, le moindre, le plus petit de mes fils ? Où vas-tu ?* »

A quoi il répondit : « *Mon enfant. La plus tendre de mes filles. Ma dame. Que Dieu veuille que tu sois satisfaite. Comment vas-tu ce matin ? Est-ce que ta santé est bonne ma dame et mon enfant ? Je vais te faire de la peine. Sache, mon enfant, qu'un de tes serviteurs, mon oncle, est très malade. Il a attrapé la peste. Il est sur le point de mourir. Je dois me hâter vers Mexico afin d'appeler un de tes prêtres aimé de Dieu, pour qu'il entende sa confession et lui donne l'absolution, car depuis notre naissance, nous sommes venus au monde pour nous préserver des œuvres de la mort. Mais si je pars, je reviendrai ici très rapidement afin d'aller apporter ton message. Ma dame, mon enfant, pardonne-moi. Soit patiente avec moi pour le moment, je ne te décevrai pas, ô la plus petite de mes filles. Demain, je viendrai en toute hâte.* »

Et la Sainte Vierge lui dit : « *Ecoute-moi et comprend bien, le moindre de mes fils. Rien ne doit t'effrayer ou te peiner. Que ton cœur ne soit pas peiné. N'aie pas peur de cette maladie, ni d'aucune autre maladie ou angoisse. Ne suis-je pas, moi, ne suis-je pas ta mère ? N'es-tu pas sous ma protection ? Ne suis-je pas ta santé ? Ne reposes-tu pas heureux en mon sein ? Que désires-tu de plus ? Ne sois pas malheureux ou troublé par quoi que ce soit, ne sois pas affligé par la maladie de ton oncle, il n'en mourra pas. Sois assuré qu'il est maintenant guéri.* »

Et en effet, à cet instant même, son oncle fut instantanément et miraculeusement guéri.

Puis la Sainte Vierge poursuit : « *Grimpe, ô le plus petit de mes fils. Grimpe jusqu'en haut de la colline, là où tu m'as vu, et où je t'ai donné des instructions. Tu verras différentes fleurs. Cueille-les. Rassemble-les. Puis viens les apporter devant moi.* »

Juan Diego obéit alors aussitôt, et au sommet de la colline, il y avait des roses par milliers, des roses magnifiques à profusion, mais nous sommes en hiver, ce donc cela n'est, normalement, pas possible !

Alors il les cueilli par brassées, et il les déposa dans son poncho afin de pouvoir les apporter à la Sainte Vierge.

Puis il retourna vers la Vierge Marie qui lui dit : « *Ô toi le plus petit de mes fils, cette variété immense de roses est une preuve, un signe que tu porteras à l'évêque. Tu lui diras en mon nom, qu'il verra là mon vœu et qu'il doit s'y conformer. Tu es mon ambassadeur, le plus digne de ma confiance. Je te l'ordonne rigoureusement de ne déplier ton manteau qu'en présence de l'évêque, et de lui montrer ce que tu portes. Tu lui diras bien tout. Tu lui diras que je t'ai ordonné de monter là-haut de la colline et de cueillir les fleurs, et aussi tout ce que tu as vu et admiré, afin que tu puisses persuader le prélat d'accorder son soutien à ma demande, et qu'une église soit construite. »*

Ce que fit Juan Diego, qui se rendit immédiatement chez l'évêque.

L'évêque le fit attendre toute la journée.

Puis l'évêque le reçoit, et Juan Diego lui dit : « *Monseigneur. J'ai fait ce que tu m'as demandé. Je suis allé à mon amas. Ma dame du Ciel, Sainte Marie, précieuse mère de Dieu. Que je suis allé demander un signe, afin que tu puisses croire qu'il faut construire une église, là où elle l'a demandée. Je lui ai aussi dit que je t'avais donné ma parole que je te ramènerai un signe, et une preuve que son désir est bien ce que je t'ai raconté. La Sainte Vierge a écouté et agréa ta requête. Tôt ce matin, elle m'a envoyé te voir à nouveau. Je lui ai demandé à nouveau le signe afin que tu puisses me croire, et elle me dit qu'elle me le donnera, et elle s'y conforma. Elle m'envoya en haut de la colline, où j'avais l'habitude de la voir, pour cueillir une variété de roses de Castille. Après les avoir cueillies, je les lui ai portées. Elle les a prises de sa main, les a placées dans mon vêtement afin que je les porte et que je te les donne en personne. Même si je savais que le haut de la colline ne serait pas un endroit où pousseraient des fleurs, car il y a beaucoup de roches, de ronces, d'épines, de cactus, j'avais encore des doutes. Quand je me suis approché du haut de la colline, je vis que j'étais au paradis. Il y avait une variété d'exquises roses de Castille couvertes de brillantes rosées, et je les ai cueillies immédiatement. Elle m'a dit que je devais te les porter. Je me suis exécuté afin que tu puisses voir en elles le signe que tu m'as demandé, et te conformer à son vœu. Ainsi mon message sera crédible. Voilà, reçois-les. »*

Il déplia alors son poncho et les roses tombèrent par terre.

Et encore plus fabuleux, sur son poncho, s'était imprimée une image « non faite de main d'Homme. » (Cette image est très facilement trouvable sur Internet).

Un peu plus tard, l'oncle de Juan Diego avoua avoir également vu la Sainte Vierge, lorsqu'il était mourant, qui lui a dit : « *Ton neveu est parti voir l'évêque. Toi aussi tu le rencontreras. Et quand tu le rencontreras, tu lui révèleras ce que tu as vu et tu lui expliqueras de quelle façon je t'ai guéri miraculeusement. Je veux être appelée la toujours Vierge Sainte Marie de Guadalupe, et que mon image bénie soit ainsi connue.* »

Depuis...

L'évêque, convaincu, fit donc construire l'église à l'emplacement exact où la Sainte Vierge l'avait demandé.

Puis il fit apporter l'image de Notre-Dame de Guadalupe dans cette église (imprimée sur le Pancho de Juan Diego).

L'image de Notre-Dame de Guadalupe est toujours, à l'heure actuelle, parfaitement conservée sur le Pancho, et cela de façon miraculeuse car aucun scientifique n'arrive à expliquer ce mystère.

Les couleurs sont toujours aussi vives, et la température du Pancho est toujours fixe à 37,2 °C (celle du corps humain) et ce, quelle que soit la température extérieure à laquelle il est soumis.

Cette image fut victime d'un attentat à la bombe et en est sortie totalement intacte.

Une autre fois, de l'acide fut renversé dessus, et ce, sans aucune conséquence... (Voir la page N°150 intitulée « L'image miraculeuse de Notre-Dame de Guadalupe»).

En 2000, le Mexique voulut adopter la loi pour l'avortement. Et cette même année, l'image devint très lumineuse au niveau du ventre de Notre-Dame de Guadalupe, signifiant que l'avortement était très grave, et que le Mexique devait reculer face à cette décision.

Il s'agit du lieu de pèlerinage du monde catholique le plus important du monde : 3 fois plus de pèlerins chaque année qu'à Lourdes.

Notre-Dame de Knock

Apparition officielle à Knock.

Irlande

21/08/1879

La journée du **jeudi 21 août 1879** à Knock (petit village du comté de Mayo dans l'Ouest de l'Irlande) commença comme à l'ordinaire.

Les gens profitèrent du beau temps pour sortir travailler.

Une fois son travail terminé, Mary Mac Loughlin, la femme de ménage du curé de la paroisse, se rendit chez la famille Byrne qui habitait une maison de chaume près de l'église.

Le soir, le temps changea et il commença à pleuvoir des cordes.

Vers 20 heures, Mary Mac Loughlin repartit chez elle, accompagnée de la fille ainée des Byrne, Mary, âgée de 29 ans.

Alors qu'elles s'approchèrent de l'église, Mary Byrne s'écria soudain : « *Regardez ces belles personnes !* »

En se rapprochant, les deux femmes virent une silhouette lumineuse.

Mary Byrne s'exclama : « *C'est la Sainte Vierge !* »

À ses côtés, se tenaient saint Joseph et saint Jean l'évangéliste.

À droite se trouvait un autel, avec un agneau entouré d'anges, et derrière lui une grande croix.

Les deux femmes étaient trempées par la pluie, mais pas une goutte d'eau ne tomba sur le mur extérieur de l'église ni sur la vision.

Mary Byrne courut alors chez elle alerter sa famille de la merveilleuse chose qu'elle venait de voir.

Sa mère, son frère Dominick, sa sœur Margaret et sa nièce Catherine Murray sortirent pour être, eux aussi, des témoins de l'apparition.

La jeune fille courut également partager la nouvelle auprès des voisins de l'église.

Bientôt, une petite foule se rassembla et ils récitèrent le chapelet ainsi que d'autres prières. Toute la foule vit.

La vision dura environ deux heures, puis elle disparut à la tombée de la nuit.

Depuis...

Immédiatement après la déclaration de cette apparition, des pèlerinages s'organisèrent.

Le petit village de Knock reçut d'importantes visites de pèlerins dès 1880, dont beaucoup viennent chercher une guérison physique, au point que Knock est rapidement dénommé le « Lourdes irlandais ».

En 1935, la société du sanctuaire de Knock est créée pour promouvoir l'amélioration de l'accueil des pèlerins et des malades, en développant les infrastructures du sanctuaire.

En 1976, une grande église « Notre-Dame Reine d'Irlande » est construite pour accueillir les pèlerins.

L'église est élevée au rang de basilique en 1979 à l'occasion de la visite du pape Jean-Paul II.

Le sanctuaire continue de se développer et d'attirer plus d'un million de pèlerins du monde entier chaque année.

Notre-Dame de la Prière

Apparition officielle à Île-Bouchard.

France.

08/12/1947 - 14/12/1947

La vierge Marie apparut auprès de 4 enfants : Jacqueline et sa sœur Jeanne, Nicole et Laura, au sein de l'église de l'Ile-Bouchard, une petite commune de France.

Elle était toujours accompagnée d'un ange, à genoux à côté d'elle. A noter que le 8 décembre correspond au jour où l'on fête l'Immaculée Conception de la Vierge Marie. De plus, sur le plan historique, le parti communiste est sur le point de commettre un coup d'Etat dans le pays, ce qui entraînerait une guerre civile violente, et qui serait alors une véritable catastrophe pour notre nation, mais également pour l'Eglise.

Le 08 décembre 1947, la Vierge Marie apparaît aux enfants pour la première fois.

Elle est attristée, et elle leur dit : « *Dites aux petits enfants de prier pour la France... Car elle en a grand besoin.* »

Question des enfants : « *Madame, êtes-vous notre maman du Ciel ?* »

La Vierge Marie leur répondit : « *Oui. Je suis votre maman du Ciel.* »

Les enfants : « *Quel est l'ange qui vous accompagne ?* »

La Vierge Marie se tait, laissant l'ange leur répondre : « *Je suis l'ange Gabriel.* »

Tous les enfants ayant pris connaissance de ce message **vont se mettre à prier** pour la France, ce que les adultes ne vont pas vraiment faire...

Le 09 décembre 1947, la Vierge Marie demanda aux enfants d'embrasser le crucifix qu'elle portait autour du cou, puis elle leur montra comment faire le signe de la croix.

Puis elle leur dit : « *Je vais vous dire un secret que vous pourrez redire dans 3 jours : **priez pour la France** qui, ces jours-ci, est en grand danger. Allez dire à monsieur le curé de venir ici à deux heures. D'amener les enfants et la foule **pour prier**. Commencez par dire un « Je vous salue Marie ».*

La Vierge Marie **pria** la première partie avec les enfants, puis les laissa finir seuls.

Puis la Vierge Marie conclue en leur disant : « *Dites à monsieur le curé de construire une grotte le plus tôt possible, là où je suis. D'y placer ma statue et celle de l'ange à côté. Lorsqu'elle sera faite, je la bénirai. Revenez à 14 heures et à 17 heures.* »

Le curé interdira aux enfants de revenir à 14 heures pour se rendre à la place à l'école.

A 17 heures, sortis de l'école, ils s'y rendirent avec de nombreux curieux, des villageois, etc. (qui, eux, ne verront, ni n'entendront la Vierge Marie).

La Vierge Marie dit alors aux enfants : « *Chantez le Je vous salue Marie, ce cantique que j'aime bien.* »

Une fois cela fait, la Vierge Marie dit : « *Dites à la foule de s'approcher et de **réciter une dizaine de chapelet**.* »

Puis, une fois le chapelet terminé, la Vierge Marie dit : « *Venez tous les jours à 13 heures. Je vous dirai quand tout sera fini.* »

Puis la Sainte Vierge disparut, après avoir béni l'assistance par un majestueux signe de croix.

Le 10 décembre 1947, la Vierge Marie dit : *« Chantez le Je vous salue Marie, puis **récitez une dizaine de chapelet**. »*

Ceci fait, la Vierge Marie dit aux enfants : *« Venez baiser ma main. »*

Ce qu'ils firent.

Puis l'un des enfants lui demanda : *« En quoi faudra-t-il faire la grotte que vous nous avez demandé hier ? »*

A quoi la Vierge Marie répondit : *« En papier pour commencer. »*

Puis l'un des enfants reprit : *« Madame, voulez-vous faire un miracle pour que tout le monde croit ? »*

La Vierge Marie lui répondit : *« Je ne suis pas venue ici pour faire des miracles, mais pour vous demander **de prier** pour la France. **Mais demain, vous y verrez clair. Et vous ne porterez plus de lunette***. Je vais vous confier un secret que vous ne direz à personne. Promettez-moi de le garder ! »*

Les enfants le promirent, et la Sainte Vierge leur confia ce secret qu'ils ne livreront jamais à personne !

Puis la Sainte Vierge leur demanda, avant de disparaître, de revenir le lendemain à 13 heures.

Le 11 décembre 1947, l'enfant qui avait réclamé, la veille, à la Vierge Marie, un miracle, et qui eut pour réponse de sa part : *« ***Mais demain, vous y verrez clair. Et vous ne porterez plus de lunette**. »* s'est couchée la veille au soir avec une myopie, un œil qui tournait, ainsi qu'une conjonctivite purulente, tous ces symptômes étant de naissance.

A son réveil, ce jour du **11 décembre 1947**, elle était miraculeusement guérie et elle n'avait plus besoin de ses lunettes !

A l'église, ce même jour, à 13 heures, la Vierge Marie leur dit : « *Chantez le Je vous salue Marie.* »

Puis elle leur demanda : « ***Priez-vous pour les pécheurs ?*** »

Les enfants, après avoir répondu à l'affirmative, **récitèrent un chapelet** sous la demande de la sainte Vierge Marie.

L'un des enfants lui demanda : « *D'où nous vient cet honneur que vous veniez en notre église ?* »

Et la Sainte Vierge lui répondit : « *C'est parce qu'il y a ici des personnes pieuses et que Jeanne Delanoux y est passée.* »

L'enfant : « *Madame, voudriez-vous guérir ceux qui ont des maladies nerveuses et des rhumatismes ?* »

A quoi la Vierge Marie répondit : « *Je donnerai du bonheur dans les familles.* »

Puis la Vierge Marie leur demanda : « *Voulez-vous chanter le Je vous salue Marie de nouveau ?* »

Demande à laquelle ils répondirent positivement.

Puis après le chant, la Vierge Marie leur demanda : « *Est-ce que monsieur le curé va construire la grotte ?* »

Réponse des enfants : « *Oui madame. Nous vous le promettons.* »

Puis la Vierge Marie leur dit avant de disparaître : « *Revenez demain à 13 heures.* »

Le 12 décembre 1947, la Vierge Marie est apparue très souriante, très heureuse, dans une joie complète, et avec le mot « Magnificat » écrit sur sa robe.

Elle dit aux enfants : « *Chantez le Je vous salue Marie,* **puis faites une dizaine de chapelet**. »

Ceci fait, la Vierge Marie demanda aux enfants : « **Priez-vous pour les pécheurs** *?* »

Question à laquelle les enfants répondirent à l'affirmative.

La Vierge Marie : « *Bien ! Surtout* **priez beaucoup pour les pécheurs**. »

L'un des enfants demanda la guérison d'une jeune fille qui était paralysée.

Et la Vierge Marie répondit : « *Si je ne la guéris pas ici. Je la guérirai ailleurs.* »

Et le dialogue continue : « Madame, voulez-vous guérir une personne très pieuse ? »

La Vierge Marie répondit : « *Je ne suis pas venue ici pour faire des miracles. Mais* **pour que vous priez** *pour la France.* »

Puis la Vierge Marie bénit la foule et disparut avec l'ange.

La Vierge Marie ne demandera plus, à compter de ce jour, de prier pour la France.

Sa mission était-elle accomplie ?

A vous de juger : ce jour-là, le 12 décembre 1947, le parti communiste était prêt à prendre le pouvoir à Paris. Et sur un ordre du parti, probablement de Staline, contre toute attente, il fut décidé de changer les plans et le parti communiste reculera, fera cesser la grève générale, et la France, ainsi, retrouva plus de stabilité.

Les historiens ne comprennent toujours pas, à ce jour, ce comportement totalement illogique du parti communisme de ce jour du 12 décembre 1947, qui avait la France entre ses mains comme un fruit mûr, qui leur restait juste à cueillir...

Le 13 décembre 1947, la Vierge Marie fit une apparition uniquement de **prières**.

Elle était très heureuse et elle apprit aux enfants comment faire le signe de croix, puis ils **récitèrent ensemble plusieurs chapelets**.

Enfin, à la fin des **prières**, la Vierge Marie les informa qu'elle reviendra le lendemain pour la dernière fois.

Le 14 décembre 1947, l'église est pleine, mais seuls les 4 enfants virent la Vierge Marie (comme cela fut toujours le cas dans toutes les autres apparitions.)

Les enfants demandèrent à la Vierge Marie : « *Madame, nous vous demandons de bénir Monseigneur l'archevêque [...], les deux paroisses [...] et de donner des prêtres à la Touraine.* »

Cette demande fut agréée par la Vierge Marie.

Les enfants offrirent ensuite un bouquet de fleurs à la Sainte Vierge qu'elle accepta, et elle leur répondit : « *Je les embrasserai. Mais je ne veux pas les prendre. Vous les emporterez.* »

Ensuite, les enfants lui demandèrent : « *Madame, que faut-il faire pour consoler notre Seigneur de la peine que lui font les pécheurs ?* »

La réponse de la Vierge Marie fut : « ***Il faut prier*** *et faire des sacrifices.* »

Puis l'un des enfants dit : « *Madame, je vous en prie. Donnez une preuve de votre présence.* »

Et la Vierge Marie de répondre : « *Avant de partir, j'enverrai un vif rayon de soleil. Dites à la foule qu'elle chante le Magnificat.* » Ce que la foule fit au cœur de l'église.

Puis la Vierge Marie leur demanda de **réciter un chapelet** en mettant les bras en croix.

Ensuite la Vierge Marie leur demanda une nouvelle fois : « *Allez-vous construire une grotte ?* »

A quoi les enfants répondirent à l'affirmative.

Ensuite, trois fois de suite, la Vierge Marie dit « *Ô Marie, conçue sans péché.* » suivi des enfants : « *Priez pour nous qui avons recours à vous.* »

Et c'est alors que va subvenir le signe : l'église est pleine à craquer.

Alors que le ciel est gris et très bas, un « vif rayon de soleil », suivant un trajet impossible, illumine pendant quelques minutes l'église sombre et vient éclairer le coin de la chapelle où se trouvent les enfants.

Notre-Dame de la Rue du Bac

Apparition officielle à sainte Catherine Labouré.

France.

18/07/1830 - ?/12/1830

La Vierge Marie apparut, pour la première fois à sœur Catherine Labouré, dans la nuit du **18 juillet 1830**, au sein de son couvent.

Tout est éteint et tout le monde dort.

Vers 23 heures 30, sœur Catherine Labouré se réveille en sursaut.

Il y a, à côté d'elle, un petit enfant lumineux qui a environ 5 ans : « *Sœur Catherine labouré ! Sœur Catherine labouré ! Réveillez-vous ! Réveillez-vous !* » lui dit-il.

Catherine Labouré alors réveillée, remarque, à sa grande surprise, que tout le dortoir est allumé.

Le petit garçon lui dit : « *Venez à la chapelle. La Sainte Vierge vous attend.* »

Voyant l'hésitation de la sœur à se lever, il ajouta : « *Soyez tranquille. Il est 23 heures 30. Tout le monde dort bien. Venez. Je vous attends.* » et l'enfant quitta la chambre.

Si bien que sœur Catherine Labouré se rendit à la chapelle.

Tout était allumé au sein du couvent, et la chapelle était toute lumineuse.

Le petit garçon emmena sœur Catherine dans le chœur de la chapelle, auprès du grand fauteuil réservé au prêtre, lorsque qu'il dit la messe.

Alors elle s'agenouilla comme pendant l'oraison, et le temps passa.

Enfin, l'enfant dit : « *Voici la Sainte Vierge.* »

La Sainte Vierge s'inclina respectueusement devant le Saint-Sacrement et vint s'assoir sur le fauteuil du prêtre.

La Sainte Vierge confia alors à sœur Catherine une mission : « *Mon enfant, le Bon Dieu veut vous charger d'une mission. Vous aurez bien de la peine, mais vous les surmonterez en pensant que vous le faites pour la gloire du Bon Dieu... Vous connaîtrez ce qui est du Bon Dieu, vous en serez tourmentée, jusqu'à ce que vous l'ayez dit à celui qui est chargé de vous conduire, vous serez contredite. Mais vous aurez la grâce. Ne craignez pas, dites tout avec confiance et simplicité... Le moment viendra où le danger sera grand, on croira tout perdu. Là, je serai avec vous, ayez confiance, vous reconnaîtrez ma visite et la protection de Dieu, ainsi que celle de saint Vincent sur les deux communautés.* » Puis elle ajouta, immensément attristée : « *Les temps sont mauvais. Des malheurs vont fondre sur la France. Le trône sera renversé. Le monde entier sera renversé par des malheurs de toutes sortes.* » Puis : « *Venez auprès de cet autel. Là, des grâces seront répandues sur toutes les personnes qui les demanderont. Les grands et les petits.* »

Ensuite la Sainte Vierge lui parla des deux communautés que forment les sœurs de saint Vincent de Paul, au sujet de la règle qui devait y être mieux suivie.

La Vierge Marie lui annonça également qu'il y aura des victimes au sein du clergé de Paris, et que l'archevêque lui-même sera tué.

La Vierge Marie dit : « *Le moment viendra où le danger sera grand, on croira tout perdu, là je serai avec vous, ayez confiance, vous reconnaîtrez ma visite et la protection de Dieu, ainsi que celle de saint Vincent sur les deux communautés. Mon enfant, la croix sera méprisée. On la jettera par terre. On ouvrira de nouveau le côté de notre Seigneur. Les rues seront pleines de sang. Le monde entier sera dans la tristesse. »* (Ces faits annoncés par la Vierge Marie arriveront 40 ans plus tard avec la Commune de Paris de 1870).

Puis la Sainte Vierge très triste, la quitta, et le petit garçon qui était toujours présent, raccompagna sœur Catherine jusqu'à sa chambre vers 2h30.

Quelques jours plus tard, comme le lui a demandé la Sainte Vierge, elle raconta tout à son confesseur, qui sera le seul à être dans la confidence.

Le 27 novembre 1830, sœur Catherine est à l'oraison avec les autres sœurs du couvent.

Quand lui apparaît de nouveau la Sainte Vierge, tenant entre ses mains un petit globe, tout en étant debout sur un autre globe plus grand.

La Vierge Marie lui dit : « *Cette boule représente le monde entier, la France et chaque personne en particulier.* »

Puis elle tendit les mains vers le bas, avec sur ses doigts, des bagues magnifiques d'où sortaient des rayons qui se mettaient à tomber vers la terre.

Sœur Catherine comprit intérieurement qu'il s'agissait d'une multitude de grâces qui tombaient sur le monde.

Certaines bagues n'émettaient pas de rayon, et Sœur Catherine comprit qu'il s'agissait de grâces que les Hommes oubliaient de demander.

Elle remarqua également que pendant que les grâces touchaient la terre, et semblaient inonder chaque âme qui les demandait, les lèvres de la Sainte Vierge bougeaient, signifiant, comme le dira plus tard sœur Catherine, **que la Sainte Vierge ne cesse de prier pour nous**.

Puis apparut une forme de médaille devant la poitrine de la Sainte Vierge.

Sur cette médaille, la Sainte Vierge est debout sur un globe, et de ses mains sortent des rayons dirigés vers la terre.

Tout autour de l'ovale de la médaille est écrit : « Ô Marie, conçue sans péché, priez pour nous qui avons recours à vous. »

Puis apparut le verso de l'ovale, entouré de 12 étoiles, et sur le centre duquel un « M » qui porte une croix, et dessous cette croix deux cœurs de la même taille, l'un de Marie et l'autre de Jésus Christ.

Puis la Vierge Marie lui dit : « *Faites frapper une médaille sur ce même modèle. Toutes les personnes qui la porteront au cou auront de grandes grâces. Ces grâces seront abondantes pour tous ceux qui la porteront avec confiance.* »

Puis la Vierge Marie disparut.

Dès le lendemain, sœur Catherine raconta tout à son confesseur, et elle lui demanda de faire frapper ces médailles.

Mais celui-ci est dubitatif, il ne sait pas trop quoi en penser...

Cette vision de la Vierge Marie se renouvellera auprès de sœur Catherine Labouré, et le confesseur aura la même attitude, du moins en apparence...

En décembre 1830 (nous ne connaissons pas le jour précis), la Sainte Vierge apparut une dernière fois auprès du tabernacle de la chapelle, derrière l'autel, à sœur Catherine Labouré.

Elle vint pour lui confirmer sa mission et pour lui dire : « *Adieu, vous ne me verrez plus, mais vous m'entendrez toujours dans vos oraisons.* »

Début 1831, le confesseur de sœur Catherine prend l'initiative d'aller raconter à l'archevêque de Paris le récit des apparitions de la Vierge Marie à celle-ci, et de cette histoire de médaille qu'elle souhaiterait faire frapper.

L'archevêque de Paris donna alors son accord pour en faire frapper 2000.

En même temps, se déclare dans Paris une grande épidémie de choléra.

Les médailles sont alors distribuées.

Et les parisiens constatent qu'à chaque fois que la médaille arrive, le choléra s'arrête : ils le constatent absolument, il n'y a aucun doute de possible à ce sujet ! Au point qu'ils vont appeler cette médaille **la médaille miraculeuse.**

Cela se sait très vite, et alors on manque de médailles : il faut alors en faire frapper d'autres en urgence, et les distribuer au plus vite !

Très rapidement, le Pape Grégoire XVI en demande une !

Les années passent, et les dictions orales (par le biais de locutions intérieures) de la Vierge Marie se poursuivent ponctuellement auprès de sœur Catherine Labouré.

Un jour, sœur Catherine est chargée de transmettre à son confesseur une mission de la part de la Sainte Vierge : « *La Sainte Vierge veut de vous une mission en plus. Vous en serez le fondateur et le directeur. C'est une confrérie d'enfants de Marie, à qui la Sainte Vierge accordera beaucoup de grâces. Le mois de Marie se fera en grande pompe et ce sera général.* »

Mais le confesseur hésita et cela tarda...

Alors la Vierge Marie s'adressa de nouveau à sœur Labouré (toujours sous forme de locutions intérieures), que cette dernière résuma à son confesseur comme suit : « *Je suis pressée, tourmentée. La Sainte Vierge se dit mécontente.* »

Et c'est alors que se développèrent les associations de Marie Immaculée qui eurent un développement énorme dans la deuxième partie du XIXème siècle ainsi qu'au XXème siècle.

L'église de Notre-Dame des Victoires, à Paris, est très peu fréquentée, et l'abbé qui en possède la charge ne sait plus comment faire pour y faire venir les paroissiens...

Alors il décida de consacrer sa paroisse au Cœur Immaculé de Marie.

Il établit une confrérie, et il distribua la médaille miraculeuse.

Et aussitôt les choses changèrent, la paroisse se mit à vivre et les fidèles affluèrent !

En 1870, arriva la guerre contre la Prusse. Et tout ce que sœur Catherine avait annoncé en 1830 se réalisa.

Depuis...

Exhumée en 1933, son corps fut retrouvé parfaitement conservé, et il gît maintenant dans une châsse dans la chapelle Notre-Dame de la Médaille Miraculeuse au 140 de la rue du Bac, Paris.

Sœur Catherine Labouré fut canonisée par Pie XII en 1947, l'élevant ainsi au rang de sainte.

L'auteur du dessin du drapeau européen, Arsène Heitz, revendique lui-même, en 1987, son rôle dans la conception de la maquette du drapeau, ainsi que dans l'inspiration religieuse de son dessin.

Il affirme, en effet, que « *Le drapeau de l'Europe est le drapeau de Notre-Dame* ».

Le fonctionnaire du Conseil de l'Europe, en août 1987, a déclaré « *C'est à moi qu'on a demandé de dessiner le drapeau de l'Europe. J'ai eu subitement l'idée d'y mettre les douze étoiles de la médaille miraculeuse de la Rue du Bac, sur fond bleu* (le bleu est la couleur de Marie). *Mon projet a été adopté à l'unanimité, le 8 décembre 1955, fête de l'Immaculée Conception de la Vierge Marie.* »

Notre-Dame de La Salette.

Apparition officielle à La Salette.

France.

Le 19/09/1846

L'apparition mariale de Notre-Dame de La Salette désigne l'apparition de la Vierge Marie qui s'est produite le **19 septembre 1846**, en haut du village de La Salette-Fallavaux, en France, à deux petits bergers Mélanie et Maximin.

La Vierge Marie portait une longue robe blanche qui lui descendait jusqu'aux pieds, recouverte d'un fichu blanc et d'un tablier jaune. Des guirlandes de roses entouraient ses pieds. Sur la poitrine, elle portait une grande croix où, de part et d'autre du Christ, étaient figurés les instruments de la Passion.

La Vierge Marie leur apparaît en pleurs et leur dit :

« Si mon peuple ne veut pas se soumettre, je suis forcée de laisser aller le bras de mon Fils. Il est si lourd et si pesant, que je ne puis plus le maintenir. Depuis le temps que je souffre pour vous autres. Si je veux que mon Fils ne vous abandonne pas, je suis chargée de le prier sans cesse pour vous et vous n'en faites pas cas. Vous aurez beau prier, beau faire, jamais vous ne pourrez récompenser la peine que j'ai prise pour vous. Je vous ai donné six jours pour travailler et je me suis réservé le septième, et on ne veut pas me l'accorder ; et aussi ceux qui mènent les charrettes et qui ne savent pas jurer sans mettre le nom de mon Fils au milieu, c'est les deux choses qui appesantissent tant la main de mon Fils. Si la récolte se gâte ce n'est rien que pour vous autres, je vous l'avais fait voir l'année

*passée par les pommes, mais vous n'aviez pas fait cas que c'était au contraire, quand vous trouviez des pommes de terre gâtées, vous juriez et vous mettiez le nom de mon Fils au milieu. Ils vont continuer que cette année pour la Noël il y en aura plus. Si vous avez du blé, il ne faut pas le semer, tout ce que vous sèmerez, les bêtes le mangeront et ce qu'il restera encore que les bêtes n'auront pas mangé, l'année qui vient en le battant tombera en poussière. Il viendra une grande famine, et avant que la famine arrive, les enfants au-dessous de sept ans prendront un tremble qui mourront entre les mains des personnes qui les tiendront. Les autres feront leur pénitence en famine. Les noix viendront boffes et les raisins pourriront, et s'ils se convertissent, les pierres et les rochers deviendront des amas de blé, et les pommes de terre seront ensemencées (pour l'année qui vient). L'été, ne va que quelques femmes un peu vieilles à la messe le dimanche et les autres travaillent, et l'hiver les garçons lorsqu'ils ne savent pas que faire vont à la messe que pour se moquer de la religion. Le monde ne fait point de carême, ils vont à la boucherie comme les chiens. **Faites-vous bien votre prière** mes enfants ? »*

Les enfants : « *Pas beaucoup madame.* »

La Vierge Marie : « **Il faut bien la faire soir et matin et dire au moins un Pater et un Ave quand vous ne pourrez pas mieux faire**. *Et quand vous pourrez mieux faire, en dire davantage. N'avez-vous point vu du blé gâté mes enfants ?* »

Les enfants : « *Non madame.* »

La Vierge Marie : « *Mais mon enfant, vous n'en devez bien avoir vu une fois que vous étiez allé avec votre père au coin, qu'il y avait un homme qui dit à votre père de venir voir son blé qui était gâté ; puis votre père y est allé, et il prit quelques épis dans sa main, il les frotta et tombèrent en poussière, puis en s'en retournant, comme il était encore une demi-heure loin de corps votre père vous donna un morceau de pain, et vous dit tiens mon enfant, mange encore du pain cette année que nous ne savons pas qui en va manger l'année qui vient si ça continue comme ça. Allons mes enfants faites-le bien passer à tout mon peuple ! »*

Depuis...

Le **1er mai 1852**, fut prise la décision de créer un sanctuaire marial sur le lieu de l'apparition en même temps qu'une congrégation cléricale de droit pontifical : Les missionnaires de Notre-Dame de la Salette.

Cette congrégation, originellement destinée à accueillir les pèlerins dans le sanctuaire de La Salette, est aujourd'hui présente dans le monde entier.

Le **25 mai 1852**, la première pierre d'une grande église est solennellement posée sur la montagne de La Salette, devant une grande assemblée de fidèles.

Cette église sera plus tard promue au rang de basilique.

Notre-Dame de Lourdes

Apparition officielle à Lourdes.

France.

11/02/1858 - 16/08/1858

Le 11 février 1858, vers 11 heures du matin, Bernadette Soubirous avec sa sœur et une amie, vont chercher du bois sur les bords de la rivière Gave, juste à côté de la grotte de Massabielle.

Bernadette se met à genoux pour prier l'Angélus car les cloches sonnaient midi.

Juste après, elle entendit une rumeur semblable à de l'orage, puis elle vit du côté de la grotte, un buisson remuer « comme s'il y avait grand vent ».

Puis sortit de la grotte un nuage couleur d'or, et juste après, une belle dame apparut au-dessus du buisson.

Elle regardait Bernadette en lui souriant tout en lui faisant signe d'avancer vers elle.

La belle dame tenait **un chapelet** dans son bras droit.

Bernadette se mit à genoux et se mit **à prier son chapelet**, **approuvée par la belle dame**.

A chaque fin de dizaine, la Vierge Marie disait avec Bernadette le Gloria, mais se taisait lors de la récitation des dizaines.

Le chapelet terminé, la Vierge Marie fit signe à Bernadette d'approcher encore, mais celle-ci n'osa pas.

Alors la Vierge Marie disparut.

Le 14 février 1858, la 2ème apparition de la Vierge Marie eut lieu.

Bernadette sortait de la messe dominicale, et elle descendait à la grotte accompagnée d'un groupe de jeunes filles, avec de l'eau bénite pour tester l'apparition, pour voir si celle-ci provenait du démon.

Lorsque la Vierge Marie apparut (seule Bernadette pouvait la voir), elle jeta de l'eau bénite dans sa direction en disant : « *Si vous venez de la part de Dieu, restez. Sinon, allez-vous-en !* » et la Vierge Marie se mit à sourire, et plus Bernadette lui jetait de l'eau bénite, et plus la Vierge Marie souriait.

Bernadette rassurée **commença alors son chapelet** et entra en extase, transfigurée.

Le 18 février 1858, jour de la 3ème apparition, Bernadette, après ma messe, descendit de nouveau à la grotte, accompagnée de deux adultes qui demandèrent à Bernadette que l'apparition lui fasse écrire ce qu'elle attendait d'elle, sur un papier.

La Vierge Marie lui dit : « *Ce que j'ai à vous dire, il n'est pas besoin que je le mette par écrit. Voulez-vous avoir la bonté de venir ici pendant quinze jours ?* »

A quoi Bernadette répondit : « *Oui Madame. Je vous le promets. Si mes parents le permettent.* »

Et la Vierge Marie ajouta : « *Je ne vous promets pas de vous rendre heureuse en ce monde, mais dans l'autre, oui.* » puis : « *Je désire y voir du monde.* »

Le 19 février 1858, jour de la 4ème apparition, juste après la messe Bernadette avec sa mère, sa tante et d'autres personnes, se rendirent à la grotte.

Bernadette **récita son chapelet** et entra à nouveau en extase.

Pendant sa prière, des voix appelaient Bernadette en chœur et très en colère, et la voix la plus forte s'est mise à crier : « *Sauve-toi ! Sauve-toi !* »

C'était bien évidemment le démon que la Vierge Marie chassa d'un regard.

Puis la Vierge Marie remercia Bernadette d'être venue, et elle l'informa qu'elle aura des révélations à lui faire, mais plus tard...

Le 20 février 1858, c'est le jour de la 5ème apparition de la Vierge Marie.

Après la messe, Bernadette descendit à la grotte, accompagnée cette fois-ci d'une trentaine de personnes.

Bernadette s'agenouilla et commença **à réciter son chapelet**.

Entrée en extase, la Vierge Marie lui apprit **une prière** pour elle toute seule.

Jamais cette prière ne fut révélée par Bernadette à quiconque.

Le 21 février 1858, jour de la 6ème apparition de la Vierge Marie, quelques centaines de personnes sont réunies à la grotte, dont un médecin athée qui sera témoin de l'extase de Bernadette.

Ce jour-là, devant tous les témoins, dont le médecin athée qui se situait juste à côté de Bernadette, pendant l'extase de celle-ci, la paume d'une de ses mains ira se placer juste au-dessus de la flamme d'un cierge allumé pendant de nombreuses minutes.

Le médecin, après l'apparition, examina la main de Bernadette, et il constata qu'il n'y avait aucune trace de brûlure.

Si bien que le médecin, face à ce mystère, avoua que cela dépassait complètement la science et était, de fait, inexplicable.

Il devint alors, dès ce jour, un ardent défenseur de l'apparition de Lourdes, et cela durant toute sa vie.

La Vierge Marie dit à Bernadette, lors de cette extase, avec un regard triste : « ***Priez pour les pauvres pécheurs****! Pour le monde si agité !* » puis elle disparut aussitôt.

Le combat va alors commencer pour Bernadette avec les autorités civiles qui vont commencer à l'interroger, ainsi qu'avec son père, qui, aussi honteux que soucieux de la tournure que prenait cette affaire, l'interdira de retourner dorénavant à la grotte.

Le 22 février 1858, la 7ème apparition n'eut pas lieu, et cela malgré la présence de Bernadette à la grotte et de **sa longue prière**.

En effet, le fait que Bernadette ait désobéi à son père en se rendant à la grotte n'avait, sans nul doute, pas plu à la Vierge Marie.

Elle en fut tellement attristée, croyant avoir déplu à la Vierge Marie, que son père leva ce jour même son interdiction à Bernadette de se rendre à la grotte.

Le 23 février 1858, la 7ème apparition eut bien lieu.

Bernadette se rendit à la grotte accompagnée d'environ 200 personnes.

Bernadette entra en extase et la Vierge Marie lui confia trois secrets, que Bernadette ne révèlera jamais.

La 8ème apparition eut lieu **le 24 février 1858**.

Bernadette se rendit à la grotte et elle entra de nouveau en extase.

Pendant cette extase, Bernadette sera très triste avec beaucoup de larmes.

A la fin de l'apparition, Bernadette se tournera vers les quelques 400 personnes de présentes autour d'elle, en disant : « *Pénitence ! Pénitence ! Pénitence !* »

Le 25 février 1858, jour de la 9ème apparition, la Vierge Marie demanda à Bernadette : « *Allez boire à la fontaine et allez-vous y laver.* »

Ne sachant pas où se trouvait la fontaine, Bernadette se dirigea vers le Gave, mais prenant une mauvaise direction, la Vierge Marie lui montra du doigt un endroit précis, situé à gauche de la grotte.

A cet endroit, Bernadette ne vit pas d'eau.

Elle se mit alors à gratter la terre et de l'eau en jaillit.

Puis elle en but et s'en barbouilla le visage.

Elle alla ensuite manger un peu d'herbe, acte d'obéissance réclamé par la Vierge Marie.

La foule présente se mit alors à considérer Bernadette comme folle, certains quittaient les lieux, déçus, pendant que d'autres ricanaient...

Une femme présente sur les lieux avec son nouveau-né condamné, car atteint de cyanose due à une malformation cardiaque, interpella un paysan de présent dans la foule, et elle lui demanda de creuser un trou assez grand au lieu même où Bernadette avait bu de cette eau.

Puis elle y plongea le bébé dans l'eau glacé pendant près de 30 minutes en disant : « *Il survivra ou bien il mourra !* »

Miraculeusement, le bébé en sortit parfaitement guéri, il était devenu tout rose, il n'était plus bleu.

Ce fut le 1er miracle de Lourdes !

Aussitôt après, une dame qui était présente sur les lieux avec son petit garçon, aveugle de naissance, tenta également sa chance : elle prit de cette eau et en mouilla les yeux de son fils.

Le lendemain, l'enfant voyait mais sans posséder les organes nécessaires pour voir !

Ce 2ème miracle laissa les médecins dans l'impossibilité de donner la moindre explication à ce phénomène qui était, d'après leurs dires, impossible !

Le 26 février 1858, la Vierge Marie n'est pas apparue, et cela malgré la présence de Bernadette à la grotte et malgré **sa longue prière**.

La 10ème apparition eut alors lieu **le 27 février 1858**.

Il y avait presque mille personnes de rassemblées à la grotte.

La Vierge Marie lui dit: « *Allez baiser la terre par pénitence pour les pécheurs, si cela ne doit pas vous coûter trop de répugnance, ni de fatigue.* »

Bernadette va lors lui obéir, en embrassant le sol pendant près d'un quart d'heure, tout en se tournant vers la foule en leur demandant de faire de même.

Puis la Vierge Marie lui dit : « *Allez dire au prêtre de faire bâtir ici une chapelle.* »

Bernadette se rendit alors chez le curé et lui transmit le message de la Vierge Marie.

A quoi le curé répondit : « *Ecoute. Tu diras à la dame qui t'a envoyée, que le curé de Lourdes n'a pas l'habitude de traiter avec les gens qu'il ne connait pas. Qu'elle dise son nom si elle veut une chapelle !* »

Le 28 février 1858 eut lieu la 11ème apparition.

Malgré la pluie, près de 2000 personnes étaient présentes autour de la grotte.

Bernadette **pria son chapelet** puis embrassa la terre.

La foule fit de même.

Puis la Vierge Marie parla intimement avec Bernadette, dont celle-ci ne communiquera jamais rien.

La 12ème apparition eut lieu **le 01 mars 1858**.

Le père de Bernadette vint pour la première fois l'accompagner à la grotte.

Beaucoup de personnes sont présentes.

Bernadette entra en extase tout **en priant son chapelet** de quelqu'un de la foule, pendant près de 45 minutes.

La Vierge Marie demanda à Bernadette : « *Qu'est devenu votre chapelet ?* »

Bernadette sortit alors son chapelet de sa poche et le montra à la Vierge Marie.

A quoi la Vierge Marie lui dit : « *Servez-vous de celui-là.* »

Le 02 mars 1858, jour de la 13ème apparition, plusieurs milliers de personnes sont présentes avec Bernadette à la grotte, et la Vierge Marie lui dit : « *Vous irez dire au prêtre de bâtir ici une chapelle. Au plus court, combien même elle serait toute petite et d'y venir en procession.* »

La 14ème apparition eut lieu **le 03 mars 1858**.

Bernadette, comme à son habitude, se rendit tôt le matin à la grotte, mais la Sainte Vierge ne lui apparut pas.

Elle revint alors plus tard dans la matinée.

C'est alors que la Sainte Vierge lui apparut et lui dit : « *Vous ne m'avez pas vu ce matin, parce qu'il y avait des personnes venues ici pour voir la contenance que vous auriez en ma présence, et qui n'en étaient pas dignes. Car ayant passé la nuit à la grotte, elles l'ont déshonorée.* »

Le 04 mars 1858, jour de la 15ème apparition, Bernadette descendit à la grotte vers 7h00.

20000 personnes environ étaient déjà présentes.

L'apparition de la Vierge Marie fut brève et totalement silencieuse.

La 16ème apparition eut lieu **le 25 mars 1858**.

Bernadette se rendit à la grotte à 5h00, et elle y trouva la Vierge Marie qui l'attendait.

Bernadette commença par demander pardon à la Vierge Marie pour son retard.

La Vierge Marie lui fit signe de la tête que ses excuses n'étaient pas nécessaires.

Puis Bernadette lui demanda 3 fois successivement : « *Madame. Voudriez-vous avoir la bonté de me dire qui vous êtes ?* » (3 fois de suite, car à la suite de ses deux premières demandes, la Vierge Marie se contentait de sourire à Bernadette), puis la Vierge Marie lui répondit enfin : « *Je suis l'Immaculée Conception. Je désire une chapelle, ici.* »

Bernadette se rendit aussitôt après l'apparition, chez le curé de la paroisse, pour lui dire que la Dame se présentait comme étant « L'Immaculée Conception », et qu'elle désirait toujours sa chapelle.

Le curé, bouleversé par cette nouvelle, comprit alors qu'il s'agissait d'une vraie apparition de la Vierge Marie, car le dogme de l'Immaculée Conception de Marie ne fut prononcé, par le pape Pie IX, que 4 ans plus tôt, ce dont Bernadette ne pouvait pas avoir connaissance.

La 17ème apparition eut lieu **le 07 avril 1858**.

Bernadette arriva à la grotte vers 6h00 du matin.

Un peu plus de 1000 personnes sont déjà présentes sur les lieux.

Le 16 juillet 1858, la 18ème et dernière apparition eut lieu.

Bernadette se rendit de l'autre côté du Gave avec sa mère et sa tante.

En effet, les autorités avaient barricadé la grotte, rendant son accès impossible.

Puis la Vierge Marie apparut dans la grotte qui la salua de la main, puis elle disparut.

Depuis...

En 2003, 2000 cas sont considérés comme « des guérisons extraordinaires », mais l'Église n'a proclamé, en cette année 2022, que 67 miracles.

Bernadette Soubirous fut canonisée le 8 décembre 1933.

Son corps résiste à la corruption, il est toujours, à l'heure actuelle, parfaitement conservé.

Notre-Dame de Miséricorde

Apparition officielle à Pellevoisin.

France.

14/02/1876 – 08/12/1876

Il s'agit d'un cycle de 15 apparitions de la Vierge Marie à une jeune femme, Estelle FAGUETTE, qui était très malade.

Elle se savait condamnée et elle était très croyante.

Elle eut alors une idée, écrire une lettre à Notre-Dame de Lourdes dont voici le contenu : « *Ô ma bonne mère. Me voilà de nouveau prosternée à vos pieds. Vous ne pouvez pas refuser de m'entendre. Vous n'avez pas oublié que je suis votre fille et que je vous aime. Accordez-moi donc de votre divin Fils la santé de mon pauvre corps pour Sa gloire. Regardez donc la douleur de mes parents. Vous savez bien qu'ils n'ont que moi pour ressource. Ne pourrai-je pas achever l'œuvre que j'ai commencé ? Si vous ne pouvez, à cause de mes péchés, m'obtenir une entière guérison, pourriez-vous au moins m'acquérir un peu de force pour pouvoir gagner ma vie et celle de mes parents ? Voyez ma bonne mère, ils sont à la veille de mendier leur pain, et je ne puis penser à cela sans en être profondément affligée. Rappelez-vous donc des souffrances que vous avez endurées, vous-même, la nuit de la naissance du Sauveur, lorsque vous avez été obligée d'aller de porte en porte pour demander asile. Rappelez-vous ma bonne mère, aussi ce que vous avez souffert quand Jésus fut étendu sur la croix. J'ai confiance en vous. Si vous le voulez, votre Fils peut me guérir. Il sait que j'ai vivement désiré être l'une de Ses épouses, et que c'est en vue de Lui être agréable, que j'ai sacrifié mon existence pour ma famille qui a tant besoin de moi. Daignez écouter mes supplications ma bonne mère, et les redire à votre divin Fils. Qu'Il me rende la santé si tel est Son bon plaisir. Mais que Sa volonté soit faite, pas la mienne. Qu'Il m'accorde au moins la résignation entière à Ses desseins, et que cela serve à mon salut et à celui de mes parents. Vous possédez mon cœur, Vierge sainte. Gardez-le toujours, et qu'il soit le gage de mon amour et de ma reconnaissance pour vos maternelles bontés. Je vous promets, ma bonne mère, que si vous m'accordez les grâces que je vous demande, de faire tout ce qui dépendra de moi pour votre gloire et celle de votre divin Fils. Prenez sous votre protection ma chère petite nièce, et mettez-la à l'abri des mauvais exemples. Faites, ô Vierge sainte, que je vous imite dans votre obéissance, et qu'un jour je possède avec vous Jésus, pour l'éternité. Septembre 1875. »*

Le 14 février 1876, le médecin déclare qu'Estelle n'en a plus que pour quelques heures, avant de rendre l'âme.

Dans la nuit du 14 au 15 février 1876, à minuit, apparut le diable d'un côté de son lit, et, à peine est-il apparu, que la Sainte Vierge apparut de l'autre côté.

La Vierge Marie dit sèchement au démon : « *Que fais-tu là ? Ne vois-tu pas qu'elle porte ma livrée et celle de mon Fils ?* »

Et le diable disparut en gesticulant.

Puis la Vierge Marie se tourna vers Estelle et lui dit : « *Ne crains rien. Tu sais bien que tu es ma fille. Courage. Prends patience. Mon Fils va se laisser toucher. Tu souffriras encore cinq jours, en l'honneur des cinq plaies de mon Fils. Samedi, tu seras morte ou tu seras guérie. Si mon Fils te rend la vie, je veux que tu publies ma gloire.* »

Aussitôt un ex-voto en marbre blanc apparut entre Marie et Estelle.

Estelle lui demanda : « *Mais ma bonne Mère. Où faudra-t-il le poser ? Est-ce à Notre-Dame des Victoires à Paris ? Ou à Pellevoisin ? »*

A quoi la Vierge Marie répondit : « *A Notre-Dame des Victoires, ils ont bien assez de marques de ma puissance. Au lieu de Pellevoisin, ils n'ont rien. Ils ont besoin de stimulant. »*

Estelle promit alors à la Sainte Vierge de faire ce qu'il dépendra d'elle pour sa gloire.

A quoi la Sainte Vierge ajouta : « *Courage. Mais je veux que tu tiennes ta promesse. »*

Dans la nuit du 15 au 16 février 1876, eut lieu la 2ème apparition.

Et le diable réapparut également en premier, comme la veille, avec l'apparition presque simultanée de la Sainte Vierge qui dit à Estelle : « *N'aie pas peur. Je suis là. Cette fois mon Fils s'est laissé attendrir. Il te laisse la vie. Tu seras guérie samedi. »*

A quoi Estelle répondit : « *Mais ma bonne mère, si j'avais le choix, j'aimerai mieux mourir pendant que je suis bien préparée. »*

Et la Sainte Vierge lui répondit en souriant : « *Ingrate. Si mon Fils te rend la vie, c'est que tu en as besoin. Qu'a-t-il donné à l'Homme sur la terre de plus précieux que la vie ? En te rendant la vie, ne crois pas que tu seras exempte de souffrance ! Non, tu souffriras et tu ne seras pas exempte de peine. C'est ce qui fait le mérite de la vie. Si mon Fils s'est laissé toucher, c'est par ta grande résignation et ta patience. N'en perds pas le fruit par ton choix. Ne t'ai-je pas dit que s'Il te rend la vie, que tu publieras ma gloire ? »*

Le marbre blanc, pour le futur ex-voto était présent, et à côté, il y avait autant de papier de soie blanc qu'il y avait d'épaisseur de marbre.

Estelle essaya de soulever quelques feuillets mais cela lui fut impossible, sous le regard de la Sainte Vierge souriante, qui lui dit : « *Maintenant, regardons le passé.* »

Et son visage devint un peu plus triste.

C'est alors que la Sainte Vierge et Estelle regardèrent ensemble le film de la vie d'Estelle et de ses péchés.

Puis la Sainte Vierge disparut.

Dans la nuit du 16 au 17 février 1876, eut lieu la 3ème apparition.

Estelle revit à nouveau le diable qui se tenait cette fois-ci si loin d'elle, que c'était à peine si elle pouvait distinguer ses gesticulations.

Et la Sainte Vierge dit à Estelle : « *Allons ! Du courage mon enfant ! Tout ceci est passé* (à propos de la peine qu'avait éprouvé Estelle, la veille, où elle fut confrontée à ses péchés de vie, en présence de la Sainte Vierge), *tu as, par ta résignation, racheté tes fautes. Je suis toute miséricordieuse et maîtresse de mon Fils. Tes quelques bonnes actions et les **quelques prières ferventes** que tu m'as adressées ont touché mon cœur de mère, entre autres cette petite lettre que tu m'as écrite au mois de septembre. Ce qui m'a le plus touchée dans la lettre, c'est cette phrase : Voyez la douleur de mes parents. Si je venais à leur manquer, ils sont à la veille de mendier leur pain. Rappelez-vous donc de ce que vous avez souffert quand Jésus, votre Fils, fut étendu sur la croix. J'ai montré cette lettre à mon Fils. Tes parents ont besoin de toi. A l'avenir, tâche d'être fidèle. Ne perds pas les grâces qui te sont données et publie ma gloire.* »

Dans la nuit du 17 au 18 février 1876, eut lieu la 4ème apparition.

Le démon ne s'est plus présenté.

La Vierge Marie apparut, comme les autres nuits, souriante.

Estelle voulait lui demander des grâces, mais elle ne put le faire, sans en comprendre les raisons.

La Vierge Marie se contenta, dans cette nuit, de lui dire : « *Tu publieras ma gloire.* »

A quoi Estelle demanda : « *Comment je publierai ta gloire ?* »

Et la Vierge Marie se contenta de lui répondre en partant : « *Fais tous tes efforts.* »

La 5ème apparition eut lieu au cours de **la nuit du 18 février 1876**.

La Sainte Vierge souriante, commença à rappeler à Estelle sa promesse qu'elle publiera sa gloire.

La plaque de marbre, devant servir de futur ex-voto, n'était plus toute blanche.

Elle avait aux 4 coins, des boutons de rose d'or, et dans le haut, un cœur en or enflammé avec une couronne de roses, transpercé d'un glaive.

Dessus était inscrit : « *J'ai invoqué Marie au plus fort de ma misère. Elle m'a obtenu de son Fils ma guérison entière.* »

Estelle promit de nouveau à la Sainte Vierge qu'elle fera tout son possible pour publier sa gloire, à quoi la Sainte Vierge répondit : « *Si tu veux me servir, sois simple et que tes actions répondent à tes paroles.* »

Estelle lui demanda si pour la servir, elle devait changer de position (entrer en religion ou se marier), à quoi la Sainte Vierge répondit : « *On peut se sauver dans toutes les conditions. Où tu es, tu peux faire beaucoup de bien, et tu peux publier ma gloire.* »

Après un petit instant, la Vierge Marie ajouta, devenue triste : « *Ce qui m'afflige le plus, c'est le manque de respect qu'on a pour* mon *Fils dans la Sainte Communion, et **l'attitude de prière que l'on prend, quand l'esprit est occupé à d'autres choses**. Je dis ceci pour les personnes qui prétendent être pieuses.* »

Après ces paroles, la Sainte Vierge souriait à nouveau.

Et Estelle lui demanda si elle devait parler de ce qu'elle lui avait dit, dès à présent.

A quoi la Sainte Vierge lui dit : « *Oui, oui, publie ma gloire. Mais avant d'en parler, tu attendras l'avis de ton confesseur et directeur. Tu auras des embûches. On te traitera de visionnaire, d'exaltée, de folle. Ne fais pas attention à tout cela. Sois-moi fidèle, je t'aiderai.* »

Puis tout doucement la Sainte Vierge s'éloigna.

Estelle fut aussitôt instantanément guérie de tout son corps, comme la Sainte Vierge le lui avait promis, sauf d'un bras (ce dernier sera guéri le lendemain, lorsqu'elle recevra la Sainte Communion pendant la messe).

Le 01 juillet 1876, eut lieu la 6ème apparition de la Vierge Marie.

Estelle était à genoux devant sa cheminée.

La Sainte Vierge apparut les mains tendues vers le sol, et il tombait de ses mains comme une pluie.

La Vierge Marie fixait en même temps quelque chose du regard, puis elle croisa les mains au niveau de sa poitrine en souriant.

Et elle dit : « *Du calme mon enfant, patience, tu auras des peines, mais je suis là.* »

Puis après un petit instant elle ajouta : « *Courage, je reviendrai.* »

Le 02 juillet 1876 eut lieu la 7ème apparition de la Vierge Marie. Estelle récitait le « Je vous salue Marie » quand la Vierge Marie apparut devant Estelle, et, comme lors de l'apparition de la veille, de la pluie semblait tomber de ses mains tendues vers le sol.

La Vierge Marie lui dit : « *Tu as déjà publié ma gloire. Continue. Mon Fils a aussi quelques âmes plus attachées. Son Cœur a tant d'amour pour le mien, qu'Il ne peut refuser mes demandes. Par moi, Il touchera les cœurs les plus endurcis.* »

Le papier qu'Estelle avait vu, dans la nuit du 15 au 16 février, lui revint à l'esprit.

Et elle dit : « *Ma bonne mère. Que faudra-t-il faire de ce papier ?* »

A quoi la Sainte Vierge répondit : « *Il servira à publier ces récits comme l'ont jugé plusieurs de mes serviteurs. Il y aura bien des contradictions. Ne crains rien, sois calme. Est-ce que ta guérison n'est pas une des plus grandes preuves de ma puissance ? Je suis venue particulièrement pour la conversion des pécheurs.* »

Le 03 juillet 1876 eut lieu la 8ème apparition de la Vierge Marie.

La Vierge Marie dit à Estelle : « *Je voudrais que tu sois encore plus calme. Je ne t'ai pas fixé l'heure à laquelle je devais revenir, ni le jour. Tu as besoin de te reposer, je ne resterai que quelques minutes. Je suis venue pour terminer la fête.* »

La 9ème apparition eut lieu **le 9 septembre 1876**.

Estelle **venait de terminer son chapelet**, lorsque la Sainte Vierge lui apparut et lui dit : « *Tu t'es privée de ma visite le 15 août. Tu n'avais pas assez de calme. Tu as bien le caractère du Français. Il veut tout savoir avant d'apprendre et tout comprendre avant de savoir. Hier encore je serais venue ; tu en as été privée. J'attendais de toi cet acte de soumission et* » *d'obéissance. Depuis longtemps, les trésors de mon Fils sont ouverts.* **Qu'ils prient** *!* »

Puis la Sainte Vierge souleva la petite pièce de laine qu'elle portait sur sa poitrine.

Dessus était dessiné un cœur rouge couronné d'épines, il s'agit du scapulaire du Sacré-Cœur.

Et la Sainte Vierge ajouta : « *J'aime cette dévotion. C'est ici que je serai honorée* ».

La 10ème apparition eut lieu **le 10 septembre 1876**, jour de la fête du Saint Nom de Marie.

La Sainte Vierge fit une courte apparition en disant : « **Qu'ils prient**, *je leur en montre l'exemple.* »

Puis elle a joint ses mains et a disparu.

La 11ème apparition date **du 15 septembre 1876**.

La Vierge Marie dit à Estelle : « *Je te tiendrai compte des efforts que tu as fait pour avoir le calme. Ce n'est pas seulement pour toi que je le demande, mais aussi pour l'Eglise et pour la France. Dans l'Eglise, il n'y a pas ce calme que je désire.* » Elle soupira et remua la tête, en disant : « *Il y a quelque chose...* » Mais la Vierge Marie ne termina pas sa phrase, puis elle ajouta : « **Qu'ils prient** *et qu'ils aient confiance en moi.* » Puis la vierge dit tristement : « *Et la France ! Que n'ai-je pas fait pour elle ! Que d'avertissements et pourtant encore elle refuse d'entendre ! Je ne peux plus retenir mon Fils.* » La Vierge Marie émue, ajouta : « *La France souffrira. Courage et confiance !* »

A cet instant, Estelle pensait en son cœur : « *Si je rapporte ces messages de la Sainte Vierge sur la France, personne ne me croira !* »

Et la Vierge Marie l'eut comprise car elle lui dit : « *J'ai payé d'avance. Tant pis pour ceux qui ne voudront pas te croire, ils reconnaîtront plus tard la vérité de mes paroles.* »

Puis elle disparut tout doucement.

La 12ème apparition eut lieu **le 1 novembre 1876**, le jour de la Toussaint.

La Sainte Vierge apparut à Estelle, les mains de nouveau tendues vers la terre.

Elle portait son scapulaire.

Comme toujours, elle fixait quelque chose qu'Estelle ne pouvait pas voir.

Elle ne dit rien à Estelle.

Elle jeta les yeux sur Estelle, en la regardant avec beaucoup de bonté, puis elle disparut.

La 13ème apparition eut lieu **le 5 novembre 1876**.

Vers 14h30, Estelle se rendit dans sa chambre **pour réciter son chapelet**.

La Sainte Vierge apparut dès lors qu'elle eut fini.

En la voyant, Estelle pensait qu'elle était bien indigne de ces grâces, et que beaucoup d'autres pourraient bien mieux qu'elle, publier sa gloire.

Alors la Sainte Vierge, en souriant, lui dit : « *Je t'ai choisie. Je choisis les petits et les faibles pour ma gloire.* »

La Vierge s'arrêta quelques instants puis elle ajouta : « *Courage, le temps de tes épreuves va commencer.* »

Elle croisa ensuite ses mains sur sa poitrine et elle disparut.

La 14ème apparition eut lieu **le 11 novembre 1876**.

La Sainte Vierge apparut comme les autres fois, les mains tendues vers la terre, et elle portait son scapulaire.

La Vierge Marie lui parla personnellement (Estelle n'a jamais divulgué les propos de la Vierge Marie à ce sujet).

Puis La Sainte Vierge lui dit : « *Tu n'as pas perdu ton temps aujourd'hui. Tu as travaillé pour moi.* »

En effet, ce jour-là, Estelle avait cousu un scapulaire du Sacré-Cœur de Jésus.

Puis la Sainte Vierge garda le silence, avant de lui dire : « *Il faut en faire beaucoup d'autres. Courage !* »

Puis elle croisa ses mains sur sa poitrine et elle disparut.

La 15ème et dernière apparition eut lieu **le 8 décembre 1876**, jour de la fête de l'Immaculée Conception, après la messe.

La vierge Marie dit à Estelle : « *Ma fille, rappelle-toi mes paroles. Répète-les souvent. Qu'elles te fortifient et te consolent dans tes épreuves. Tu ne me reverras plus.* »

A quoi Estelle rétorqua : « *Que vais-je devenir sans vous ma bonne mère ?* »

Et la Sainte Vierge lui répondit : « *Je serai invisiblement près de toi.* »

Estelle eut alors la vision d'une foule de gens qui la menaçaient et qui faisaient des gestes de colère.

Estelle en eut peur, et la Sainte Vierge lui dit en souriant : « *Tu n'as rien à craindre de ceux-ci. Je t'ai choisie pour publier ma gloire et pour répandre cette dévotion.* »

La Sainte Vierge tenait son scapulaire des deux mains.

Estelle lui dit : « *Ma bonne mère, si vous vouliez me donner ce scapulaire !* »

A quoi la Sainte Vierge répondit, toujours en souriant : « *Lève-toi et baise le scapulaire. Tu iras toi-même trouver le Prélat (l'évêque du lieu), et tu lui présenteras le modèle que tu as fait. Dis-lui qu'il t'aide de tout son pouvoir, et que rien ne me sera plus agréable, que de voir cette livrée sur chacun de mes enfants, et qu'ils s'appliqueront tous à réparer les outrages que mon Fils reçoit dans le sacrement de Son amour. Vois les grâces que je répands sur ceux qui le porteront avec confiance et qui t'aideront à le propager.* »

Et la Sainte Vierge étendit les mains vers le sol, et il en pleuvait une pluie abondante.

Et dans chaque goutte de pluie, Estelle avait l'impression qu'étaient écrites les grâces suivantes : piété, salut, confiance, conversion et santé.

Puis la Sainte Vierge ajouta : « *Ces grâces sont de mon Fils. Je les prends dans son Cœur. Il ne peut me les refuser.* »

Estelle demanda : « *Ma bonne mère, que faudra-t-il mettre de l'autre côté de ce scapulaire ?* »

A quoi la Sainte Vierge répondit : « *Je le réserve pour moi. Tu soumettras ma pensée, et l'Eglise décidera.* »

En quittant Estelle, la Vierge Marie lui dit « *Courage, s'il ne pouvait t'accorder tes demandes* (la Sainte Vierge parlait du prélat), *et qu'il t'offre des difficultés, alors tu irais plus loin. Ne crains rien, je t'aiderai.* »

Depuis...

Estelle mourut le 23 août 1929.

L'installation d'un couvent de dominicaines dans la « maison de l'apparition », l'accueil de pèlerins et l'organisation de pèlerinages, contribueront rapidement à développer une dévotion à un niveau local, puis national et enfin mondial.

Le sanctuaire organise chaque année un grand pèlerinage, fin août, avec l'archevêque de Bourges ou un évêque de France.

Le 10 juin 2020, les évêques de France ont autorisé l'ouverture du procès en béatification d'Estelle Faguette, à la demande de Monseigneur Jérôme Beau, évêque de Bourges.

Notre-Dame de Montligeon

Dites pardon ou merci à vos défunts !

Depuis sa création en 1884, l'œuvre Notre-Dame de Montligeon prie et fait prier pour les défunts.

Chaque jour, la messe perpétuelle est célébrée au sanctuaire à l'intention des membres (vivants ou défunts) inscrits à la fraternité Notre-Dame de Montligeon.

Ces membres sont aussi confiés à la prière des groupes Notre-Dame de Montligeon présents dans plusieurs pays à travers le monde.

Ils sont enregistrés nominativement dans les registres consignés dans l'obituaire de la basilique.

Vous aussi, vous pouvez inscrire vos proches (vivants ou défunts) à la fraternité Notre-Dame de Montligeon, afin qu'ils bénéficient de la messe perpétuelle, en vous présentant à l'accueil du sanctuaire : 26 rue principale, CS 40011, 61400 La Chapelle-Montligeon ; sanctuaire@montligeon.org ; ou directement en ligne sur : www.montligeon.org

La Sainte Messe possède une valeur infinie de grâces pour l'âme du vivant ou du défunt, à qui celle-ci est offerte.

Une messe perpétuelle offerte, c'est une messe qui est chaque jour, et cela jusqu'au jour du Jugement dernier, célébrée à l'intention de cette personne !

Quel plus beau cadeau pouvez-vous lui faire ?

Notre-Dame de Pontmain

Apparition officielle à Pontmain.

France.

Le 17 janvier 1871

A cette époque, les habitants de Pontmain **prièrent beaucoup** pour que la Prusse n'envahisse pas Laval.

Cependant le quartier général de la Prusse ordonna l'entrée dans Laval le 16 janvier 1871, soit la veille de cette apparition de Notre-Dame de Pontmain, après la déclaration de guerre de napoléon III contre la Prusse, qu'il a perdu.

Dans la nuit du 17 janvier 1871, la neige couvrait le village.

Deux jeunes garçons, Eugène et Joseph, aidaient leur père à piler les ajoncs dans leur grange.

Eugène sortit de la grange pour « voir le temps » vers 17H30.

C'est alors qu'il déclara avoir aperçu au-dessus de la maison d'en face, une « *belle dame* » portant une robe bleue, comme un sarrau d'enfant. Une robe d'une pièce du cou jusqu'aux pieds.

Elle avait des chaussons bleus comme la robe, et au milieu, un ruban d'or formait un nœud en forme de rosette.

La robe bleue était constellée d'étoiles d'or.

Un voile noir cachait ses cheveux et ses oreilles, et recouvrait le tiers du front, en retombant sur les épaules jusqu'à la moitié du dos.

Sur la tête, une couronne d'or, sans autre ornement qu'un petit liséré rouge, situé presque au milieu.

La couronne était posée sur le voile et haute de vingt centimètres.

Au pied de la dame, de nombreuses étoiles scintillaient.

La belle dame le regardait en souriant, les mains tendues et dirigées vers le bas.

À ses cris, les villageois accoururent, et deux autres petites filles déclarèrent voir également la « *belle dame.* »

Ils assurèrent qu'un ovale bleu, avec quatre bougies éteintes à chaque coin, était subitement venu entourer la dame.

Les adultes, eux, ne voyaient rien.

Au bout d'une heure, une soixantaine de personnes était présente.

Et monsieur le curé du village, l'abbé Guérin, arriva et organisa une veillée de prières autour des enfants.

Pendant que l'assistance **récitait le chapelet et le Magnificat**, les enfants dirent qu'une banderole se déroula entre l'ovale et le toit de la maison, où s'inscrivit lettre après lettre le message de la dame : « ***Mais priez mes enfants***, *Dieu vous exaucera en peu de temps. Mon Fils se laisse toucher* ».

Alors que l'assistance **priait**, les enfants devinrent soudainement tristes.

Ils expliquèrent que le visage de la dame était également devenu triste, et qu'une grande croix rouge portant Jésus sanglant, était apparu devant elle.

Au sommet de la croix, une pancarte blanche portait les mots « Jésus-Christ ».

Les enfants expliquèrent que la dame prit dans ses mains le crucifix et le leur présenta, tandis qu'une étoile allumait une à une les quatre bougies, jusqu'alors éteintes de l'ovale.

À la suite de cela, et alors que le curé faisait chanter le cantique Ave Maris Stella, les enfants dirent que le crucifix avait disparu, et que la dame avait repris son attitude initiale, les bras tendus vers eux, accompagnée d'une petite croix blanche surmontant chacune de ses épaules.

Puis la scène se recouvra peu à peu d'un voile blanc, avant de disparaître.

« *Tout est fini !* », dirent-ils enfin.

Les villageois rentrèrent alors chez eux.

Ce même jour **du 17 janvier 1871**, le général von Schmidt reçut l'ordre de se rendre sur la Seine au lieu de pénétrer dans Laval.

Ce changement de tactique injustifié, arrêt de la poursuite d'anéantissement, fait dire à von Schmidt : « *C'est fini, nous n'irons pas plus loin, là-bas du côté de la Bretagne, une Dame invisible nous a barrés la route.* »

Onze jours plus tard l'armistice est signé.

Les Prussiens n'entreront pas dans Laval.

Depuis...

La dévotion à Notre-Dame de Pontmain se répand alors très rapidement, avant même la reconnaissance officielle par l'Église catholique.

Des pèlerins se rendent sur les lieux de toute la France et de l'étranger (on en compte aujourd'hui 300 000 par an).

Cette dévotion s'est répandue dans le monde entier.

Notre-Dame des Douleurs

Apparition officielle à Kibého.

Rwanda.

?/12/1981 - 03/12/1983

L'apparition de la Vierge Marie eut lieu dans un pensionnat catholique de Kibého, à trois jeunes adolescentes : Alphonsine, Nathalie et Marie-Claire.

A la première apparition, **en décembre 1981**, une très belle dame se présenta à Alphonsine.

Celle-ci lui demanda qui elle était, et la réponse de la dame fut : « *Je suis la mère du Verbe.* »

Une autre élève, un peu plus âgée qu'elle, Marie-Claire, ne crut pas en ces apparitions, et décida de prouver que tout cela n'était qu'une supercherie de la part d'Alphonsine.

Si bien, que personne n'a cru Alphonsine.

Alors elle demanda à la Sainte Vierge, par la prière, si quelqu'un d'autre pouvait avoir également l'apparition, afin qu'elles aient, ensemble, plus de chance d'être crues.

Alphonsine fut exaucée **le 12 janvier 1982**, où la vierge Marie apparut également à Nathalie, à qui la Vierge Marie dit : « *Le message que je vous donne n'est pas réservé pour vous exclusivement. C'est un message pour le monde entier. Les gens vivent comme ils veulent, mais ils doivent avoir un amour* *sincère envers Dieu et le prochain. L'amour qui ne connait pas de mensonge.* »

La supérieure du pensionnat ne les croit pas du tout, si bien qu'elle menace de les exclure du pensionnat, à cause du désordre qu'elles y occasionnent, avec ces histoires d'apparitions. Ni Marie-Claire qui va redoubler d'efforts pour prouver que tout cela n'est qu'une supercherie, cette fois-ci il s'agit de la supercherie d'un duo !

Le 01 mars 1982, c'est au tour de Marie-Claire de voir la Sainte Vierge !

Le 20 mars 1982, la Vierge Marie emmena Alphonsine, au cours d'une extase, voir trois lieux différents.

Voici le récit d'Alphonsine : « *Il y avait un lieu où des gens sales n'arrêtaient pas de se battre entre eux. Ensuite un autre, où des gens regardaient vers le haut avec une grande tristesse. Et puis un troisième lieu, où il y avait une grande lumière d'où sortaient de belles voix.* »

Alphonsine demanda ce qu'étaient ces lieux, et la Vierge Marie lui répondit : « *Le troisième lieu, c'est la demeure de ceux qui ont le cœur et la lumière* (le paradis). *Le deuxième lieu, c'est celui de ceux qui ont choisi Dieu* (le Purgatoire). *Et le premier lieu c'est ceux qui souffriront pour toujours et qui ne seront jamais pardonnés* (l'enfer). »

Puis ce fut au tour de Nathalie, entrée également en extase, de faire un voyage avec la Sainte Vierge, et dans ce voyage, la Vierge Marie lui accorda la grâce de pouvoir voir les âmes des habitants de la terre, telles que le Ciel les voit.

Elle vit qu'il y avait trois sortes d'Hommes sur terre représentés symboliquement comme des fleurs : il y avait de belles fleurs car elles recevaient une lumière satisfaisante, il y avait des fleurs qui commençaient à faner car elles étaient dans un lieu peu éclairé, un lieu chaud mélangé de froid, et il y avait des fleurs totalement fanées car elles étaient dans un lieu très chaud et elles brûlaient.

Et la Vierge Marie commenta cette vision de Nathalie : « *Le premier groupe de fleurs représente les gens bons, ceux qui ne sont pas parfaits tout de même, mais qui vivent véritablement de la grâce et qui aiment la Sainte Vierge. La deuxième catégorie de fleurs représente les gens qui ont peu de joie, ce sont ceux qui tombent et qui se relèvent surtout quand il y a des tribulations, par contre, qui oublient Dieu et la Sainte Vierge dans les temps où ils ont de la joie. Le dernier groupe de fleurs représente les gens tristes au cœur fané et au cœur dur. Ils disent qu'invoquer la Sainte Vierge leur paraît quelque chose de lointain, prier leur paraît comme étranger, donc ce qui concerne Dieu ne leur paraît pas proche. Va et médite sur ces trois catégories d'Hommes **pour que tu pries pour eux**, et que tu dises que leur Esprit a sa propre vie, de même que le corps.* »

Le 15 août 1982, jour de la fête de l'Assomption de la Vierge Marie, la Vierge Marie, en pleurant, offre la vision à Alphonsine du génocide qui aura lieu au Rwanda, dix ans plus tard, faisant 800.000 morts en dix mois. Elle vit des gens qui s'entretuaient, avec personne pour enterrer leur cadavre qui était abandonné, et des feux allumés sur des collines. Elle vit des trous très profonds et très noirs. Elle vit également des crânes humains, des têtes coupées et une marée de sang qui coulait, et la Vierge Marie de commenter : « *Je souffre parce que vous continuez à endurcir vos cœurs. Je souffre parce que beaucoup de personnes épousent les vices plutôt que les vertus. Je suis souffrante, parce que vous ne respectez plus les commandements de Dieu. Je souffre de votre hypocrisie. Je souffre parce qu'il n'y a plus d'amour parmi les gens. Repentez-vous ! Repentez-vous ! Convertissez-vous ! Convertissez-vous tant qu'il est encore temps. Le monde se porte très mal. Le monde court à sa perte. Il va tomber dans un gouffre, c'est-à-dire qu'il va tomber dans des malheurs innombrables et incessants. Le monde est en rébellion contre Dieu. Trop de péchés s'y commettent. Il n'y a pas d'amour ni de paix. Si vous ne vous repentez pas et ne vous convertissez pas dans vos cœurs, vous allez tomber dans un gouffre, et un flot de sang va venir dans votre pays.* »

Ce même jour, dans une autre vision, la Vierge Marie se dit fortement infligée à cause de l'incrédulité et de l'impénitence des Hommes. La Vierge Marie se plaint de leur mauvaise conduite caractérisée par une dissolution des mœurs, une complaisance dans le mal, une désobéissance continuelle aux commandements de Dieu.

La Vierge Marie dit à un moment donné : « *La foi et l'incroyance viendront ensemble, sans qu'on s'en aperçoive.* »

Elle donne également ce message à l'annonce de cet atroce génocide à venir : « ***Priez sans cesse et sans hypocrisie. Les Hommes ne prient pas. Et même parmi ceux qui prient, beaucoup ne prient pas comme il faut. Priez beaucoup pour le monde ! Apprenez aux autres à prier et priez à la place de ceux qui ne prient pas.*** »

Par rapport au mystère de la souffrance dans le monde, la Vierge Marie dit : « *Personne n'arrive au Ciel sans souffrir. L'enfant de Marie ne se sépare pas de la souffrance. Mais la souffrance est aussi un moyen d'expier pour les péchés du monde, et de participer aux souffrances de Jésus et de Marie pour le salut du monde.* »

La Vierge Marie adressa également ce message aux politiciens du Rwanda, qui préparaient dans leur cœur le génocide au sein de leur pays : « *Rien n'est plus beau qu'un cœur qui offre ses souffrances à Dieu. **Priez ! Priez ! Priez !** Suivez l'Evangile de mon Fils. N'oubliez pas que Dieu est plus puissant que tout le mal de ce monde. Partagez, ne tuez pas, ne persécutez pas, respectez les droits de l'Homme. Parce que si vous allez à l'encontre de ces droits, vous allez échouer, et ça va se retourner contre vous. Je m'adresse à vous qui détenez le pouvoir et qui représentez la nation. Sauvez le peuple au lieu d'être leurs tortionnaires. Ne volez pas les gens, partagez avec les autres. Faites attention à ne pas les persécuter, de ne pas faire taire ceux qui voudraient dénoncer vos erreurs. Je vous le dis et vous le répète : peu importe ce que vous faites, combien même vous essayerez de faire du mal à quelqu'un parce qu'il aime son confrère qui défend les droits de l'Homme, parce qu'il combat* *pour le respect de la vie des autres, pour la vérité et aussi même parce qu'il combat pour que Dieu soit aimé et respecté, quoi que vous fassiez, vous ne pouvez pas faire quoi que ce soit contre lui. »*

Après cette vision, la Sainte Vierge va demander aux trois adolescentes des jeûnes charismatiques très longs, par exemple il sera demandé à Nathalie de jeûner pendant huit jours, pour d'autres quinze jours, sans manger ni boire !

Cela se fera sous contrôle médical.

Tous ces jeûnes réussiront sans aucun problème, et sans aucune séquelle, ce que le monde médical ne réussira pas à expliquer, mettant ces phénomènes au rang du surnaturel.

Le 30 octobre 1982, la Sainte Vierge emmena de nouveau Nathalie, toujours lors d'une extase, dans un voyage dans un lieu de lumière, et elle lui montra l'humanité de la terre, mais cette fois-ci partagée en 4 groupes.

Le premier groupe est composé de sept hommes vêtus de blanc qui sont appelés « des anges ».

Un deuxième groupe qui est composé de gens qui sont dans une effusion de joie, ils sont appelés « les bénis du Tout-Puissant ».

Un troisième groupe avec des gens plus tristes, qui sont comme en vérification, et qui sont appelés « ceux qui sont en train de se lasser ».

Le quatrième groupe qui représente des gens qui subissent une punition et qui sont appelés « les insensés ».

Tout au long de ces voyages, mais également de ces apparitions, la Vierge Marie ne cessera de réclamer des pénitences, **des prières** et des pèlerinages.

La Vierge Marie demanda à ce que l'on accepte amoureusement la souffrance afin d'aider Jésus et Marie à sauver le monde.

Elle demanda également **de prier pour les familles, pour l'Eglise, pour le monde, pour les âmes qui sont au Purgatoire**.

Elle demanda à Marie-Claire de **prier** et d'enseigner le chapelet des 7 douleurs aux autres (voir la page N°92 intitulée « Le chapelet des 7 douleurs »).

Le 03 décembre 1983, la Sainte Vierge dit à Nathalie, après que cette dernière lui ait demandé si elle devait rentrer dans une congrégation religieuse : « *Reste ici à Kibého. Attache-toi à moi, et aie confiance en moi plus que l'enfant a confiance en ses parents. Les gens et les choses passent.* **Prie beaucoup ! Prie beaucoup** *pour que tu ne sois pas vaincue.* » (Ce fut la dernière apparition pour Nathalie).

Depuis...

Une première chapelle est mise en construction en 1992.

Le site se développe rapidement pour répondre à l'afflux des pèlerins qui viennent même des pays voisins.

Le génocide de 1994 et les violences qui suivent frappent durement la région.

La paix retrouvée, le sanctuaire reprend son expansion.

Face à la croissance des pèlerinages, une nouvelle église de grande capacité est mise en construction en 2020.

Le site accueille aujourd'hui plus de 500 000 pèlerins par an.

Notre-Dame des Pauvres

Apparition officielle à Banneux. Belgique.

17/01/1933 - 02/03/1933

Mariette, 12 ans, avait pour habitude de sortir tous les jours prier le chapelet vers 19h, dans le jardin familial.

Le 17 janvier 1933, la Vierge Marie lui apparaît, pendant qu'elle récitait son chapelet quotidien.

La Vierge Marie est très brillante.

Elle portait une ceinture bleue autour de la taille, et elle était debout sur un nuage gris.

Le 18 janvier 1933, la Vierge Marie apparaît de nouveau à Mariette, qui lui fit signe de la suivre sur un chemin.

La Vierge Marie debout sur le nuage avançait sur le chemin toujours en regardant Mariette qui la suivait, puis elle s'arrêta auprès de la naissance d'une source.

C'est alors que la Vierge Marie lui dit : « *Poussez vos mains dans l'eau.* »

Ce que Mariette fit aussitôt.

Puis de son bras droit, la Vierge Marie montra la source et dit : « *Cette source m'est réservée. Bonsoir. Au revoir.* »

Le 19 janvier 1933, la Vierge Marie debout sur le nuage, apparaît de nouveau à Mariette qui lui demande : « *Qui êtes-vous madame ?* »

La Vierge Marie lui répond : « *Je suis la Vierge des pauvres.* »

A quoi Mariette répondit : « *La Sainte Vierge des pauvres ?* », et de nouveau la Sainte Vierge conduit Mariette vers la source.

Arrivées sur place, Mariette demanda « *Vous avez dit hier que cette source était pour vous ?* »

A quoi la Sainte Vierge dit : « *Pour toutes les nations, pour soulager les malades. **Je prierai pour vous**. Au revoir.* »

Puis elle remonta vers le ciel et s'éteignit comme une lampe.

Le 20 janvier 1933, Mariette a attrapé froid, elle est malade et elle a passé la journée au lit.

Le soir, vers 17h00, elle est attirée par la Sainte Vierge qui l'attend dehors, et elle sort, malade, à sa rencontre.

Mariette demanda alors à la Vierge Marie : « *Que désirez-vous ma belle Dame ?* »

La Sainte Vierge lui répondit : « *Je désirerai une petite chapelle.* »

Puis elle remonta vers le ciel et s'éteignit à nouveau comme une lampe.

Le 11 février 1933, devant la source d'eau, la Sainte Vierge dit à Mariette : « *Je viens soulager la souffrance. Au revoir.* »

Puis elle remonta vers le ciel et s'éteignit à nouveau comme une lampe.

Le 15 février 1933, sous la demande du chapelain du village (qui était en train de perdre la foi), Mariette demanda à la Sainte

Vierge : « *Sainte Vierge, monsieur le chapelain m'a dit de vous demander un signe.* »

A quoi la Vierge Marie répondit : « *Croyez-en moi, et je croirai en vous. Maintenant, Mariette, voilà quelque chose pour toi toute seule. Tu ne le diras à personne. Pas même à papa ni à maman.* » Puis la Sainte Vierge lui confia un secret qui ne sera jamais dévoilé.

A la réponse de la Dame (qui demandait à croire en elle, lui qui perdait la foi...), le chapelain comprit alors qu'il s'agissait bien d'un message de la Sainte Vierge, et il retrouva la foi.

Le 20 février 1933, la Vierge Marie apparaît une nouvelle fois à Mariette, et elle lui demanda à nouveau de la suivre jusqu'à la source.

Arrivées sur place, la Vierge Marie lui dit : « *Ma chère enfant,* **priez beaucoup***.* »

Puis elle ajouta d'une voix grave et très sérieuse : « *Au revoir.* »

Le 02 mars 1933, la Vierge Marie apparaît de nouveau à Mariette et lui dit : « *Je suis la Mère du Sauveur. Je suis la Mère de Dieu.* **Priez beaucoup***.* »

Puis après avoir béni Mariette, la Sainte Vierge lui dit simplement : « *Adieu.* »

Depuis...

Dans les mois qui suivent cette dernière apparition, une première chapelle fut construite.

Très vite des pèlerins se rendent sur place, viennent prier, boire l'eau de la source, et les témoignages de guérisons se multiplient.

A ce jour, environ 500 000 visiteurs s'y rendent annuellement.

Notre-Dame de tous les Peuples

Apparition officielle à Amsterdam.

Pays-Bas.

25/03/1945 - 31/05/1959

Les 56 apparitions de la Vierge Marie, pendant ces 14 années, eurent lieu à Ida Peerdeman.

Les 56 apparitions ne seront pas toutes détaillées. Je vais simplement résumer les plus importantes d'entre elles.

Le 13 octobre 1917, Ida à 12 ans, et elle voit une grande dame lumineuse sur le chemin du retour de l'école. C'est la première vision qu'aura Ida de la Vierge Marie.

Une deuxième vision, tout aussi brève, aura lieu **en octobre** de cette même année.

En grandissant, Ida est victime d'obsessions démoniaques.

Le prêtre de la paroisse décide alors de l'exorciser.

L'exorcisme fonctionne et le démon, en la quittant, dit au prêtre : *« Petit curé ! Je t'aurai bien ! »*

Dès 1940, Ida commence à avoir des visions prophétiques sur le futur proche.

Par exemple elle est capable de décrire parfaitement « Le nid d'aigle » d'Hitler. Elle voit également Mussolini qui sera pendu par les pieds 5 ans plus tard...

Une première série d'apparitions de la Vierge Marie eut lieu **du 25 mars 1945 au 11 février 1951**.

Celles-ci seront de type symbolique et apocalyptique.

La Vierge Marie fait voir à Ida en extase, des scènes qui se passent dans le monde, ainsi que des scènes qui se passeront dans le futur telles la guerre froide, l'U.R.S.S, la guerre de Corée... mais cela porte aussi sur l'état spirituel des peuples.

Le 25 mars 1945, eut lieu la première apparition de Notre-Dame de tous les Peuples à Ida qui entra en extase pour la première fois, devant ses sœurs et le prêtre de sa paroisse (celui qui l'avait exorcisé quelques années auparavant).

La Sainte Vierge lui dit : « *Répète après moi.* » (Et dans toutes les autres apparitions, Ida répètera ce que la Sainte Vierge lui dictera, pendant que ses sœurs noteront par écrits ses propos.)

Ida lui dit : « *Etes-vous la Sainte Vierge ? Etes-vous Marie ?* » à quoi elle reçut comme réponse, avec un sourire : « *Ils m'appelleront La Dame ; Mère.* » Puis l'apparition disparut.

Le 7 décembre 1947, Ida voit, en extase, de gros nuages noirs épais s'accumuler, avec juste en dessous de grandes vagues qui déferlent sur l'Europe.

Puis elle voit la Vierge Marie qui a les mains grandes ouvertes desquelles sort de chacune un grand faisceau de rayons lumineux.

Mais la Vierge Marie s'attriste pendant qu'Ida porte attention sur les nuages noirs qui recouvrent l'Europe, et elle dit : « *Il va d'abord falloir périr par ces flots et seulement après...* »

Et pour finir, la Vierge Marie donna une nouvelle devise : « *Equité, charité et justice.* »

Le 28 mars 1948, la Vierge Marie lui dit : « *Peuple chrétien. Ce sont les païens qui vous l'apprendront !* »

Le 01 octobre 1949, eut lieu la 17ème apparition, et la Vierge Marie dit à propos de la guerre froide : « *La Russie. Viens avec moi en Russie.* »

Et la Sainte Vierge emmena Ida, au cours d'une extase, en Russie.

Ida est alors emmenée dans des immeubles de verre, et dans des sous-sols où travaillent toutes sortes de gens : des allemands, des français, des polonais et autres... Il semblait à Ida que ce lieu était un lieu reculé de la Russie, où personne ne vit, et la Vierge Marie lui dit : « *Des substances chimiques. Voilà ce qu'ils sont en train de produire. Amérique, tu es prévenue ! Intervient donc ! Intervient donc !* »

Le 3 décembre 1949, la Vierge Marie entraîna à nouveau Ida de nouveau en extase, mais cette fois-ci au-dessus de l'Allemagne.

Et Ida ressentit alors une terrible régression du pays, du peuple et de la jeunesse, avec une grande apostasie.

La Vierge Marie lui montra ici l'âme de l'Allemagne qui était, sur le plan économique, à cette époque, en train de se relever brillamment.

Et la Vierge Marie lui dit : « *La doctrine est juste, mais le pape est en droit de changer des lois. Qu'il persévère. Vous n'êtes plus dans une lutte comme jadis, vous êtes devant une lutte contre l'Esprit.* »

Le 14 février 1950, Ida, lors d'une nouvelle extase, voit le pape avec tout le Vatican autour de lui.

Et tout d'un coup, elle a l'impression que la Vierge Marie se tient au-dessus de tout cela.

Puis de grosses gouttes tombèrent sur le Vatican, ces gouttes provenant de la Vierge Marie.

Et sur un ton d'avertissement, la Vierge Marie dit : « *Cette Eglise a encore une chance. Mais je n'en dis pas plus à ce sujet. Je viens te parler du monde moderne. Pourquoi Rome ne recourt pas davantage aux moyens modernes de communication ? Pourquoi n'ouvrent-ils pas davantage dans l'esprit moderne ? Qu'ils saisissent les moyens pour gagner à leur cause l'esprit de ce monde. D'autres prendront soin du corps. C'est à l'Eglise de façonner l'esprit. Une chance sans pareille lui est offerte, étant donné que l'humanité est en quête. Ce n'est plus contre les nations, mais c'est contre l'esprit que se bagarrent les forces du mal. La doctrine de cette Eglise est bonne. Mais c'est du côté des moyens que l'on peut agir, du côté de la pastorale.* »

Le 15 août 1950, lors d'une nouvelle apparition, la Vierge Marie dit à Ida, à nouveau en extase : « *Ils ont écarté la chrétienté. Tu diras ceci : chrétienté, tu ne connais pas le grand danger qui te menace. Il y a un esprit qui vise à te saper, mais...* » Puis la Sainte Vierge fit un signe de bénédiction de la main et termina sa phrase : « *...mais la victoire est à nous !* »

Puis Ida vit la basilique Saint-Pierre, et la Vierge Marie lui dit : « *Connaissez-vous bien votre pouvoir ? Mais connaissez-vous votre doctrine ? Encyclique. C'est bien, appliquez-les donc. Inondez-en la droite et la gauche, le haut et le bas. Etes-vous bien conscients que ce pouvoir a un tel pouvoir ? Pourquoi se cramponner comme ça ? Ayez donc plus de largeur d'esprit.* »

Puis, dans sa vision, la Vierge Marie semblait disperser des enfants et elle dit : « *Il faut que cela parte de la base, et s'étende ensuite au monde. Puis il faut se mettre à pratiquer beaucoup la charité. Il faut qu'on en vienne à une grande action parmi les catholiques. On peut le faire en diffusant cela et en prêchant davantage là-dessus dans les églises. Dans l'ensemble : plus d'action !* »

Le 10 décembre 1950, lors d'une nouvelle extase, la Vierge Marie dit à Ida au sujet de l'Amérique : « *Ne pousse pas trop loin ta politique.* »

Puis elle ajouta à propos du clergé séculier et régulier, avec dureté, voire avec de la colère, en donnant comme un coup de poing sur la table, puis en faisant le signe négatif de la tête : « *Les séculiers, on peut encore leur ôter tant d'indifférence. Qu'ils soient bien attentifs à leurs tâches en ce temps ! On voudra ôter la croix !* »

La Vierge Marie sembla ensuite former deux rangées de personnes : à sa droite des hommes, et à sa gauche des femmes. Elle désigna alors la rangée des femmes, et prit un air apitoyé et plein de pitié.

Elle secoua la tête et dit, comme si elle s'adressait à ces femmes : « *Savez-vous encore quelle est votre vocation ? Ecoutez-bien : tant vaut la femme, tant vaut l'homme. Vous, femmes, donnez l'exemple ! Retrouvez la femme en vous ! Retournez à la femme en vous !* »

Elle regarda ensuite la rangée d'hommes et leur dit : « *J'ai une question à vous poser, à vous, les hommes. Où sont les soldats pour le Christ ? C'est tout ce que j'ai à vous dire.* »

A partir du 11 février 1951, les apparitions de la Vierge Marie à Ida, prendront une autre nature.

La Vierge Marie apparaîtra avec des messages de théologie de très haut niveau, et cela jusqu'à la dernière apparition.

La Vierge Marie va commencer par donner **une prière** très courte : « ***Seigneur Jésus Christ, Fils du Père, envoie dès à présent ton Esprit sur la terre. Fais habiter l'Esprit-Saint dans les cœurs de tous les peuples afin qu'ils soient préservés de la corruption, des calamités et de la guerre. Que la Dame de tous les Peuples, qui fut un jour Marie, soit notre avocate. Amen.*** »

Le 1ᵉʳ avril 1951, la Vierge Marie, lors d'une nouvelle apparition à Ida, lui donne son premier discours théologique dans lequel elle appelle à ce que soit défini le dernier des dogmes mariaux, dogme qui la définira comme corédemptrice, médiatrice de toutes les grâces et avocate.

Le 31 mai 1951, la Vierge Marie lui apparaît de nouveau, et elle lui dit « *Je me tiens là, et je viens te dire que je veux être Marie, la Dame de tous les peuples. Regarde bien : je me tiens devant la croix du Rédempteur. Ma tête, mes mains, mes pieds, pareils à ceux de l'être humain, pareils à ceux du Fils de l'homme. Mon corps comme appartenant à l'esprit, mes pieds sont fermement posés sur le globe, car en cette période, le Père et le Fils veut m'envoyer en ce monde comme corédemptrice, médiatrice et avocate. Tel sera le nouveau et dernier dogme marial. Ce dogme sera très contesté, cependant on le fera aboutir. J'ai répété ces choses pour que tu les clarifies une fois de plus auprès de ton directeur spirituel et des théologiens, et que tu saches les défendre.* »

La dernière apparition de la Vierge Marie accompagnée d'une extase d'Ida, eut lieu **le dimanche 31 mai 1959**, vers 15 heures.

Ida, de son séjour, à travers la fenêtre, vit se passer quelque chose dans le ciel, où une très vive et très forte lumière apparue, si lumineuse, qu'elle ne pouvait la fixer du regard, mais une force la poussait à la regarder malgré tout.

Ida vit le ciel qui se déchirait, puis elle vit la Vierge Marie dans toute sa gloire.

Elle était enveloppée dans un énorme déploiement de lumière et de gloire.

La Vierge Marie portait une couronne.

Elle était céleste et glorieuse.

Puis Ida vit le monde, qui lui apparut tout noir.

Et en même temps, elle vit la Sainte Vierge qui semblait bénir le monde et qui était présente, tout en entendant une voie qui lui dit : « *Faites pénitence.* »

Ensuite, Ida vit sortir de ce monde sombre et noir, pleins de têtes humaines qui en émergeaient lentement, suivies de leur corps.

Pour finir des corps entiers se tenaient debout sur l'hémisphère de la terre, de tous les peuples et de toutes les races, puis la Vierge Marie étendit les mains sur eux dans un geste de bénédiction en leur disant : « *Faites-Lui réparation.* »

Ida vit ensuite apparaître le Seigneur sous la forme d'une hostie d'une imposante taille, la Vierge Marie ayant disparu.

Puis un grand calice en or splendide apparu.

Celui-ci se renversa, et Ida vit le sang s'écouler en flots épais, et tout ce sang tombait sur le globe, ruisselant sur la terre, et cela dura un bon moment.

Puis l'hostie devint lumineuse et une telle lumière en jaillissait, qu'Ida ne pouvait pratiquement plus la fixer du regard.

L'hostie était comme du feu blanc, et en son centre, il y avait une sorte d'ouverture ou de cavité.

Puis tout d'un coup l'hostie éclata, et apparut à la place une forme absolument magnifique du Christ Glorieux.

Ida ne voyait qu'une seule personne, pourtant elle ne cessait de se dire qu'il y en avait deux.

Et soudainement, au milieu des deux personnes, une lumière ineffable a jailli, et dans cette lumière du milieu d'eux, apparue une colombe qui piqua vers le globe.

Une lumière ineffable précédait la colombe et un formidable rayon de lumière la suivait.

Cette lumière était également si intense, qu'Ida ne réussissait pas à la fixer.

Puis la Vierge Marie, d'une voie très douce, dit à Ida : « *Adieu. Au revoir au Ciel.* »

Notre-Dame de Warmia

Apparition officielle à Giertzwald.

Pologne.

27/06/1877 – 16/09/1877

Le 27 juin 1877, Justyna Szafryńska, 13 ans, rentrait chez elle, après un rendez-vous avec le curé de la paroisse.

Entendant les cloches sonner l'Angélus, elle se mit à réciter la prière, quand soudain, elle vit une grande lumière et une silhouette vêtue de blanc, au niveau d'un grand arbre.

La silhouette siégeait sur un trône orné d'or et de diamants.

Justyna vit également apparaître la silhouette éblouissante d'un ange, tout de blanc vêtu, avec des ailes en or, qui descendait du ciel.

Aussitôt l'adolescente se mit à réciter le « Je vous salue Marie ».

Après cette prière, la silhouette se leva de son trône et monta au ciel, aux côtés de l'ange.

La jeune fille raconta alors tout ce qu'elle avait vu au prêtre, qui l'enjoignit de retourner au même endroit le lendemain.

Le 28 juin 1877, quand l'Angélus sonna, l'arbre s'illumina à nouveau d'une grande lumière.

Cette fois, il fut entouré d'un cercle d'or et un trône apparut.

Deux anges escortaient la Vierge Marie qui était assise sur son trône.

Puis, deux autres anges amenèrent l'Enfant-Jésus rayonnant de lumière, et le placèrent sur le genou gauche de la Vierge Marie.

L'Enfant-Jésus tenait un globe terrestre dans sa main gauche.

D'autres anges encore tenaient une couronne scintillante au-dessus de la tête de la Vierge Marie.

Un ange apporta un sceptre en or et le brandit de la main droite au-dessus de la couronne.

Un autre ange enfin surplombait la scène, qui indiquait de la main une grande croix, sur laquelle la figure du Christ crucifié était absente.

Puis ils disparurent.

Le 30 juin 1877, la Vierge Marie apparut cette fois seule. Elle apparaît également à Barbara Samulowska, 12 ans, qui accompagnait Justyna.

Barbara lui demanda : « *Que désirez-vous, Sainte Vierge ?* »

Elle reçoit cette réponse de la Vierge Marie : « *Je souhaite que vous puissiez **prier tous les jours le chapelet**.* »

Le 1er juillet 1877, Justyna lui demanda : « *Qui êtes-vous ?* »

La Vierge Marie lui répondit : « *Je suis la très Sainte Vierge Marie Immaculée.* »

Le 03 juillet 1877, la Vierge Marie leur déclara : « *Je serai avec vous encore deux mois.* »

Le 6 juillet 1877, les voyantes déclarent que la Vierge Marie demanda la création d'un reposoir sous l'arbre, avec une statue de l'Immaculée Conception, ainsi que des tissus posés au pied du reposoir.

La Vierge Marie indiqua qu'il faudra ensuite donner ces tissus aux malades (qui souhaitent être guéris).

À partir du mois de juillet 1877, la Vierge Marie apparaît tous les soirs aux deux jeunes filles durant la récitation du Rosaire.

Parmi les questions diverses et variées qu'elles lui posent, certaines concernent la santé et le salut de certaines personnes.

Mais il y eut également celle-ci : « *L'Église du royaume de Pologne sera-t-elle libérée ?* »

Les jeunes filles voulurent également savoir si des prêtres seraient de nouveau nommés aux paroisses du sud de la Warmie qui avaient été délaissées.

La Vierge Marie leur répondit : « *Oui, à condition que les gens* **prient avec ferveur.** *Alors l'Église cessera d'être persécutée et les paroisses orphelines recevront des prêtres.* »

Le 8 septembre 1877, la Vierge Marie bénit une source, où les pèlerins vont depuis se procurer de l'eau pour les personnes souffrantes, ce qui occasionna, et qui continue d'occasionner un certain nombre de guérisons miraculeuses.

Depuis...

Le 16 septembre 1877, on installa un petit oratoire, ainsi qu'une statue de la Vierge Marie à l'endroit des apparitions.

Le nombre de pèlerins se rendant annuellement à ce sanctuaire consacré à la Vierge Marie est évalué à un million de personnes.

Notre-Dame du Bon Secours

Apparition officielle à Champion.

U.S.A

09/10/1859 et 16/10/1859

Le 9 octobre 1859, dans la ville de Robinsville (actuellement Champion), Adèle, une jeune immigrée belge de 24 ans, en rentrant de la messe dominicale, aperçoit sur un sentier boisé une femme vêtue de blanc, portant une ceinture jaune autour de la taille et une couronne d'étoiles sur la tête.

Après quelques instants, la vision s'estompe et la Dame en blanc disparaît sans dire un mot.

Le 16 octobre, Adèle qui se rend comme chaque dimanche à la messe, voit de nouveau sur son trajet la femme en blanc qui apparaît puis qui disparaît.

À l'issue de la célébration, la jeune femme raconte ces apparitions à son confesseur, qui l'invite à demander à la dame en blanc son nom et ce qu'elle attend d'elle.

Sur le chemin du retour, en compagnie de quelques amies, après la messe, la femme en blanc lui apparaît de nouveau, et Adèle, respectant les conseils de son confesseur, lui demanda alors, au nom de Dieu, qui était-elle et ce qu'elle attendait d'elle.

La dame en blanc lui répond alors : « *Je suis la Reine du Ciel **qui prie pour la conversion des pécheurs**, et je désire **que tu fasses comme moi**. Tu as reçu la communion ce matin et c'est bien, mais tu dois faire davantage. Fais une confession générale* *et offre la communion pour la conversion des pécheurs. S'ils ne se convertissent pas et ne font pas pénitence, mon Fils se verra obligé de les punir. »*

Une des femmes qui se trouvait avec Adèle lui demanda à qui elle parlait, et pourquoi elles ne voyaient personne.

« *Agenouillez-vous !* » leur répondit Adèle, « *La Dame dit qu'elle est la Reine du Ciel* ».

Devant cette scène, la Vierge Marie posa son regard sur les amies d'Adèle et dit : « *Heureux ceux qui croient sans voir.* »

Puis la Vierge Marie continue : « *Que fais-tu ici à ne rien faire alors que tes amies travaillent dans la vigne de mon Fils ?* »

« *Que puis-je faire d'autre, ma bien-aimée Dame ?* » demanda Adèle.

« *Réuni les enfants de ce pays sauvage et apprend-leur ce qu'ils devraient savoir pour avoir la vie sauve.* »

« *Comment puis-je leur apprendre ce que je connais si peu moi-même ?* » répliqua Adèle.

« *Enseigne-leur le catéchisme, à faire le signe de la croix et à avoir recours aux sacrements. Tel est mon souhait.* » lui répondit la Vierge Marie, « *Vas et ne crains rien. Je t'aiderai.* »

Adèle, quant à elle, continuera de faire ce que Notre-Dame lui demanda, et ce, jusqu'à sa mort, survenue en 1896.

Depuis...

Une chapelle est bâtie sur le lieu de l'apparition, à Champion (dans le Wisconsin) sous l'invocation de Notre-Dame du Bon Secours (Our Lady of Good Help).

Notre-Dame du Bon Succès

Apparition officielle à Quito.

Equateur.

1610

La Vierge Marie apparut à une sœur conceptionniste nommée Mariana Francisca de Jesús Torres.

Voici le message de la Vierge Marie à sœur Torres : « *Peu après le milieu du XXe siècle, les passions vont éclater, et il y aura une corruption totale des mœurs. Diverses hérésies seront propagées sur cette terre. La précieuse lumière de la foi s'éteindra dans les âmes. Satan règnera presque entièrement par le moyen de la secte maçonnique. Durant cette période, il y aura de grandes calamités physiques et morales, publiques et privées. L'injustice déguisée sous le nom de fausse charité fera des ravages dans les âmes. Le maudit diable prendra possession de cette terre où il réalisera ses victoires par le biais d'un peuple étranger et infidèle. Pour tester la foi et la confiance du juste, il y aura des occasions où tout semblera être perdu et paralysé. Le sacrement du mariage sera attaqué et profondément profané. Dans ces temps malheureux, il y aura un luxe effréné qui fera la conquête d'innombrables âmes frivoles, et qui seront perdues. L'innocence ne pourra presque plus se trouver chez les enfants, ni la modestie chez les femmes. La fleur délicate de la virginité sera menacée par l'anéantissement complet. Les ennemis de Jésus Christ se concentreront principalement sur les enfants. Le mal lancera un assaut sur l'innocence de l'enfance et de cette façon, les vocations au sacerdoce seront perdues, ce qui sera une véritable calamité. Le sacrement de l'ordre sera ridiculisé, opprimé et méprisé. Le diable persécutera les ministres du seigneur de toutes les manières possibles avec perspicacité cruelle et subtile, afin de les dévier de l'esprit de leur vocation, et de corrompre beaucoup d'entre eux. En ce moment suprême de la nécessité de l'Eglise, celui qui doit parler se taira. »*

Le message de la Vierge Marie prédisait donc une catastrophe spirituelle dans l'Église catholique et dans la société, commençant *"peu après le milieu du XXe siècle"*, résumée ainsi :

- Corruption morale généralisée.

- Profanation du sacrement de mariage.

- Des prêtres dépravés qui scandaliseront les fidèles et qui feront souffrir les bons prêtres.

- Une luxure débridée qui piégera de nombreuses âmes.

- Perte d'innocence chez les enfants et perte de pudeur chez les femmes.

- Manque de vocations sacerdotales et religieuses.

- Une période de catastrophe **suivie d'une période de restauration**.

Sœur Torres est décédée le 16 janvier 1635.

Lorsque sa tombe fut ouverte en 1906, son corps a été retrouvé intact.

L'archidiocèse de Quito a ouvert sa cause de canonisation en 1984 et a terminé l'étape diocésaine du processus en 1997 : sœur Torres est désormais sainte de l'Eglise catholique.

A noter :

- **En 1957**, Lucie de Fatima, à propos du 3ème secret que la vierge Marie lui confia (voir la page N°234 intitulée « Notre-Dame de Fatima »), avoua au père Augustin Fuentes : « *Le secret implique une attaque diabolique spéciale contre les âmes sacerdotales et religieuses.* »

- Le pape Paul VI, **le 7 décembre 1968** au Séminaire lombard de Rome, déclare : « *L'Église traverse, de nos jours, un moment d'inquiétude. Certains se livrent à une autocritique, même une autodestruction. C'est comme un bouleversement intérieur aigu et complexe (...) Après le Concile* (Vatican II)*, on pensait à une floraison, une expansion sereine des concepts (...) l'Eglise a été frappée par ceux qui en font partie.* »

- Ce même Pape s'exprime dans un sermon **le 29 juin 1972** : « *Par une mystérieuse fissure, la fumée de Satan est entrée dans le Temple de Dieu. On ne peut donc absolument pas vivre comme si cela n'existait pas.* »

- **Dans les année 1980**, Lucie de Fatima, toujours à propos du 3ème secret, dit : « *Le châtiment prédit par Notre-Dame a déjà commencé.* »

- **En 1995**, Lucie de Fatima, à nouveau à propos du 3ème secret que la Vierge Marie lui confia, avoua au cardinal Ciappi : « *Dans le 3ème secret, il est prédit, entre autres, que la grande apostasie dans l'Eglise commencera par le haut.* »

Notre-Dame du Laus

Apparition officielle
au village de Saint-Étienne-le-Laus.

France.

1664

L'apparition de la Vierge Marie eut lieu à Benoîte RENCUREL.

Elle avait 17 ans.

Elle gardait ses moutons, quand saint Maurice lui apparut, qui lui annonça qu'elle verrait bientôt la Sainte Vierge.

Ainsi, comme saint Maurice le lui avait promis, **début juin 1664**, Benoîte RENCUREL vit la sainte Vierge Marie chaque jour durant 4 mois, au lieu nommé La Grotte des fours.

La Vierge Marie enseigna à Benoîte, entre autres, la patience et le détachement des biens terrestres.

La vierge Marie lui demanda : « *Me donneriez-vous un mouton ? Et sept chèvres ?* »

Benoîte lui répondit : « *Madame, pour le mouton, je compterai bien sûr sur mes gages. Mais pour la chèvre, non ! Elles me sont absolument nécessaires ! Elle me porte pour traverser la rivière, tellement elle est grosse ! Et même pour 30 écus, je ne vous la donnerai pas.* »

La Vierge Marie lui dit alors : « *Il me semble que vous aimez trop votre chèvre. Vous me donnez du pain et du raisin. Vous feriez mieux de garder ces friandises pour les pauvres.* »

Le lendemain, la Sainte Vierge lui apparaît de nouveau, et lui demande à nouveau sa chèvre, suivi du refus de Benoîte.

La Vierge Marie lui répliqua alors : « *Je ne vous la demanderai plus, puisque cela vous fâche.* »

Puis la Vierge Marie lui enseigna les litanies de Notre-Dame de Lorette, et **comment les prier** en état de grâce, ensuite, la Sainte Vierge lui demanda de les enseigner aux villageois.

Jusqu'à présent, Benoîte ne sait toujours pas qui est cette Dame.

Elle le lui demanda enfin, et la Vierge Marie lui répondit : « *Je suis Dame Marie. La Mère de mon Fils. Et vous ne me verrez plus pendant quelque temps.* »

Et il s'écoula un mois sans apparition...

Fin septembre 1664, Benoîte vit une lumière qui brillait d'une façon assez particulière à un endroit éloigné de La Grotte des fours, où les apparitions avaient eu lieu auparavant.

Elle s'y rendit avec sa grosse chèvre.

Et de nouveau, elle vit la Sainte Vierge qui lui dit : « *Quand vous voudrez me voir, dès lors vous le pourrez, dans la chapelle, qui est au lieu-dit Du Laus.* »

Puis elle disparut dans un agréable parfum.

Benoîte ne connaissait pas du tout ce lieu-dit Du Laus, qu'elle se mit à chercher partout.

Il s'avèrera qu'il s'agissait d'une très vieille petite maison qui faisait, il y a fort longtemps, office de petite chapelle dédiée à la Vierge Marie.

Dès lors que Benoîte retrouva cette petite bâtisse totalement délaissée, un agréable parfum se mit à émaner des lieux et même autour pendant des années...

Celles et ceux qui le sentiront, diront de ce parfum qu'il était d'une odeur totalement inconnue, que c'était comme « une odeur du Ciel ».

Quand Benoîte entra pour la première fois dans la petite maison « chapelle », elle vit la Sainte Vierge debout sur l'autel plein de poussière et sans nappe.

Et Benoîte, spontanément dit : « *Notre-Dame, je vais mettre mon tablier blanc sous vos pieds. Il est tout blanc de lessive, il vient d'être lavé !* »

A quoi la Vierge Marie répondit, en souriant : « *Tu m'as bien cherchée. Mais il fallait le faire sans pleurer. Tu m'as fait plaisir en ne t'impatientant pas.* »

Puis la Sainte Vierge ajouta, au sujet de l'état de la chapelle : « *Dans peu de temps, il n'y manquera rien. Tu y verras des linges d'autel, des cierges et d'autres ornements. Je veux faire bâtir ici une église en l'honneur de mon très cher Fils. Et beaucoup de pécheurs et de pécheresses s'y convertiront.* »

Très vite, les villageois vont alors restaurer la chapelle en y mettant du beau linge, des cierges à brûler, etc.

Puis la Vierge Marie dira à Benoîte lors d'une nouvelle apparition : « *Que chacun prenne de l'huile de la lampe de la chapelle. Si on en prend et qu'on s'en applique, et si on recourt à l'intercession de mon Fils, et si on a la foi, alors on guérira.* »

Le premier miracle eut lieu avec une femme handicapée qui ne pouvait pas marcher.

Les médecins ne croyaient pas en cette apparition, disant qu'elle ne pourrait jamais marcher, et que si cela devait arriver, suite à l'application de cette huile, alors aussitôt ils se convertiraient.

Et aussitôt après avoir appliqué l'huile de la lampe, elle fut guérie miraculeusement et put marcher sur ses deux jambes ! A la grande stupéfaction des médecins ! Qui malgré tout, malheureusement, ne se convertiront pas...

Dès lors une centaine de guérisons miraculeuses auront lieu, toujours en appliquant l'huile de la lampe.

Puis Benoîte fut touchée par le phénomène mystique extraordinaire de pouvoir lire dans les âmes.

Ensuite de 1673 à 1684, elle vivra une stigmatisation intérieure (qui ne se voit pas), et de ce fait, chaque jeudi soir, il ne lui était plus possible de se lever de son lit.

Elle était sur la croix et elle y restait jusqu'au samedi.

En 1692, le pays se retrouva ravagé par une armée de savoyards, et Benoîte réussi à se réfugier à Marseille.

A son retour à la chapelle De Laus, elle la retrouva ravagée.

Les prêtres qui y officiaient étaient soit morts, soit disparus.

De nouveaux prêtres furent nommés, mais ceux-ci, ne croyant pas du tout aux apparitions, assignèrent Benoîte pendant 15 ans à son domicile, sans même lui accorder le droit d'assister une seule fois à la messe, pas même le dimanche !!!

Le 28 décembre 1718, elle mourut.

Depuis...

Son procès en canonisation est en cours. Elle est actuellement élevée au rang de vénérable.

En 2008, l'organisation des pèlerinages au sanctuaire Du Laus d'accueillir à ce jour 200.000 pèlerins par an.

Notre-Dame du Mont-Carmel

Le Scapulaire
de Notre-Dame du Mont-Carmel.

Palestine.

15/07/1251 – 16/07/1251

Dans la nuit du 15 au 16 juillet 1251, la Très Sainte Vierge Marie apparut à saint Simon Stock, nouveau Général de l'Ordre du Carmel, alors qu'il priait dans le couvent d'Aylesford en Angleterre.

Elle lui conféra de ses mains le Scapulaire, vêtement distinctif des anciens Ordres d'Occident, et elle lui fit cette promesse : « *Quiconque mourra revêtu de cet habit sera préservé des flammes éternelles.* »

Cette promesse s'étant répandue parmi le Peuple chrétien, de pieux fidèles se mirent à porter sous leurs vêtements une réduction du Scapulaire.

Cinquante ans plus tard, la Très Sainte Vierge Marie apparut au pape Jean XXII, lui rappela ses promesses à saint Simon Stock **et voulut y ajouter la promesse de la délivrance du Purgatoire le samedi suivant la mort**, non seulement en faveur des Carmes, mais encore **de tous les fidèles portant le Scapulaire, qui voudraient s'agréger à la Confrérie de l'Ordre du Carmel.**

Le pape fit connaître au monde chrétien ces promesses par la bulle « Sacratissimo culmine » du 3 mars 1317.

Pour ce second privilège, appelé Privilège sabbatin, 3 conditions sont requises :

1. **Le port habituel du Scapulaire**.

2. **Garder la chasteté de son état**. C'est-à-dire rester chaste dans le célibat et être chaste dans le mariage, ce qui signifie qu'au sein du mariage sacramentel, que l'on doit réserver sa sexualité exclusivement pour son/sa conjoint(e) (donc être strictement monogame), ne pas empêcher la vie d'en découler naturellement et de respecter son conjoint dans l'amour, avec des actes sexuels qui sont tournés vers le plaisir de l'autre en priorité et pas seulement vers son propre plaisir égoïste, et donc, de ne pas se servir de son/sa conjoint(e) pour satisfaire uniquement ses propres plaisirs sexuels.

3. **La récitation quotidienne du petit Office de la Sainte Vierge**. Cette récitation du petit Office de la Sainte Vierge pouvant être commué par le prêtre en une autre œuvre (chapelet quotidien par exemple).

A noter que le 13 octobre 1917, la Sainte Vierge apparut aux enfants de Fatima (Voir la page N°234 intitulée « Notre-Dame de Fatima ») avec le scapulaire du Mont-Carmel.

Le Scapulaire du Mont-Carmel est une réduction de l'habit religieux, ainsi tous les laïcs peuvent également le porter.

Il est porté sous les habits de telle manière qu'une partie pende sur le dos, l'autre sur la poitrine.

Le premier Scapulaire doit être imposé par un prêtre ou un diacre, en utilisant l'une des formules de bénédiction et d'imposition du Scapulaire, contenues au Rituel Romain.

Lorsque le premier Scapulaire est usé, on le remplace simplement par un nouveau, la bénédiction et l'imposition étant attachées au bénéficiaire pour sa vie entière.

Le Scapulaire du Mont-Carmel en tissu.

Il n'y aurait aucun péché à cesser de porter le Scapulaire une fois reçu, mais celui qui cesse de le porter cesse de bénéficier des promesses.

Celui qui le reprendrait après l'avoir abandonné quelques temps, même plusieurs années, n'a pas besoin de se le faire à nouveau imposer.

En cas de réel inconvénient à porter le Scapulaire, le pape saint Pie X a concédé la faculté de le remplacer par une médaille du Scapulaire (la médaille ne peut être imposée, il est indispensable de recevoir un premier scapulaire en tissu).

Cependant, il faut insister sur le fait que l'Eglise préfère le Scapulaire en étoffe.

La concession de la médaille n'est qu'une dispense (voir la médaille à la page suivante).

Médaille recto/verso du Scapulaire.

Formule brève de bénédiction et d'imposition du Scapulaire de Notre-Dame du Mont-Carmel.

(Extrait du Rituel Romain de 1953)

La personne qui doit recevoir le Scapulaire se met à genoux, tandis que le prêtre (ou le diacre), revêtu du surplis et l'étole blanche, dit :

Le prêtre (ou diacre) :
Montre-nous, Seigneur, Ta miséricorde.

Le porteur du Scapulaire : *Accorde-nous Ton salut.*

Le prêtre (ou diacre) : *Seigneur, exauce ma prière.*

Le porteur du Scapulaire :
Que mon appel parvienne jusqu'à Toi.

Le prêtre (ou diacre) :
Le Seigneur soit avec vous.

Le porteur du Scapulaire : *Et avec votre esprit.*

Le prêtre (ou diacre) : *Prions.*

*Seigneur Jésus-Christ, Sauveur du genre humain, daigne de Ta main droite (<u>signe de croix</u>) sanctifier cet habit que Ton (Ta) serviteur (servante), pénétré(e) d'amour pour Toi et Ta Sainte Mère, la Vierge Marie du Mont-Carmel, portera avec dévotion.
Afin que par l'intercession de Ta Mère, il (elle) soit défendu(e) contre l'esprit malin et persévère dans Ta grâce jusqu'à la mort.
Toi qui vis pour les siècles des siècles.*

Le porteur du Scapulaire : *Amen.*

Le prêtre ou le diacre asperge le Scapulaire avec de l'eau bénite, et il l'impose à la personne qui veut le recevoir en disant :

Recevez cet habit en priant la Très Sainte Vierge qu'elle vous obtienne par ses mérites de le porter en vous gardant de toute tache.
Qu'elle vous défende contre toute adversité et vous conduise à la vie éternelle.

Le porteur du Scapulaire : _Amen._

Le prêtre (ou diacre) : En vertu du pouvoir que j'ai reçu, je vous admets à la participation de tous les biens spirituels que les religieux du Mont-Carmel accomplissent secourus par la miséricorde de Jésus-Christ.
Au nom du Père (<u>signe de croix</u>) et du fils et du Saint-Esprit.
Le porteur du Scapulaire : _Amen._

Le prêtre (ou diacre) : Que le Créateur du ciel et de la terre, le Dieu tout-puissant qui a daigné vous admettre dans la Confraternité de la Bienheureuse Vierge Marie du Mont-Carmel (<u>signe de croix</u>) vous bénisse.
C'est elle que nous supplions pour qu'à l'heure de votre mort, elle écrase la tête de l'antique serpent, de sorte que vous receviez la palme et la couronne de l'héritage éternel par le Christ Notre Seigneur.

Le porteur du Scapulaire : _Amen._

Le prêtre ou le diacre asperge la personne (ou les personnes) avec de l'eau bénite.

Notre-Dame du Rosaire

Apparition officielle à San Nicolas.

Argentine.

1983-1990

Ces apparitions de la Vierge Marie eurent lieu à Gladys Herminia Quiroga de la Motta, mère au foyer de 46 ans.

La Vierge lui est apparue sous le visuel de Notre-Dame du Rosaire, en portant l'Enfant-Jésus.

Pendant cette période, 1804 messages lui furent transmis, dont 78 par Jésus Christ.

Voici quelques messages, parmi les plus importants :

Jésus Christ : « *Si cette génération n'écoute pas Ma Mère, elle périra. Je demande à tous de l'écouter.* »

Jésus Christ : « *Aujourd'hui, J'avertis le monde, parce que le monde ne se rend pas compte : les âmes sont en danger. Beaucoup sont perdues. Peu trouveront le salut, à moins qu'elles ne M'accueillent comme leur Sauveur. Ma mère doit être accueillie. Ma mère doit être écoutée dans la totalité de ses messages. J'ai choisi le cœur de Ma mère pour que ce que Je demande soit accomplie. Les âmes viendront à Moi par son cœur immaculé.* »

Jésus Christ (dernier message de sa part) : « *Autrefois, le monde a été sauvé par l'arche de Noé, aujourd'hui l'arche c'est Ma mère. C'est par son intermédiaire que les âmes se* sauveront, parce qu'elle les conduit vers Moi. Celui qui repousse Ma mère Me repousse. Ceux qui laissent passer la grâce de Dieu, ces jours-ci, sont nombreux. »

Vierge Marie : « *Mon Fils veut établir dans le monde la dévotion à mon cœur immaculé. A la fin, mon cœur triomphera.* »

Vierge Marie : « *Mes fils* (nous tous sur la terre) *ont la tête dure et le cœur obstiné. Je t'envoie vers eux* (la voyante) *pour que tu leur dises : ainsi parle le Seigneur Dieu, qu'ils écoutent ou qu'ils n'écoutent pas, ils sont une engeance de rebelles. Ils sauront qu'il y a un prophète parmi eux. Quant à toi* (la voyante) *n'aie pas peur d'eux, n'aie pas peur de leurs paroles. S'ils te contredisent et te méprisent, et si tu es assise sur des scorpions, tu leur porteras mes paroles, qu'ils écoutent ou qu'ils n'écoutent pas, car c'est une engeance de rebelles.* »

Vierge Marie : « *Toute l'humanité est contaminée. Vous avez été choisie* (la voyante) *pour ranimer la demande urgente du Christ Jésus pour que le monde se convertisse. Je suis inquiète pour le monde. N'oubliez pas que seul le Seigneur peut vous sauver !* »

Vierge Marie : « *En ce moment, l'humanité ne tient qu'à un fil. Si ce fil lâche, nombreux sont ceux qui ne pourront pas se sauver. C'est pourquoi je vous demande de réfléchir. Ne tardez pas car le temps prend fin. Il n'y aura plus de place pour celui qui sera en retard.* »

Vierge Marie : « *Le prince du mal sait que son triste royaume arrive à sa fin. C'est pourquoi il répand son poison avec toute sa force. Il y en aura encore un peu mais sa fin approche. Amen.* »

Vierge Marie : « *Jésus est l'Eucharistie. Son vrai Corps vivant, adorez-Le et aimez-Le. C'est dans l'Eucharistie que vous pourrez savoir comment Il s'est sacrifié pour vous. C'est dans l'Eucharistie qu'Il devient encore Sang et Corps.* »

Vierge Marie : « *Oui, il y a l'obscurité partout et des distractions qui se répandent. C'est le mal et sa victoire apparente. Mais le travail de Dieu s'accomplira. La justice de Dieu sauvera le juste.* »

Vierge Marie : « *Aujourd'hui, **la prière sera généreuse**. Aujourd'hui, le pape, sachant ce que le Seigneur veut de lui, lutte pour la paix. Cette paix si nécessaire dont le monde a besoin. Mes chers enfants, les prêtres doivent suivre le pape, car marcher avec lui, c'est marcher avec mon Fils Lui-même.* »

Vierge Marie : « *Mes pauvres enfants, il y a parmi vous que très peu de gens qui essayent d'aller vers le Cœur du Christ, est beaucoup d'entre vous se détruisent dans le péché. En vérité ce temps est un temps précieux. On ne doit pas le gaspiller. On doit en profiter, car le Rédempteur offre à l'humanité le chemin de faire face à la mort, qui est seulement Satan, comme il l'a fait après la croix. Il offre aussi à l'humanité Sa propre mère, médiatrice de toutes les grâces. Mes pauvres enfants, mon cœur désire que vos âmes vivent pour toujours.* »

Vierge Marie : « *Voilà ce que je dis à ceux qui me sont consacrés : **renouvelez-vous par la prière**. **Une prière intense**. Je désire la persévérance et la fidélité. Je veux des âmes authentiques. Je veux que vous soyez avec moi. Vous avez atteint des cœurs, continuez dans cette voie. Offrez mes enfants, avec votre amour et votre esprit de pénitence.* »

Vierge Marie : « *Je demande à mes enfants d'aimer et de glorifier la Très Sainte Trinité. Ne cherchez pas une réponse à ce qui dépasse l'humanité. La Très Sainte Trinité demeure le secret de Dieu. Il est Le seul à le connaître. Il Lui appartient. Gloire au Père, au Fils et au Saint-Esprit.* »

Vierge Marie : « *Vous êtes tous une partie du corps mystique qui est l'Eglise, et dont la tête est le Christ. Mais sur terre, le vicaire de mon Fils est responsable de la continuité de ce corps. C'est pourquoi vous devez suivre le pape et suivre son enseignement qui est celui du Christ. Que la volonté de mon Fils soit faite.* »

Vierge Marie : « *L'athéisme inonde les nations. Partout Dieu est absent. C'est pourquoi la parole de Dieu doit être écoutée et non méprisée. Les actions de Sa parole peuvent être puissantes si les cœurs s'ouvrent.* »

Vierge Marie : « *Aujourd'hui, tant de cœurs sont victimes de Satan. Ils se sont éloignés de Dieu et ne demandent pas mon aide. L'âme doit se fortifier de la puissance de Dieu.* »

Vierge Marie : « *La venue du Sauveur est imminente. Comme le dit l'Evangile, nul ne sait la date ou l'heure, mais cette heure viendra. Et c'est certain que l'âme du chrétien doit être préparée pour cette heure. Même les pierres en seront les témoins. C'est pourquoi je veux que les paroles de mon Fils soient connues.* »

Vierge Marie : « *L'heure de la mère est arrivée. Mon cœur de mère a déjà commencé à préparer les cœurs et à agir en eux. Je viens du Ciel afin de vous conduire vers le Christ. Faites-le savoir !* »

Vierge Marie : « *Hier, c'était Lourdes. Aujourd'hui, c'est ici. Mais c'est toujours une bonne chose que la mère aille chercher ses enfants. Je demande d'eux la prière, le jeûne et la conversion. Ils seront sauvés s'ils ne s'éloignent pas du Seigneur. S'ils acceptent le Seigneur, beaucoup d'âmes auront la paix, s'ils acceptent la paix.* »

Vierge Marie : « *L'ennemi a déjà combattu. Sa fin est proche. Il profite de sa dernière chance qui réside dans la faiblesse de l'Homme, et dans son orgueil. Cependant, je vais le combattre et j'ai déjà commencé ce combat. Le monde doit le savoir. La mère du Christ doit triompher de Satan.* »

Vierge Marie : « *Comme à Fatima, je reviens sur la terre. Mes visites se prolongent car l'humanité est entrée dans une période dramatique. L'Homme n'a-t-il pas comprit qu'il doit être au service de Dieu ? S'il résiste, son âme va se perdre. Beaucoup d'âmes refusent mon invitation à la prière, et à la conversion, c'est pourquoi le travail du diable s'accroît et* *s'étend. Mes chers enfants, c'est seulement **par la prière** et la conversion que vous retournerez à Dieu.* »

Vierge Marie : « *Mes chers enfants, je vous propose de suivre mes indications pas à pas. **Priez**, réparez, aillez confiance. Bénis soient ceux qui recherchent **dans la prière** le refuge pour leur âme. Bénis soient ceux qui réparent les offenses graves que reçoit mon Fils* (voir la page N°129 intitulée « Les justes plaintes de notre Seigneur à propos des Hommes). *Bénis soient ceux qui ont confiance en l'amour de cette mère. Tous ceux qui auront confiance en Dieu et en Marie, seront sauvés. Gloire à Dieu.* »

Depuis...

Dès 1986, un nouveau sanctuaire est mis en construction dans la ville de San Nicolas, et il est devenu le lieu d'un important pèlerinage populaire auquel l'évêque du diocèse participe régulièrement.

Les pèlerins y viennent de tout le pays, ainsi que des pays limitrophes.

Notre-Dame Médiatrice de toutes les Grâces

Apparition officielle à Lipa.

Îles Philippine.

12/09/1948 au 12/11/1948

La Vierge Marie apparue à une dizaine de reprises à sœur Teresita Castillo, une novice carmélite de 21 ans.

Le 12 septembre 1948, en se promenant dans le jardin de son couvent, elle passa près d'un arbre qui se mit à vibrer, et elle entendit au même moment une voix extrêmement douce qui lui dit : « *N'aie pas peur ma fille. Embrasse le sol. Ce que je vais te dire, tu devras le faire pendant 15 jours consécutifs. Tu viendras me rendre visite ici. Mange un peu d'herbe.* »

Le 13 septembre 1948, vers 17 heures, Teresita retourna au lieu de l'apparition de la veille.

Elle s'agenouilla et récita un Ave Maria.

L'arbre se mit de nouveau à vibrer, et une belle dame lui apparut, souriante, les mains jointes, portant un chapelet doré.

Elle était debout sur un petit nuage, flottant à 50 cm du sol.

La dame lui dit : « *Sois fidèle et viens ici, qu'il pleuve ou que le soleil brille.* »

A quoi Teresita demanda : « *Qui êtes-vous belle dame ?* »

Et elle reçut comme réponse : « *Je suis ta Mère ma petite.* »

Le 14 septembre 1948, la Vierge Marie l'attendait au même endroit, les bras ouverts, et elle lui dit : « *Je désire que ce lieu soit béni demain.* »

Teresita demanda : « *A quelle heure ?* »

A quoi la Sainte Vierge répondit : « *A l'heure à laquelle ta mère supérieure décidera. N'oublie pas les évènements des prochains jours.* »

La Vierge Marie bénit alors la religieuse, puis elle disparut.

Le lendemain vers 15 heures, les lieux seront alors bénis par l'évêque.

Et Teresita vit alors à nouveau la Vierge Marie les bras ouverts, au moment même de la bénédiction, qui lui dit : « *Embrasse la terre et mange un peu d'herbe. Puis prend un papier et un crayon, et écris ce que je vais te dire. Mes filles, je vous demande de croire en moi, et de garder ce message comme un secret entre vous. Aimez-vous les unes et les autres comme de vraies sœurs. Venez souvent me rendre visite. Faites de ce lieu un lieu sacré et respecté. Cueillez des pétales. Je vous bénis toutes.* »

La Vierge Marie disparut, et il tomba du ciel aussitôt des pétales de toutes les couleurs.

Les botanistes qui étudièrent ces pétales, établirent qu'il s'agissait de pétales de fleurs qui ne poussent qu'en Russie, soit à plus de 4000 kms plus au nord !

Le 16 septembre 1948, la Vierge Marie précisa à Teresita l'endroit précis où sa statue, qui devra être semblable à celle de Notre-Dame de Lourdes précisa-t-elle, devra être installée.

Puis la Vierge Marie demanda à Teresita de demander de sa part, à la mère supérieure, de réciter le chapelet sur le lieu des apparitions les jours qui suivirent.

Après avoir béni Teresita, la Vierge Marie disparut.

Le 17 septembre 1948, la Vierge Marie conseilla à Teresita l'humilité et l'obéissance : « *L'humilité et l'obéissance sont les vertus que je préfère.* »

Puis elle demanda à ce que chaque sœur lui soit consacrée, selon la spiritualité de saint Louis-Marie Grignon de Montfort, dont voici la prière de consécration : « *Je vous choisis aujourd'hui, ô Marie, en présence de toute la cour céleste, pour ma mère et ma reine. Je vous livre et vous consacre, en toute soumission et amour, mon corps et mon âme, mes biens intérieurs et extérieurs, et la valeur même de mes bonnes actions passées, présentes et futures, vous laissant un entier et plein droit de disposer de moi, et de tout ce qui m'appartient sans exception, selon votre bon plaisir, à la plus grande gloire de Dieu, dans le temps et l'éternité. Amen.* »

Le 26 septembre 1948, la Vierge Marie apparaît à nouveau au même endroit, et elle dit à Teresita : « *Dis aux sœurs de s'aimer les unes les autres. Je ne vous demande pas de faire de grandes choses comme vous le souhaiteriez, car vous êtes mes petites filles. N'oubliez pas de vous consacrer à moi le 07 octobre. Soyez sages. Je suis Marie, médiatrice de toutes les grâces.* »

Le 3 octobre 1948, la Vierge Marie apparut de nouveau sous une pluie de pétales de fleurs.

Bon nombre de guérisons furent obtenues chez celles et ceux qui possédèrent de ces pétales les jours qui suivirent.

Le 12 novembre 1948, la Vierge Marie apparaît à Teresita juste après la messe.

Elle lui dit : « *Les gens ne croient pas à mes paroles. **Priez beaucoup** mes filles à cause des persécutions. **Priez** pour les prêtres. Ce que je demande ici, c'est la même chose que j'ai demandé à Fatima. Faites pénitence pour ceux qui ne croient pas. C'est ma dernière apparition en ce lieu.* »

Depuis...

Un sanctuaire fut construit dans les années 1950 près du lieu des apparitions.

Toute dévotion envers « la Vierge de Lipa » était totalement interdite de 1951 jusqu'en 1990.

A partir de cette date, la statue est réexposée à la vénération des fidèles, et un pèlerinage se met en place et se développe.

En janvier 2015, le pape François se recueille devant une image de Notre-Dame de Lipa.

Le sanctuaire de Notre-Dame de Lipa est aujourd'hui l'un des plus fréquentés des Îles Philippines.

De nombreuses personnes continuent de témoigner de guérisons miraculeuses obtenues dans ce sanctuaire.

Notre-Dame Réconciliatrice des Peuples

Apparition officielle à Betania.

Venezuela.

25/03/1976 - 05/01/1990

Les apparitions de Betania se sont produites dans le domaine agricole de Betania à deux heures de Caracas, près d'une grotte située sur une colline, à Marie Esperanza.

Maria Esperanza raconte : « *Quand elle s'est révélée, elle était au sommet de l'arbre. Elle était belle avec des cheveux bruns, marron foncé. Ses yeux étaient brun clair et elle avait de très jolis sourcils, une petite bouche, un nez très droit. Son teint était très beau, sa peau, bronzée était de soie, comme celle d'une jeune fille. Ses cheveux descendaient jusque sur ses épaules.* »

Le 25 mars 1976, jour de l'Annonciation, la Vierge Marie apparut à Maria Esperanza au-dessus de la grotte, à côté d'une source, et lui dit : « *Ma fille, je vous ai donné mon cœur, je vous le donne et vous le donnerai toujours. Je suis votre refuge. Je suis la réconciliatrice des peuples. Je viens les réconcilier, les rechercher, leur donner la foi qui a disparu dans les bruits et le fracas d'une ère atomique qui est sur le point d'éclater. Mon message est un don de foi, d'amour et d'espoir. Plus que tout, il apporte la réconciliation entre les peuples et les nations. C'est la seule chose qui peut sauver ce siècle de la guerre et de la fin éternelle. Si un changement ne s'opère pas, et qu'il n'y a pas de conversion, le monde périra sous le feu, la guerre et la mort. Betania au Venezuela, c'est un lieu pour tous, même pour ceux* *qui ne sont pas catholiques. Je suis la réconciliatrice des peuples. La famille sera l'espoir d'un monde nouveau !* »

Le 28 août 1976, la Vierge Marie lui dit : « *Ma fille, je souhaite que vous leur fassiez sentir l'importance de ma nouvelle apparition en tant que réconciliatrice des peuples et des nations.* »

Le 25 mars 1978, quinze personnes voient également la Sainte Vierge, qui dit à Maria Esperanza : « *Votre tâche est ardue de transmettre mon message d'amour et de réconciliation à tous les peuples.* »

Le 27 novembre 1978, la Vierge Marie lui fit cette annonce : « *Le 25 mars 1984, je vais donner une grâce très spéciale à tous ceux qui seront présents. Le grand jour où vous pourrez me voir est arrivé.* »

Le 25 mars 1984, après la messe, la Vierge Marie est apparue au-dessus de la grotte, au cours de sept apparitions successives. D'après l'évêque du lieu, près de mille personnes en furent témoins. Ces personnes voyaient l'apparition sans être ni en transe ni en extase. Les personnes présentes étaient très diverses et de tous les milieux sociaux.

Le 25 janvier 1985, la Vierge Marie lui dit : « *Je vous laisse me sentir... ainsi la grâce du Saint-Esprit peut entrer pleinement en chacun de vous.* »

Le 8 décembre 1986, la Vierge Marie lui dit : « *Je viens appeler l'humanité à se réconcilier avec ses frères ... Je viens donner la paix au monde. C'est de miséricorde dont ce pays a besoin... C'est ce dont les familles ont besoin... C'est aussi ce dont les enfants et les mères abandonnés ont besoin. Voici qu'ils naviguent contre le courant divin de la paix, de l'amour et de l'unité fraternelle ! Pensez qu'il suffit de construire l'amour dans chaque acte. Beaucoup de volonté est nécessaire.* »

Le 21 juin 1987, la Vierge Marie lui dit : « *Voici venir le grand moment du grand jour de la lumière. La conscience de ce peuple* *bien-aimé doit être violemment secouée, afin que les gens mettent de l'ordre dans leur maison, et offrent à Jésus la juste réparation pour les infidélités journalières qui sont perpétuées par les pécheurs. Vous êtes ici pour apprendre et pour me laisser entrer dans vos cœurs, pour les modeler et les rendre dignes du corps mystique ! »*

Le 8 juillet 1987, la Vierge Marie lui dit : « *N'arrêtez pas de porter ma médaille miraculeuse (*voir la page N°260 intitulée « Notre-Dame de la Rue du Bac ») *afin d'être protégés… Distribuez-la aussi généreusement, afin que les pécheurs soient convertis. Les malades peuvent être guéris et les valeurs morales du monde d'aujourd'hui peuvent être rétablies ! »*

Le 6 mars 1988, la Vierge Marie lui dit : « *Il ne vient pas pour rassembler seulement les bons, mais aussi les rebelles, pour les faire boire à la fontaine des eaux saintes, afin qu'ils puissent laver leur tête, leurs mains et leurs pieds, pour leur conversion. »*

Le 16 février 1989, la Vierge Marie lui dit : « *Jésus, mon Fils bien-aimé, souhaite que vous viviez tous dans mon cœur maternel, avec les charismes et les grâces du Saint-Esprit. »*

Le 28 mars 1989, la Vierge Marie lui dit : « *Mes enfants, je prie chacun d'entre vous de réparer vos vies, avec la pénitence* **et la prière** *nécessaires pour mériter la justice de Dieu, offensée de nos jours par les Hommes… de l'autre, il est très important pour vous d'assister fréquemment à la sainte messe et de recevoir l'Eucharistie… afin que la nourriture de mon Divin Fils puisse vous aider, de telle sorte que vous vous sentiez éclairés intérieurement par une lumière inconnue. »*

Le 1 avril 1989, la Vierge Marie lui dit : « *Vous devez vous préparer le plus tôt possible… par exemple : semer la doctrine, le catéchisme,* **pratiquer les exercices spirituels** *(*dont la **prière)***,* *l'Evangile et surtout l'Eucharistie. La communion est la nourriture de l'âme. »*

Le 9 avril 1989, la Vierge Marie lui dit : « *Enfants, je suis encore ici parmi vous pour vous appeler à être optimistes et constructifs. Votre tâche doit être de transmettre la foi, **de prier**, d'être charitables, de prendre des positions claires dans les médias des communications sociales. Votre position doit être libérée du conditionnement humain, de votre jugement de base sur la vie, de votre activité personnelle, pour être un témoignage de foi, d'espoir et de charité. Ma fille, je souhaite que vous leur fassiez sentir **la valeur de la prière**. Les Hommes ont diminué leur potentiel en ce qui concerne leur spiritualité ! C'est pourquoi, obéissez humblement aux enseignements des commandements de mon Fils. Il vient redonner la vie ! N'importe qui, indépendamment de sa race, de sa caste, de sa religion, est pour Lui le même... La doctrine et l'Évangile sont accomplis par la foi qui vient du cœur de ceux qui me cherchent. Et je vous le dis, vous serez tous sauvés. Le Seigneur vous le répète : celui qui mange Mon Corps et boit Mon Sang sera sain et sauf.* »

Le 02 mai 1989, la Vierge Marie lui dit : « *Je vous invite, au crépuscule, **à la prière**, à méditer, à penser et à sentir dans vos âmes la beauté de l'amour, la beauté de la vie et celle des couleurs variées des plantes, des fleurs et des fruits... Fils et filles, vous êtes pèlerins... Prenez soin de notre terre avec dévotion.* »

Le 13 mai 1989, la Vierge Marie lui dit : « *Ainsi, avec courage, efforcez-vous d'accomplir vos actes avec la vérité de l'amour, qui exprime le respect envers la vie et envers la dignité de la famille...* »

Le 25 mai 1989, la Vierge Marie lui dit : « *Mes petits, comme la créature innocente est belle... Aidez les enfants, souriez aux mères solitaires... Mais elles ne sont pas seules, je suis avec elles. Mon chagrin est le chagrin de chacun d'eux, leur chagrin est mon chagrin... Leur joie est ma joie, leur peine est ma tristesse.* »

Le 21 juin 1989, la Vierge Marie lui dit : « *Enfants, je suis la mère des affamés… Je suis l'espoir des assoiffés et des affligés qui ont besoin d'aide et de protection.* »

Le 15 août 1989, la Vierge Marie lui dit : « *Ma présence parmi vous n'est pas un rêve, elle est réelle. Il y a quelques secondes, vous m'avez vue monter au ciel avec mes bras ouverts, avec une pluie de roses de couleur rouge, qui représentent le Cœur de mon Divin Jésus. Fils et filles, tout cela vous semble être un rêve… mais c'est une vérité vivante et unique. Ma fille, mes enfants, je vois qu'il est très difficile pour vous de comprendre certaines choses, mais au fil du temps, vous comprendrez la vérité.* »

Le 8 septembre 1989, la Vierge Marie lui dit : « *Oui, fils et filles, je veux vous protéger des tentations du monde, afin que vous puissiez suivre la volonté de Dieu, pour être digne de Sa Miséricorde et de Son Amour infinis.* »

Le 8 novembre 1989, la Vierge Marie lui dit : « *Enfants, je touche le cœur de mes fils et de mes filles afin qu'ils puissent augmenter leur foi, afin qu'ils puissent ouvrir leur cœur à l'amour de mon Divin Fils, et à la grâce de l'Esprit-Saint. Les enfants, celui qui sait vivre selon la doctrine de mon Jésus a trouvé son trésor, et en le trouvant, il brisera les chaînes du passé qui l'ont embourbé… laissant la lumière s'approcher de lui… ouvrant les yeux… pour commencer à fraterniser avec tous ses frères !* »

La dernière apparition eut lieu **le 5 janvier 1990**, la Vierge Marie lui dit : « *La seule vérité existante devrait être de pratiquer ce qui est bon et de mener une vie généreuse. Je te garde, ici, dans mon cœur.* »

Depuis...

En 1989, un petit sanctuaire est mis en construction, qui accueille très vite des pèlerins venus du monde entier.

Une fondation est également créée par Marie Esperanza et sa famille, pour mener des actions apostoliques et caritatives au profit des plus pauvres.

En 2010, le procès en béatification de Marie Esperanza est ouvert par l'Église.

Pourquoi la souffrance sur terre ?

Aristote a défini quatre vertus cardinales chez l'Homme : la justice, la force, la tempérance et la prudence.

Elles s'acquièrent par la grâce de Dieu, mais également à force d'ascèse sur soi-même.

La justice est la plus importante de ces quatre vertus cardinales.

Elle nous fait rendre à chacun ce qui lui est dû, et donc à Dieu ce qui Lui est également dû.

Elle rejoint également le premier commandement de Dieu : « *Tu adoreras le Seigneur ton Dieu et tu n'adoreras que Lui seul.* »

Ainsi que la plus grande des trois vertus théologales, qui est la charité (la plus grande, car le Salut n'est possible qu'avec l'acquisition de cette vertu !), par laquelle nous devons aimer Dieu par-dessus tout être et par-dessus toute chose, et aimer son prochain pour l'amour de Dieu.

Par rapport à la souffrance (beaucoup croient que la souffrance ne vient que du diable, mais pas de Dieu. C'est une erreur ! La souffrance provient parfois du diable, mais elle provient plus souvent de Dieu !) ou bien à l'arrivée d'une croix dans sa vie qui apporte cette souffrance, pensez-vous qu'il faille :

- La refuser totalement : vous n'êtes pas sur terre pour souffrir !
- L'accepter, demander de l'aide à notre Seigneur, la Lui offrir* mais ne cependant pas rendre grâce pour cette souffrance que vous subissez ?

- L'accepter, demander de l'aide à notre Seigneur, la Lui offrir* et enfin rendre grâces pour cette souffrance que vous subissez ?

Voici ce que le saint Padre Pio en disait : « *Faisons une comparaison humaine : imaginez que vous me deviez beaucoup d'argent, et que vous m'escroquiez. Vous méritez la prison. Cependant, dans ma bonté, je vous donne deux gifles, qui vous font souffrir parce qu'elles sont fortes et qu'elles vous humilient. Puis, je vous dis que c'est fini, et qu'il n'y a plus de dette entre nous et que tout est réglé. Que diriez-vous ? Deux gifles ne valent-elles pas mieux que la prison ? Et alors, vous ne pensez pas qu'il faille remercier Dieu, qui, avec une petite souffrance, vous libère d'une autre tellement plus grande (sous-entendue une peine de Purgatoire après la mort) ?* »

Par rapport au mystère de la souffrance dans le monde, la Vierge Marie dit à l'une des voyantes, le 15 août 1982, lors de son apparition officiellement reconnue au Rwanda : « *Personne n'arrive au Ciel sans souffrir. L'enfant de Marie ne se sépare pas de la souffrance. Mais la souffrance est aussi un moyen d'expier pour les péchés du monde, et de participer aux souffrances de Jésus et de Marie pour le salut du monde.* »

*Offrir sa souffrance au Christ, c'est très important pour deux choses : ainsi votre souffrance n'est pas vaine, ce qui lui donne alors un sens, mais c'est également, et par-dessus tout, un acte de justice, et donc, **il faut toujours offrir cette souffrance à Dieu**, pour qu'Il puisse soulager la souffrance des autres, notamment celle des âmes du Purgatoire, et c'est, ni plus ni moins, la fondamentale vertu théologale de charité ! En théologie catholique, c'est ce que nous appelons **la communion des saints** !

Prière au Sacré-Cœur de Jésus

Au nom du Père du Fils et du Saint-Esprit. Amen.

Ô mon Jésus qui a dit : « *En vérité, en vérité Je vous le dis : demandez et vous recevrez, cherchez et vous trouverez, frappez et il vous sera répondu.* » Voilà que je frappe, je cherche et je demande la grâce de (intention particulière).

Pater
Ave
Gloria

Cœur sacré de Jésus j'ai confiance en Toi.

Ô mon Jésus qui a dit : « *En vérité, en vérité Je vous le dis, tout ce que vous demanderez à Mon Père, en Mon nom, Il vous l'accordera.* » Voici qu'à Ton Père en Ton nom je demande la grâce de (intention particulière).

Pater
Ave
Gloria

Cœur sacré de Jésus j'ai confiance en Toi.

Ô mon Jésus qui a dit : « *En vérité, en vérité Je vous le dis, le ciel et la terre passeront mais Mes paroles ne passeront point.* » Voilà que m'appuyant sur l'infaillibilité de Tes saintes paroles, je demande la grâce de (intention particulière).

Pater
Ave
Gloria

Cœur sacré de Jésus j'ai confiance en Toi.

Prière avant la messe

Saint Thomas d'Aquin.

✝1274

Dieu éternel et tout puissant, voici que je m'approche du sacrement de ton Fils unique, notre Seigneur Jésus Christ. Impur, je viens à la fontaine de la Miséricorde. Aveugle, je viens à la lumière de la clarté éternelle. Pauvre et indigent, je viens auprès du Seigneur du ciel et le la terre. J'implore donc l'abondance de Ta libéralité pour que Tu daignes guérir ma faiblesse, me laver de mes tâches, illuminer mon aveuglement, enrichir ma pauvreté, vêtir ma nudité. Que je reçoive le pain des anges, le Roi des rois, et Seigneur des seigneurs, avec le respect et l'humilité, la contrition et la dévotion, la pureté et la foi, la résolution et l'intention droite, qui conviennent au salut de mon âme. Accorde-moi de recevoir non seulement le sacrement du Corps et du Sang de mon Seigneur, mais aussi Son effet et Sa puissance. Ô Dieu de douceur, accorde-moi de recevoir, avec de telles dispositions, le Corps que Ton Fils unique, notre Seigneur Jésus Christ, a reçu de la Vierge Marie. Que je sois incorporé à Son corps mystique et compté parmi Ses membres. Ô Père plein d'amour, fais qu'en recevant Ton Fils sous le voile du sacrement, je puisse dans l'éternité Le contempler face à face. Toi qui règne et vie dans l'unité du Saint-Esprit pour les siècles des siècles. Ainsi soit-il.

Prière d'une âme reconnaissante à la miséricorde de Dieu

Saint Alphonse de Ligouri.

✝1787

Qui suis-je, ô mon Rédempteur et mon Dieu, qui suis-je, pour que Tu puisses tant m'aimer, et que Tu continues à le faire ainsi avec tant de persévérance ? Quelle loi T'oblige à m'aimer autant ? Qu'as-Tu reçu de moi, sinon du mépris et du déplaisir, ce qui devrait plutôt T'amener à m'abandonner et à me chasser de Ta présence pour toujours. Ah, Seigneur ! J'accepterai toute autre punition, mais pas celle-ci. Si Tu m'abandonnais et me privais de Ta grâce, je ne pourrai plus T'aimer. Je n'ai pas l'intention d'échapper au châtiment que j'ai mérité, mais je veux T'aimer et T'aimer ardemment. Je veux T'aimer comme un misérable pécheur qui est obligé de le faire et qui, après avoir reçu de Toi tant de faveurs particulières, tant de marques d'amour, a si souvent commis l'ingratitude de Te tourner le dos et de préférer à Ta grâce et à Ton amour des plaisirs misérables, passagers et empoisonnés. Je veux compenser autant que je le peux, par l'ardeur de mon amour, l'ingratitude que je T'ai montrée dans le passé. Une âme innocente T'aime comme tel, Te remerciant de l'avoir préservée de la mort du péché. C'est comme un pécheur que de mon côté je dois T'aimer, c'est-à-dire comme un serviteur rebelle, condamné à l'enfer autant de fois que j'ai péché, et ensuite autant de fois gracié par Ta miséricorde, remis en état de me sauver, enrichi même de lumières, d'aides et d'inspirations célestes pour me sanctifier. Ô Rédempteur, qui a si souvent racheté mon âme, mon cœur est captivé d'amour pour Toi. Oui, Tu m'as trop aimé : Ton amour m'a vaincu par ses irrésistibles attraits ; je Te cède enfin la victoire, et en Toi je fais disparaître tout mon amour. Je T'aime donc, ô Bonté infinie, je T'aime, ô

Dieu infiniment aimant ; augmente de plus en plus Tes flammes, multiplie sans cesse Tes filets d'amour pour captiver mon cœur ; que Ta gloire consiste à Te faire aimer de ce cœur qui t'a tant offensé. O Marie, ma Mère, espoir et refuge des pécheurs, aide un misérable qui désire devenir agréable à Dieu. Fais-moi aimer mon Sauveur, et L'aimer ardemment. Ainsi soit-il.

Prière pour demander le salut

Saint Augustin.

✝430

Aide-moi, mon Seigneur et ma vie, de peur que je ne meure dans ma méchanceté. Si Tu ne m'avais pas créé, je n'existerais pas ; Tu m'as créé, je suis venu à l'existence ; si Tu ne me diriges pas, je cesserai d'exister. Ce ne sont pas mes qualités ou mes mérites qui T'ont poussé à me donner mon être, mais Ton infinie munificence. Je Te prie donc que le même amour qui T'a poussé à me créer Te pousse aussi à me gouverner ; car à quoi servirait Ton amour qui T'a poussé à me créer, si je mourais dans ma misère, privé de la direction de Ta droite ? Que cette même clémence qui T'a amené à tirer du néant ce qui était dans le néant T'oblige à me sauver. Que la charité qui T'a vaincu en me créant, Te vainque en me libérant car cet attribut qui est le Tien n'est pas moindre aujourd'hui qu'il l'était alors. La charité c'est Toi-même, qui est toujours et ne change pas. Ta main ne s'est pas raccourcie pour que Tu ne puisses pas me sauver, et Ton oreille ne s'est pas endurcie pour que Tu ne puisses m'entendre. Ainsi soit-il.

Prières quotidiennes

Notre Père (Pater).

Notre Père qui es aux cieux,
que Ton Nom soit sanctifié,
que Ton règne vienne,
que Ta volonté soit faite sur la terre comme au ciel.
Donne-nous aujourd'hui notre pain de ce jour.
Pardonne-nous nos offenses
comme nous pardonnons aussi à ceux qui nous ont offensés.
Et ne nous laisse pas entrer en tentation,
mais délivre-nous du mal.

Je vous salue Marie (Ave Maria).

Je vous salue, Marie, pleine de grâce,
le Seigneur est avec vous ;
vous êtes bénie entre toutes les femmes,
et Jésus, le fruit de vos entrailles, est béni.
Sainte Marie, mère de Dieu,
priez pour nous, pauvres pécheurs,
maintenant et à l'heure de notre mort. Amen.

Gloire au Père (Gloria).

"Gloire au Père et au Fils et au Saint-Esprit,
comme il était au commencement,
maintenant et toujours, dans les siècles des siècles. Amen."

Ou

"Gloire au Père, et au Fils, et au Saint-Esprit,
au Dieu qui est, qui était, et qui vient, pour les siècles des siècles.
Amen."

Je crois en Dieu.

Je crois en Dieu, le Père tout-puissant,
créateur du ciel et de la terre ;
et en Jésus-Christ, son Fils unique, notre Seigneur,
qui a été conçu du Saint-Esprit,
est né de la Vierge Marie,
a souffert sous Ponce Pilate,
a été crucifié,
est mort et a été enseveli,
est descendu aux enfers,
le troisième jour est ressuscité des morts,
est monté aux cieux,
est assis à la droite de Dieu le Père tout-puissant,
d'où Il viendra juger les vivants et les morts.
Je crois en l'Esprit-Saint,
à la sainte Eglise catholique,
à la communion des saints,
à la rémission des péchés,
à la résurrection de la chair,
à la vie éternelle.
Amen.

Prière à l'Esprit-Saint.

Esprit Saint,
Je Te demande le don de Sagesse,
pour une meilleure compréhension, de Toi et de Tes divines
perfections.

Je Te demande le don d'Intelligence,
pour une meilleure compréhension de l'esprit
des mystères de la Sainte Foi.

Donne-moi le don de Science,
pour que je sache orienter ma vie selon les principes de cette foi.

Donne-moi le don de Conseil,
afin qu'en toute chose je puisse

chercher conseil auprès de Toi
et le trouver toujours auprès de Toi.

Donne-moi le don de Force
pour qu'aucune peur ou considération terrestre
ne puisse m'arracher à Toi.

Donne-moi le don de Piété,
afin que je puisse toujours servir Ta Majesté divine
avec amour filial.

Donne- moi le don de Crainte de Dieu
pour qu'aucune peur ou considération terrestre
ne puisse m'arracher à Toi.

Acte de Foi.

Mon Dieu, je crois fermement toutes les vérités
que Tu as révélées et que Tu enseignes par Ta Sainte Église,
parce que Tu ne peux ni Te tromper ni nous tromper.

Acte d'Espérance.

Mon Dieu, j'espère avec une ferme confiance
que Tu me donneras,
par les mérites de notre Seigneur Jésus-Christ,
Ta grâce en ce monde et le bonheur éternel dans l'autre,
parce que Tu l'as promis
et que Tu es toujours fidèles dans Tes promesses.

Acte de Charité.

Mon Dieu, je T'aime par-dessus toutes choses,
de tout mon cœur, de toute mon âme et de toutes mes forces,
parce que Tu es infiniment parfait et souverainement aimable.
J'aime aussi mon prochain comme moi-même
pour l'amour de Toi.

Acte de Contrition.

Mon Dieu, j'ai un extrême regret de T'avoir offensé
parce que Tu es infiniment bon,
infiniment aimable et que le péché Te déplaît ;
je prends la ferme résolution avec le secours de Ta Sainte grâce,
de ne plus T'offenser et de faire pénitence.

Les Commandements de Dieu.

1. Un seul Dieu tu adoreras, et aimeras parfaitement.

2. Dieu en vain tu ne jureras, ni autre chose pareillement.

3. Les dimanches tu garderas, en servant Dieu dévotement.

4. Père et mère tu honoreras, afin de vivre longuement.

5. Homicide point ne seras, de fait ni volontairement.

6. Impudique point ne seras, de corps ni de consentement.

7. Le bien d'autrui tu ne prendras, ni retiendras sciemment.

8. Faux témoignages ne diras, ni mentiras aucunement.

9. L'œuvre de chair ne désireras, qu'en mariage seulement.

10. Bien d'autrui ne désireras, pour les avoir injustement.

Je confesse à Dieu.

Je confesse à Dieu tout-puissant,
Je reconnais devant vous, frères et sœurs,
que j'ai péché en pensée, en parole, par action et par omission ;
oui, j'ai vraiment péché.
C'est pourquoi je supplie la bienheureuse Vierge Marie,

les anges et tous les saints, et vous aussi, frères et sœurs,
de prier pour moi le Seigneur notre Dieu.

L'Angélus.

**Cette prière se dit à 7h00, 12h00 et 19h00 tous les jours
(c'est la raison pour laquelle
les cloches sonnent à la volée à ces heures précises).**

L'ange du Seigneur apporta l'annonce à Marie,
et elle conçut du Saint-Esprit.
Je vous salue Marie, pleine de grâce.
Le Seigneur est avec vous.
Vous êtes bénie entre toutes les femmes et Jésus,
le fruit de vos entrailles est béni.
Sainte Marie, Mère de Dieu, priez pour nous pauvres pécheurs,
maintenant et à l'heure de notre mort. Amen.

Voici la Servante du Seigneur,
qu'il me soit fait selon votre parole.
Je vous salue Marie, pleine de grâce. Le Seigneur est avec vous.
Vous êtes bénie entre toutes les femmes et Jésus,
le fruit de vos entrailles est béni.
Sainte Marie, Mère de Dieu, priez pour nous pauvres pécheurs,
maintenant et à l'heure de notre mort. Amen.

Et le Verbe s'est fait chair, et Il a habité parmi nous.
Je vous salue Marie, pleine de grâce. Le Seigneur est avec vous.
Vous êtes bénie entre toutes les femmes et Jésus,
le fruit de vos entrailles est béni.
Sainte Marie, Mère de Dieu, priez pour nous pauvres pécheurs,
maintenant et à l'heure de notre mort. Amen.

Priez pour nous, sainte Mère de Dieu,
afin que nous soyons rendus dignes des promesses du Christ.
Que Ta grâce, Seigneur, se répande en nos cœurs.
Par le message de l'Ange Tu nous as fait connaître
l'Incarnation de Ton Fils bien-aimé,
conduis-nous par Sa Passion et par Sa croix

jusqu'à la gloire de la Résurrection.
Par le Christ, notre Seigneur. Amen.

Salve, Regina.

Salut ô Reine, Mère de miséricorde,
notre vie, notre douceur et notre espoir, salut.
Enfant d'Eve, nous crions vers toi.
Vers toi nous soupirons,
gémissant et pleurant dans cette vallée de larmes.
Ô toi, notre avocate, tourne vers nous ton regard compatissant.
Et après cet exil, obtiens-nous de contempler Jésus,
le fruit béni de tes entrailles.
Ô douce, ô clémente, ô miséricordieuse Vierge Marie.

Prière à son ange gardien.

Ange de Dieu, toi qui es mon gardien,
éclaire-moi, garde-moi, dirige-moi, et gouverne-moi.

Saint Michel Archange.

Saint Michel Archange, de ta lumière, éclaire-nous,
de tes ailes, couvre-nous, de ton épée, défends-nous.

Quelques conseils pour bien prier le Rosaire

Bien que l'idée de prier le Rosaire puisse en intimider certains, le père dominicain Lawrence Lew, promoteur général du Rosaire pour les dominicains depuis le 7 octobre 2019, affirme qu'il est plus facile à prier qu'on ne le pense.

Dans une homélie pour la fête du Saint-Rosaire le 7 octobre 2019, le père Lew a partagé quelques conseils sur cette prière :

1. *« Commencez à prier le Rosaire petit à petit. Si vous le trouvez creux, commencez lentement avec une dizaine par jour. »*

2. Il conseille aux débutants d'augmenter progressivement le nombre de dizaines chaque jour, une à la fois, et de répartir celles-ci sur une journée.

3. Étant investi du rôle de promoteur général du Rosaire, il défend et prêche activement le Rosaire au sein de l'ordre dominicain et encourage ses confrères dominicains à prêcher le Rosaire, qui fait partie de l'héritage sacré de l'ordre dominicain.

4. Il compare la prière du Rosaire à un médicament prescrit à un malade. Les effets ne sont généralement pas immédiats, mais les gens ont confiance et s'attendent à ce que le médicament les aide d'une manière ou d'une autre.

5. *« Le Rosaire devrait susciter et faire grandir notre amour pour Dieu. C'est le but de la prière. Dans un sens, il ne sert à rien de prier le chapelet par cœur, comme une simple répétition de mots. »*

6. Ne le dites pas à toute vitesse : « *Il est très clair que, dans la tradition dominicaine et l'enseignement dominicain, que le Rosaire doit être prié comme une méditation. Il est préférable de prier une dizaine à la fois, et de bien la prier plutôt que d'essayer de dire les cinq dizaines en 20 minutes.* »

Il conclut par un sage conseil : « **Mais si on finit par le prier machinalement sans vraiment méditer, il ne faut pas se sentir coupable... nous sommes humains, et les êtres humains sont parfois distraits en priant. Tant que nous nous fixons une intention, que nous entamons la prière, et que nous sommes motivés par l'amour de Dieu, même si nous sommes distraits, <u>notre prière ne perd pas son mérite</u>**. »

Saint Louis-Marie Grignon de Montfort disait : « *Le chapelet est une arme redoutable au service du salut des âmes et pour la rédemption du monde.* »

Ayant plusieurs années côtoyé **le Padre Pio**, le père Alessio Parente a demandé à celui-ci pourquoi il priait tellement le Rosaire, et pas une autre prière ? Et celui-ci de lui répondre : « *La Sainte Vierge ne m'a jamais refusé une grâce demandée par le moyen du Rosaire* ». Mais il y a plus : le **Padre Pio** a eu également une vision dans laquelle Notre-Dame lui donnait, par le biais du Rosaire, la meilleure arme pour se garder des pièges du diable.

Sainte Thérèse de l'enfant Jésus disait à propos du Rosaire : « *Toute seule, j'ai honte de l'avouer, la récitation du chapelet me coûte, plus que de mettre un instrument de pénitence, je sens que je le dis si mal, j'ai beau m'efforcer de méditer les mystères du Rosaire, je n'arrive pas à fixer mon esprit. Longtemps je me suis désolée de mon manque de dévotion qui m'étonnait, car j'aime tant la Sainte Vierge, qu'il devrait m'être facile de faire en son honneur des prières qui lui sont agréables, maintenant je me désole moins, je pense que la reine des Cieux, étant ma mère, qu'elle doit voir ma bonne volonté et qu'elle s'en contente* ».

Saint Joseph

Apparition officielle à Cotignac.

Département du Var, France.

07/06/1660

Préambule

Cette apparition se fit tout près d'un petit sanctuaire local dédié à Notre-Dame-de-Grâce.

Un petit sanctuaire qui fut dédié à la sainte Vierge Marie suite à une apparition de celle-ci le 10 août 1519 (reconnue par l'Eglise, mais pas officiellement) à un homme : Jean DE LA BAUME qui allait couper du bois au somment d'un mont : le Mont Verdaille.

Jean DE LA BAUME commença sa journée de travail à genou en priant.

Puis, lorsqu'il se releva de sa prière, étaient présents en face de lui, dans une nuée, la Vierge Marie tenant l'Enfant Jésus, tous les deux entourés de saint Bernard de Clervaux et de l'archange saint Michel.

La Vierge Marie lui dit alors : « *Je suis la Vierge Marie. Allez dire au clergé et au consul de Cotignac de me bâtir ici-même une église, sous le vocable de Notre-Dame-de-Grâce, et qu'on y vienne en procession pour recevoir les dons que je veux y répandre.* »

Un sanctuaire y fut donc construit, dédié à Notre-Dame-de-Grâce.

Apparition de saint Joseph

Saint Joseph apparut à 2 kms de ce sanctuaire dédié à la Vierge Marie, à Cotignac, **le 7 juin 1660**, à un berger, Gaspard RICARD, qui faisait paître son troupeau, et qui souffrait de la soif.

Pour boire, il lui faudrait parcourir un long chemin, et sa gourde est vide.

Alors il se mit à prier, puis il s'allongea sur le sol pour se reposer, espérant ainsi faire passer sa soif.

Soudain, il aperçoit à ses côtés un homme à l'imposante stature et d'une grande dignité qui le regarde, et qui lui montre un très gros rocher.

Il lui dit : « *Je suis Joseph. Enlève le rocher, et tu boiras.* »

Gaspard, surpris se relève et dit : « *Mais la pierre est beaucoup trop grosse, jamais je ne pourrai la soulever !* »

Saint Joseph insiste : « *Enlève le rocher et tu boiras.* »

Alors Gaspard s'exécuta, et sans effort, il déplaça le rocher, en dessous duquel se mit à jaillir une source totalement inconnue.

Il but et se retourna pour remercier saint Joseph, mais celui-ci avait déjà disparu.

Gaspard, impressionné tout autant qu'émerveillé, courra raconter cette histoire aux villageois.

Les plus anciens ne le crurent pas dans l'instant, en effet, jamais de mémoire d'homme une source n'avait coulé de ce côté du vallon, mais ils décidèrent de s'y rendre tout de même.

Arrivés sur place, manifestement, une source coulait, avec un rocher de déplacé sur le côté.

Et l'herbe absente autour de la source démontrait qu'elle prenait bien sa source exactement sous l'emplacement du rocher qui venait d'être déplacé.

Huit hommes essayèrent alors, en vain, de déplacer le rocher : impossible, il était beaucoup trop lourd !

Ils prirent alors tous conscience du miracle, et ils se mirent tous à genou pour remercier Dieu de ses grâces.

Dès lors, un monastère, le monastère de Bessillon, fut construit à l'emplacement de la source.

La source coule toujours à l'heure actuelle, et elle est réputée pour ses vertus miraculeuses.

Sites Internet chrétiens à connaître

- Chaîne catholique d'Arnaud Dumouch :

1. Vie de plus 800 saints en vidéos.

2. Cours privés de très haut niveau en philosophie réaliste et en théologie afin d'être diplômé en théologie catholique (4 ans de formation).

3. Somme théologique de saint Thomas d'Aquin disponible gratuitement et dans sa totalité.

4. Autres vidéos catholiques : débats théologiques, description des Evangile et de l'ancien testament, etc, etc, etc.

- Père Henri Boulad.

- Sur les pas du Padre Pio.

- Eglise Saint Nicolas du Chardonnet.

- Amis des Ames du Purgatoire.

- Association Pour la Miséricorde Divine.

- Abbaye de Saint Joseph de Clairval.

Traité (petit) de démonologie

Beaucoup commettent la grave erreur de croire que le Satan n'existe pas ; c'est une erreur, c'est une personne de nature strictement spirituelle, un ange révolté, et il n'a comme unique obsession que de nous détourner de Dieu en le suivant dans sa propre révolte contre Dieu.

« *Le problème étant qu'à cette génération et tant d'autres, on a fait croire que le diable est un mythe, une image, une idée, l'idée du mal. Mais le diable existe et nous devons lutter contre lui. C'est ce que dit saint Paul, ce n'est pas moi qui le dis ! La parole de Dieu le dit. Mais pourtant, nous n'en sommes pas vraiment convaincus.* » Pape François.

« *Mes chers frères, n'oubliez jamais, quand vous entendrez vanter le progrès des lumières, que la plus belle des ruses du diable est de vous persuader qu'il n'existe pas !* » Charles Baudelaire (1821-1867).

Le catéchisme de l'Eglise catholique est très clair sur le sujet, l'Ecriture et la Tradition de l'Eglise voient en cet être un ange déchu, appelé Satan ou diable. L'Eglise enseigne qu'il a été d'abord un bon ange, fait par Dieu, et que cet être n'a pas de puissance infinie, il n'est en effet qu'une créature, puissante du fait qu'il est pur esprit.

Le but premier et final de Satan et de ses anges déchus (les démons), c'est de mener une lutte impitoyable contre l'Homme, de le détourner de Dieu et de **le pousser à l'insoumission**.

Le diable et ses démons n'ont qu'une haine viscérale envers l'humanité.

Toutes ses promesses et ses séductions ne peuvent être que des pièges pour détourner l'Homme de Dieu, l'entraîner dans sa chute et le pousser à la damnation.

Les « cadeaux » du diable sont tous empoissonnés, et même s'il peut obtenir une guérison physique, un profit matériel ou un avantage social en ce bas monde, ce n'est que pour mieux nous tenir en son pouvoir et nous mener à notre perte au bout du compte.

Les démons craignent l'enfer et n'aspirent qu'à tourmenter les Hommes, ce qui est la dernière chose qui donne encore un semblant de sens à leur existence vouée au néant.

Nous, les humains, mais également les anges (bons et mauvais), possédons un esprit, à l'image de Dieu.

Cet esprit possède deux facultés : l'intelligence spirituelle qui nous permet de comprendre même les choses abstraites, cette intelligence spirituelle dépasse donc la simple perception de nos sens, et la volonté, qui permet d'aimer sans sentiment, juste parce que c'est moralement bien, mais cette volonté est libre, nous pouvons donc **décider** d'aimer le mal !

Le diable n'a aucun pouvoir sur notre intelligence spirituelle (mais il peut l'obscurcir) ni sur notre volonté (seulement de l'affaiblir), car seul Dieu possède la clé de ce sanctuaire qu'il a créé et peut accéder au secret des cœurs, le démon, quant à lui, a d'autres moyens pour accéder à notre personne.

Le malin ne peut donc pas lire dans nos pensées mais il peut accéder à notre imagination.

Les démons sont extrêmement intuitifs, ils **devinent** nos pensées en fonction de nos attitudes, de notre comportement... mais ils ne peuvent jamais y avoir directement accès.

Il faut faire très attention, car les démons sont des intelligences pures, car ce sont de purs esprits.

Récapitulons l'essentiel !

☐   Offrez chacune de vos journées au Seigneur avec tous ses mérites, toutes vos souffrances, vos peines, vos joies et vos succès, et ce, dès le matin.

•   Le dimanche doit être entièrement réservé à Dieu : ne travaillez pas (sauf nécessité absolue).

•   Dans tous ses messages, la Vierge Marie n'a de cesse de nous demander **de prier**.

•   N'oubliez pas de prier pour la conversion des pécheurs ainsi que pour les âmes du Purgatoire, priez également à la place de ceux qui ne prient jamais.

☐   Essayez de prier au moins un chapelet tous les jours, au minimum dites au moins un Pater et un Ave chaque jour.

•   Même si vous êtes distrait pendant la prière du chapelet, votre prière ne perd pas son mérite, du moment qu'il est prié dans de bonnes intentions, notamment celle de l'amour de Dieu et du prochain par amour pour Dieu.

•   La meilleure arme contre les pièges du malin, c'est la prière du Rosaire !

☐   Les mardis et les vendredis, mais également les 14 et 15 septembre, priez plutôt le chapelet des 7 douleurs.

•   Offrez un chemin de Croix aux âmes du Purgatoire notamment le jour de Noël, celui de la Toussaint, le Vendredi Saint, ainsi que le jour de l'Assomption et de l'Ascension de Jésus.

☐   N'oubliez pas de récitez chaque jour la prière de saint Bernard de Clairvaux pour le salut de votre âme !

☐   Allez au moins à toutes les messes dominicales, et mettez-vous à genoux lors de la consécration du pain et du vin par le prêtre. En effet, le Christ Jésus est REELLEMENT PRESENT LORS DE CETTE CONSECRATION !

☐ Offrez chacune de vos communions en réparation des offenses faites dans le monde contre le Saint-Sacrement.

•   Le Seigneur veut que Sa mère, la Vierge Marie, soit accueillie dans les cœurs et dans les foyers, mais également par la prière du

Rosaire entre autres, et qu'elle soit écoutée dans la totalité de ses messages.

☐ Le jour de la Fête du Sacré-Cœur de Jésus, qui est toujours célébrée 19 jours après la Fête de la Pentecôte, n'oubliez pas de communier à la messe **dans un esprit de réparation en priant spécialement pour que l'amour de Dieu soit mieux connu**.

• Acceptez et supportez avec soumission les souffrances, ainsi que toutes les épreuves que le Seigneur vous enverra, et n'oubliez pas de les lui offrir : vos souffrances ont un sens ! Elles permettent de soulager celles de certains vivants mais également celles des âmes du Purgatoire ! La Sainte vierge a dit à Kibého : « ***Rien n'est plus beau qu'un cœur qui offre ses souffrances à Dieu.*** »

• En offrant vos souffrances à Dieu, vous gagnez beaucoup de bonheur futur dans le Ciel.

• Sacrifiez-vous pour les pécheurs et dites souvent à Jésus, spécialement lorsque vous ferez un sacrifice : « *Ô Jésus, c'est par amour pour Toi, pour la conversion des pécheurs, et en réparation des péchés commis contre le Cœur Immaculé de Marie.* »

☐ Demandez au seigneur de pouvoir vivre votre Purgatoire sur la terre en offrant toutes vos souffrances, en effet, les souffrances terrestres ne sont rien comparées à celle du Purgatoire !

• Par la souffrance supportée avec patience et offerte à Dieu, on sauve plus d'âmes que par la prière.

• Les médisances et les calomnies sont les pires souillures qui nécessitent la plus longue purification dans le Purgatoire : confessez-vous-en !

• La rancune et le refus de pardonner sur terre entraîne un très long et un très dur Purgatoire.

☐ Offrir des messes pour les âmes du Purgatoire est la meilleure chose que vous puissiez faire pour les aider à en sortir plus vite, et aller enfin au Ciel.

• Le chemin de Croix apporte également un grand soulagement aux âmes du Purgatoire, ainsi que la prière du Rosaire en leur faveur, les indulgences plénières ont aussi une valeur inestimable pour leur délivrance, mais également les 15 oraisons de sainte Brigitte.

- Ce qui fait le plus de mal aux âmes du Purgatoire, c'est de voir le bien qu'elles auraient pu faire durant leur vie sur la terre et qu'elles n'ont pas fait, mais il y a également les calomnies et les médisances **non confessées** ainsi que les promesses non tenues.

☐ N'oubliez pas d'effectuer la dévotion des 9 premiers vendredis, demandée par notre Seigneur Jésus Christ, et ce pour le salut de votre âme !

☐ N'oubliez pas d'effectuer la dévotion des 5 premiers samedis, demandée par la Sainte Vierge, et ce pour le salut de votre âme.

- Si vous ne voulez pas vous faire mordre par le chien (alias le démon), **ne l'approchez pas**, car il est tenu par sa chaîne : **ne commettez jamais l'imprudence de faire tourner les tables, même pour rire !!!** (J'en sais quelque chose...)

- Merci à Notre Seigneur de m'avoir accordé la vertu théologale de la foi dès mon plus jeune âge. Merci infiniment, à vous, lectrice et lecteur, d'avoir acheté cet ouvrage. L'auteur, donc moi-même, n'en tire aucun bénéfice, c'est juste pour la gloire de Dieu.